俄罗斯进口替代的
政策与影响研究

Research on the Policy and Impact of
Import Substitution in Russia

殷 红 ◎ 著

中国财经出版传媒集团
经济科学出版社
·北京·

图书在版编目（CIP）数据

俄罗斯进口替代的政策与影响研究／殷红著．－－北京：经济科学出版社，2023.6
ISBN 978－7－5218－4910－3

Ⅰ．①俄…　Ⅱ．①殷…　Ⅲ．①进口替代－国际贸易政策－研究－俄罗斯　Ⅳ．①F755.120

中国国家版本馆 CIP 数据核字（2023）第 123695 号

责任编辑：杨　洋　卢玥丞
责任校对：靳玉环
责任印制：范　艳

俄罗斯进口替代的政策与影响研究
殷　红　著
经济科学出版社出版、发行　新华书店经销
社址：北京市海淀区阜成路甲 28 号　邮编：100142
总编部电话：010－88191217　发行部电话：010－88191522
网址：www.esp.com.cn
电子邮箱：esp@esp.com.cn
天猫网店：经济科学出版社旗舰店
网址：http：//jjkxcbs.tmall.com
北京季蜂印刷有限公司印装
710×1000　16 开　12.75 印张　200000 字
2023 年 6 月第 1 版　2023 年 6 月第 1 次印刷
ISBN 978－7－5218－4910－3　定价：49.00 元
（图书出现印装问题，本社负责调换。电话：010－88191545）
（版权所有　侵权必究　打击盗版　举报热线：010－88191661
QQ：2242791300　营销中心电话：010－88191537
电子邮箱：dbts@esp.com.cn）

序

本书是我主持的国家社会科学基金课题"西方经济制裁背景下的俄罗斯进口替代战略研究"的最终结稿。书稿的完成断断续续历时六年,尽管为之付出了很大努力,但它所呈现的与当初的设计仍有很大差距。感谢王志远博士,也要感谢我的学生高祥红和李玉芬,他们帮助我收集资料、制作表格和讨论观点,使课题内容更加广博生动。

我一直从事俄罗斯经济问题的研究,因此,从俄罗斯经济发展的历史脉络来解读其进口替代战略的逻辑与影响是我想在本书中作出的主要贡献。俄罗斯提出的进口替代战略首先是面对西方经济制裁的应急举措,这一战略的实施确保了制裁下俄罗斯经济秩序的基本稳定;同时,充分利用外部冲击下的有利条件实现其经济结构乃至发展模式的转变则是大规模进口替代计划实施的长远目标。在围绕着农业部门、民用制造业及军事工业部门的一系列进口替代政策实施后,俄罗斯的粮食、食品及加工工业的对外依赖明显下降,一些农产品和工业制成品不仅实现了进口替代,而且还大量出口,当然,其出口对象还主要限于独联体国家。可以说,进口替代战略的实施不仅确保了西方制裁下俄罗斯经济的安全,而且也将其从停滞和衰退中拉回到增长的轨道,在新冠疫情暴发之前,其 GDP 都呈现增长趋势,特别是 2021 年的 GDP 增长率达到了 5.4%。

俄罗斯的进口替代政策持续至今,而且在 2022 年后俄罗斯进一步推进进口替代,如加强 IT 部门及农业部门的进口替代等,本书主要分析了 2014~2021 年俄罗斯进口替代的政策及其影响。全书分为八章,具体内容及作者如下:第一章绪论、第二章俄罗斯进口替代的理论基础和主要背景、第三章俄罗斯进口替代的政策及措施、第五章俄罗斯进口替代的制约因素与数字化转型的新机遇由殷红完成；第四章俄罗斯进口替代的结果与评价和第六章欧亚经济联盟框架内的俄罗斯进口替代由殷红、王志远完成；第七章进口替代背景下的俄欧贸易关系由殷红、高祥红完成；第八章进口替代背景下的中俄贸易关系由殷红、李玉芬完成。

  本书的完成及出版得益于辽宁大学国际经济政治学院及辽宁大学俄罗斯东欧中亚研究中心的鼎力支持。同时要感谢经济科学出版社，这已经是我在这里出版的第三本著作，从 2009 年结缘至今，它见证了我的学术成长。最后要感谢我的家人——我的母亲和我的爱人，他们的理解与支持是本书完成的重要保障。

  本书可能存在诸多不足之处，恳请读者给予批评和指正，这是我日后继续研究和完善的动力。

殷 红

2023 年 6 月

目录 CONTENTS

第一章 绪论 001
  第一节 问题的提出   001
  第二节 文献综述   003
  第三节 本书的研究方法与内容   010

第二章 俄罗斯进口替代的理论基础和主要背景 012
  第一节 从再工业化视角理解俄罗斯进口替代的历史
         与理论逻辑   012
  第二节 再工业化是俄罗斯经济发展的长期战略   024
  第三节 西方经济制裁的倒逼机制   033
  第四节 俄罗斯进口替代战略的提出   055

第三章 俄罗斯进口替代的政策及措施 065
  第一节 俄罗斯进口替代政策总况   065
  第二节 俄罗斯民用制造业的进口替代政策   069
  第三节 俄罗斯农业进口替代政策   077

第四章 俄罗斯进口替代的结果与评价 088
  第一节 俄罗斯进口替代的结果总况   088
  第二节 俄罗斯农业进口替代的成果   091

第三节　俄罗斯制造业的进口替代结果　　097

第五章　俄罗斯进口替代的制约因素与数字化转型的新机遇　……　**106**
　　第一节　投资不足的发展惯性　　106
　　第二节　再工业化数字转型的机遇　　117

第六章　欧亚经济联盟框架内的俄罗斯进口替代　………………　**130**
　　第一节　欧亚经济联盟中俄罗斯的经济主导地位　　130
　　第二节　欧亚经济联盟框架内的进口替代　　136
　　第三节　欧亚经济联盟一体化对俄罗斯进口替代的意义　　149

第七章　进口替代背景下的俄欧贸易关系　………………………　**155**
　　第一节　俄欧贸易规模的变化　　155
　　第二节　俄欧贸易品结构的变化　　161
　　第三节　俄欧贸易关联性的变化　　168

第八章　进口替代背景下的中俄贸易关系　………………………　**175**
　　第一节　中国在俄罗斯对外贸易中的地位发生改变　　175
　　第二节　新冠疫情下的俄罗斯外贸发展　　182
　　第三节　中俄经济合作前景　　188

参考文献　……………………………………………………………　**193**

第一章 绪 论

第一节 问题的提出

一、研究的背景及意义

俄罗斯因遭遇西方国家的多轮经济制裁,除融资渠道和投资项目受到限制之外,以往从西方进口的一些机械、设备、配件、技术等也遭到禁运。俄罗斯这些产品的进口依赖超过70%,有的甚至高达90%。[①] 为应对西方经济制裁、挽救经济困局,俄罗斯推出了进口替代战略。

于后发国家而言,实现进口替代不是根本目的,能否形成具有国际竞争力的出口导向行业才是关键。那么,在西方经济制裁的条件下,俄罗斯又能在多大程度上实现进口替代,进口替代能否促进建立在科技创新基础上的俄罗斯制造业的发展及出口竞争力,正如普京所言:"进口替代本身不是目的,目的是要解决创新发展的问题"[②]。在经济全球化的条件下,进口替代的有效性备受质疑,俄罗斯进口替代受到哪些内外部因素的影响和制约?在受到西方资金、技术及设备限制的条件下,俄罗斯的进口替代能走多远?它又会产生怎样国内、国际的经济和政治影响?这些问题值得关注。

---

① Разработка отраслевых планов импортозамещения.
② Путин: импортозамещение-не самоцель, а возможность развития, Газета «Культура», 2017 – 04 – 26.

目前进口替代作为俄罗斯应对西方政治经济挑战的对策，很大程度上折射出俄罗斯与美国主导的西方在地缘政治较量中的政治利益和经济利益的权衡取舍与得失。俄罗斯作为苏联解体后的新兴大国，一方面，试图在美国主导的西方遏制中纵横捭阖；另一方面，俄罗斯的现代化道路又需要与西方进行愈加紧密的经济合作，如何避重就轻，在政治利益与经济利益间权衡取舍，在国内政策与国际战略间寻求平衡，进口替代战略作为鲜明的案例，如一面镜子对此给出了解释。俄罗斯发展中的经验及教训对中国具有重要的启示和借鉴意义。

二、研究意义

本书将西方经济制裁背景下的俄罗斯进口替代战略作为研究对象，是考虑到它具有以下学术价值和现实意义。

（1）研判俄罗斯进口替代的性质具有重要的学术价值和现实意义。进口替代是颇有争议的后发展问题，其中既有东亚国家的成功实践，也有拉丁美洲国家的失败教训。毋庸置疑的是，进口替代既是重要的工业化发展战略，也是具有结构调整意义的再工业化战略。而且，自国际金融危机以来，"再工业化进口替代"越来越成为重要的世界经济发展趋势。特别是新冠疫情肆虐全球及中美贸易战爆发后，贸易保护主义甚嚣尘上，各主要经济体都在谋求"研发在这里、制造也在这里"的全产业体系，进口替代抑或是国产替代自然成为了重要的机制和渠道。当然，除了再工业化的结构调整，各国实施进口替代的另一重要动因是国家安全的保障。上述背景和动因都体现在俄罗斯的进口替代战略当中。那么，从转轨时期的去工业化到振兴非能源原料部门的再工业化，进而是发展制造业的进口替代，这之间的内在逻辑需要深入了解并进行学理性分析，有助于我们深入理解俄罗斯的发展战略定位及其影响。

（2）进口替代是判断俄罗斯经济前景的重要依据。俄罗斯欲改变能源原料经济发展模式的目标早已明确，那么，俄罗斯能否借西方经济制裁形成的倒逼机制将这一进程向前推进，其中的内外部制约条件是什么？这是观察俄罗斯能否实现以创新为动力的经济结构调整乃至增长方式转变的重要视角。尽管此前俄罗斯实施了不少推动制造业发展的政策和计划，但此次，俄罗斯自上而下、全面和系统地推进进口替代或"再工业化"，其投入规模和触及的深度都超过以往，国防工业和农业的经济成效也已显现，其短期和长期影响值得深入研究。

（3）进口替代是评价俄罗斯在乌克兰地缘政治较量中得失的重要依据。经济制裁是俄罗斯与美国主导的西方国家因地缘政治冲突而起，进口替代作为俄罗斯抵制西方制裁、变被动为主动的主要经济手段，它不仅具有重要的经济意义，而且具有重要的国内及国际政治影响，它是全面、客观地审视俄罗斯在这场地缘政治较量中得失的重要视角，对其深入研究有重要的现实意义。

（4）进口替代是评价俄罗斯与欧盟关系的重要渠道。俄罗斯的未来发展应主要倚重西方还是东方？这是近些年备受关注的问题。出于政治目的，欧盟对俄罗斯实施的经济制裁及俄罗斯采取的反制裁，对双方的影响是两败俱伤。没有欧盟的资金、技术及市场，俄罗斯的进口替代能走多远？更为重要的是，俄欧经济关系能否回到过去，其路径依赖是否发生改变。简言之，进口替代对俄欧经济乃至政治关系产生哪些近期和长期的影响，需要跟踪研究，这是判断俄罗斯与欧盟经济与政治合作前景的重要依据，也是本书的学术和应用价值的重要体现。

（5）进口替代是研判中俄关系发展的又一视角。俄罗斯反西方经济制裁的进口替代，为中俄深化经济合作发挥了怎样的作用。换言之，中俄经济合作因此受到了怎样的影响，对此深入研究其具有重要的学术价值和应用价值。

第二节 文献综述

进口替代虽是俄罗斯应对西方经济制裁而提出的经济战略，但其兴起则始于1998年金融危机、卢布贬值之际。当时，由于经济转轨、结构调整、油价高企等原因，俄罗斯经济出现了"去工业化"的趋势，其主要体现是加工制造业的比重迅速降低，能源原料部门在经济中的比重及贡献持续扩大。进入21世纪后，随着油价不断攀升，经济能源原料化进一步加剧。2008年国际金融危机使俄罗斯过度依赖能源原材料出口的增长方式的弊端暴露无遗，7.8%的经济降幅令世界瞠目，俄罗斯意识到转变经济结构的迫切性①。进口替代，或曰"再工业化"再次受到关注，但是在高油价等相对有利的外部环境下，俄罗斯很难摆脱依赖能源原料出口的发展惯性，进口替代的动力明显不足。

在近两年的时间里，进口替代成为俄罗斯应对经济困境的主要手段。2014年3月梅德韦杰夫总理提出把进口替代作为经济工作的优先方向，②2014年9~10月俄罗斯政府颁布了一系列刺激工业、农业进口替代的政府决议，其中明确进口替代的产品名录、替代比率及完成期限等具体内容；2015年1月俄罗斯经济发展部确定了18个进口替代优先领域，从中挑选国家支持的优先项目，并给予高额财政支持；2015年6月圣彼得堡市政府成立了进口替代与本土化中心，2015年8月由梅德韦杰夫直接领导的"俄罗斯联邦政府进口替代委员会"成立,③并陆续出台了各领域的进口替代政策文件，从政策规划到机构设置，进口替代战略正在俄罗斯推进。

对俄罗斯的进口替代战略，国内外反应不一。俄罗斯学术界对此给予了高度的关注，相关研究成果大量呈现。其研究主要涉及三个方面：一是关于实施进口替代的必要性；二是进口替代的空间、潜力等；三是关于进口替代的影响。

一、关于俄罗斯进口替代的必要性的研究

俄罗斯学者从应对西方经济制裁、拉动经济增长和建立新的出口竞争力等

---

① Россия в цифрах.
② А. Р. Александрова, С. Н. Комаров, Е. О. Чорна, Роль импортозамещения в формировании промышленной политики России. Успехи в химии и химической технологии. 2015. № 5.
③ О создании Правительственной комиссии по импортозамещению и её составе от 5 августа 2015.

方面分析了进口替代的必要性。首先,俄罗斯学者法茨曼(В. Фальцман)[①]、维谢洛娃(Э. Ш. Веселова)[②]、别列律斯卡娅(О. Березинская)[③]、马乌(В. May)[④]、叶菲莫夫(В. С. Ефимов)[⑤] 等认为,进口替代是应对西方经济制裁的必要手段,在西方采取禁止出口和资本限制的条件下,为确保俄罗斯的地缘政治安全,进口替代是必须采取的措施。而且,即便是将来欧盟和美国取消经济制裁,经济联系也不会很快恢复,因此加快进口替代是当务之急。其次,进口替代是俄罗斯在国内需求增长放缓条件下拉动俄罗斯经济未来发展的引擎。此外,别列律斯卡娅和韦德夫(О. Березинская, А. Ведев)也强调,以国产相似产品替代进口产品很大程度上是由俄罗斯经济对进口的依赖所决定的,加快进口替代并降低进口依赖、确保经济稳定是根本原因[⑥]。法茨曼(В. Фальцман)则强调,发展进口替代是建立俄罗斯产品在国内市场中的质量及价格的竞争力,其出口的增加则扩大俄罗斯产品在国际市场上的占有量。该学者也指出,经济转轨以来俄罗斯走的是石油天然气换技术的发展道路,这导致技术和设备及配件的进口依赖不断增强,其不利影响是打击并挤出了加工制造业,合理地进行进口替代对俄罗斯经济有利。[⑦]

法茨曼(В. К. Фальцман)也强调了进口替代的有限性,认为不能再继续走大规模限制和取消进口的道路,一味地保护本国生产,会伤害俄罗

[①] В. Фальцман, Приоритеты структурной политики: импортозависимость, импортозамещение, возможности экспорта инновационной продукции промышленности, ЭКО. Всероссийский экономический журнал, 2014(5).

[②] Импортозамещение: не допустить кампанейщины, ЭКО. Всероссийский экономический журнал, № 3, Март 2015, С: 46 – 58.

[③] О. Березинская, А. ВедевПроизводственная зависимость российской промышленности от импорта и механизм стратегического импортозамещения, Вопросы экономики, 2015(1).

[④] В. May. Социально-экономические политики России в 2014: выход на новые рубежи? Вопросы экономики, 2015(2).

[⑤] В. С. Ефимов, А. В. Ефимов. Промышленная политика и возможности импортозамещение для Сибири и Дальнего Востока, ЭКО. Всероссийский экономический журнал, 2015(2).

[⑥] В. Фальцман. Импортозамещение в ТЭК и ОПК,Вопросы экономики, 2015(1).

[⑦] В. Фальцман, Приоритеты структурной политики: импортозависимость, импортозамещение, возможности экспорта инновационной продукции промышленности, ЭКО. Всероссийский экономический журнал, 2014(5).

斯消费者的利益，也可能固化俄罗斯技术的落后性①。当然，也有个别学者明确反对进口替代，经济学家库德林就提出，5～10年后才能生产出现在可以通过进口获得的机器和设备。②但质量却不如进口的，其结果是俄罗斯消费者不得不接受质量低而价格并不低的本国产品，这一政策是"得不偿失"。但总体看，俄罗斯学术界对西方经济制裁、卢布大幅贬值条件下实施进口替代的必要性持肯定态度的占主流，其原因一方面是西方经济制裁，而另一方面更重要的原因则是俄罗斯过于严重的进口依赖。

二、关于西方经济制裁条件下进口替代的空间及潜能

有俄罗斯学者指出，俄罗斯具有进口替代空间和潜力的应是那些能够发挥传统国防工业优势、有国内广大市场、有本国原料及其他廉价生产资源的领域，如军事航天技术、军用飞机、民用飞机、军用造船业等。俄罗斯汽车制造业的进口替代前景也非常广阔，进口替代的途径是在俄罗斯组装及利用俄罗斯的电能、金属并采用俄罗斯生产的零部件的生产。③具有传统优势的核工业仍然是进口替代并形成出口导向的重要行业。此外，石油天然气化工产品，如合成橡胶、聚合物工业品、塑料及其制品等也具有相当的进口替代和出口潜力。

也有学者认为，进口依赖的程度高并不完全意味着进口替代的可能性就大，例如，金属切割机床、挖掘机和拖拉机等，其进口依赖已经达到了90%甚至100%，进口替代和出口竞争力已经丧失，即便是这些领域属于产业政策的优先方向并得到政策扶持，也未必能在没有进口的条件下得以恢复。④

关于西方经济制裁条件下实现进口替代及挽救危机的可能性，有学者

---

①③ В. Фальцман, Приоритеты структурной политики: импортозависимость, импортозамещение, возможности экспорта инновационной продукции промышленности, ЭКО. Всероссийский экономический журнал, 2014(5).

② Алексей Кудрин, РБК: «Нас ждут отрицательные темпы роста».

④ Э. Ш. Веселова. Импортозамещение: не допустить кампанейщины, ЭКО. Всероссийский экономический журнал, № 3, Март 2015, С. 46–58.

指出，要想进口替代不变成短期行为，而能够持续3~5年并取得成效，两个条件不可或缺：一是俄罗斯企业能够获得外国的资金和技术来源；二是有广大的出口市场。这些因素都需要俄罗斯同欧盟建立正常的政治和经济关系。① 如果不能完全恢复俄罗斯同西方国家在商品、资金和技术方面的联系，实施进口替代也只是将危机形势造成的损失最小化，而谈不上在未来走出危机。俄罗斯试图在西方制裁的条件下通过寻找其他合作伙伴和资金来源，并为此全力以赴，但是其潜力却明显有限。与其"转向东方"或者实施本土化进口替代，不如尽早实现与西方伙伴的合作正常化、恢复卢布汇率稳定及进行旨在克服原料依赖型经济的制度和结构改革。当然，其他因素，如居民收入的增加及与此相关的需求和企业投资积极性等都是决定进口替代实现前景的重要因素。

三、关于俄罗斯进口替代的影响

前文在谈及进口替代的必要性时多是从其积极影响出发，对进口替代战略实施过程中的消极影响，俄罗斯学者也表示出了担忧。例如，在联邦中央采取进口替代战略后，各地方政府也着手制定自己的进口替代规划，在此过程中存在明显的冒进倾向和地方保护措施，加之俄罗斯实行对欧盟部分产品的禁运，造成物价上涨、市场秩序被破坏、行政性干预强化等不利影响，为此，俄罗斯应当在法律、财政、人员和组织方面做系统规划，以确保进口替代或是再工业化的实现。② 此外，法茨曼认为，在欧盟对俄罗斯禁运的情况下，俄罗斯不得不转向进口替代或者是与第三方国家合作，这可能导致产品质量下降、生产成本及价格上升③。如果俄罗斯能够

---

① С. Белов. Реализация политики импортозамещения и ее влияние на потенциал агропромышленного комплекса Краснодарского края, Вестник Академий знаний №(34)5, 2019 г.

② Э. Ш. Веселова. Импортозамещение: не допустить кампанейщины, ЭКО. Всероссийский экономический журнал, 2015(3).

③ В. Фальцман. Приоритеты структурной политики: импортозависимость, импортозамещение, возможности экспорта инновационной продукции промышленности, ЭКО. Всероссийский экономический журнал, 2014(5).

在制裁结束之前生产出优于进口的本国产品，则说明其取得了应对制裁的胜利，但这是不现实的。也有学者指出，即使是地缘政治制裁被取消，俄罗斯与欧盟以往的经济联系也不可能很快恢复，因为双方已经失去了互信。因此，加快进口替代，即便是要付出代价，对俄罗斯经济稳定和地缘政治安全也是必要的。①

有俄罗斯学者立足于西伯利亚和远东地区发展的角度，认为无论是西方制裁条件下还是取消制裁之后，俄罗斯在再工业化方面都应加强与亚太国家的合作，即将进口替代与俄罗斯战略"东进"相结合②。除上述研究外，俄罗斯学者也针对具体部门，如军工业、石油天然气工业、食品加工业的进口替代进行了专门分析。

四、中国学者对俄罗斯进口替代的研究与评价

中国学术界对俄罗斯进口替代的研究程度存在不足。在西方经济制裁之前，相关研究也仅限于两篇（吴春光等，2005）。在俄罗斯遭遇西方经济制裁后，我国学界对俄罗斯的进口替代战略给予了关注。其中，徐坡岭从俄罗斯进口替代的性质、内容与政策逻辑对俄罗斯进口替代进行了较为全面的分析。他认为，进口替代作为重要的工业化发展战略，有其内在的逻辑基础和重要的实践价值。俄罗斯的进口替代从自发进程到政策实践，是经济危机和内外压力共同作用的结果。从性质和内容看，俄罗斯的进口替代是国家安全战略和结构发展战略的综合，其根本目的是在反危机过程中逐步解决经济发展中的深层次结构性矛盾。在世界贸易组织（WTO）框架和经济全球化条件下，贸易保护和复汇率制等传统进口替代政策工具已经失效，但一定时期的卢布汇率贬值和制造业劳动生产率的逐渐提升依然能够满足进口替代的必要条件，因此徐坡岭认为，俄罗斯进口替代战略的

---

① В. Фальцман. Импортозамещение в ТЭК и ОПК, Вопросы экономики, 2015(1).

② В. С. Ефимов, А. В. Ефимов. Промышленная политика и возможности импортозамещение для Сибири и Дальнего Востока, ЭКО. Всероссийский экономический журнал, 2015(2).

政策逻辑具有合理性。① 之后他又对进口替代在俄罗斯取得的进展及其问题进行了分析，并指出，在西方制裁、国家安全、能源依赖问题和卢布贬值这些因素的共同作用下，2014年底，进口替代在俄罗斯逐渐从政治任务上升为俄罗斯的产业政策和国家战略。进口替代在最终消费品和个别行业进展显著但整体进展不佳，并总结了俄罗斯政府和学者对进口替代成果的评价。②

与进口替代有着密切联系的是俄罗斯的去工业化及再工业化问题，相关研究也为本书提供了重要的参考和启发。程伟、殷红（2009）提出，俄罗斯在经济恢复性增长阶段（1999~2008年）形成的第一产业到第三产业的结构升级，即农业、工业在经济中的比重严重下降，而第三产业明显增加的重要原因是市场经济建立过程中因资金缺失、生产链断裂、外部市场冲击等因素造成的去工业化；它与其他非转型国家的不同意义在于，这一"去工业化"总体看是消极而非积极意义的，因为它不是生产率的提升，而是其恶化所造成的表面优化实则恶化的过程。③ 一些学者注意到俄罗斯投资不足而阻碍其经济发展的问题，分析了俄罗斯从消费型增长转向投资拉动型增长的发展定位，以及俄罗斯市场化转轨以来投资不足的原因，指出建立投资型增长是俄罗斯长期、稳定、较快增长的关键。围绕着投资不足，学者们关注到俄罗斯投资环境的变化。徐坡岭、徐昱东（2014）从中小企业发展的视角及地区投资吸引力的不同视角对俄罗斯各地区投资吸引力的排名及变化进行了分析，并结合新制度经济学框架下的解释，为投资者到俄罗斯投资选择合理区位提供决策支持。④ 郭晓琼（2016）对俄罗斯的再工业化问题进行了理论梳理和系统分析，指出在激烈的转型和"自然资源诅咒"的作用下，俄罗斯出现了明显的去工业化趋势，然而俄罗斯的去工业化与发达工业化国家的不同，这也决定了俄罗斯的再工业化道路

---

① 徐坡岭：《俄罗斯进口替代的性质、内容与政策逻辑》，载《俄罗斯东欧中亚研究》2016年第3期。
② 徐坡岭：《进口替代在俄罗斯取得的进展及其问题》，载《欧亚经济》2018年第1期。
③ 程伟、殷红：《俄罗斯产业结构演变研究》，载《俄罗斯中亚东欧研究》2009年第1期。
④ 徐坡岭、徐昱东：《俄罗斯投资区位选择及其影响因素分析——基于俄各地区中小企业发展水平的视角》，载《俄罗斯研究》2014年第4期；徐昱东：《俄罗斯各地区投资环境评价及投资区位选择分析》，载《俄罗斯研究》2015年第1期。

与发达国家有所不同；在此判断的基础上，她分析了俄罗斯去工业化的特性、诱因及主要表现，并阐述了俄罗斯再工业化的特点与主要政策措施及趋势判断。

此外，王志远（2020）从欧亚经济联盟的视角分析了俄罗斯进口替代的条件及成果；也从地区视角分析了俄罗斯进口替代实施的地区性差异，其研究成果成为本书重要的补充文献。

五、对已有研究的总结

在西方经济制裁与俄罗斯反之制裁持续发酵的背景下，俄罗斯进口替代战略的实施与影响是俄罗斯经济中的重要问题。通过梳理已有研究，特别是对俄罗斯的相关研究不难发现，总体上学术界对俄罗斯进口替代战略实施的必要性给予肯定，但对俄罗斯进口替代的实现并不十分乐观，在政府治理低效的制度环境下，受到外部政治环境恶化的制约，进口替代的要素条件及发展空间都受到制约。并且还有学者认为，本应将俄罗斯现代化进程向前推进的进口替代可能会导致俄罗斯在世界经济中的地位和影响力更加退步。

俄罗斯进口替代战略自2014年实施至今，在军工、农业等领域已经取得一些明显成果，但关于俄罗斯进口替代的政策内容、实施路径与方法，以及对俄罗斯经济的影响，目前来看，尚缺乏系统的、全面的和深入的解读，进口替代的初衷，再工业化基础上的俄罗斯经济结构调整的任务是否完成，俄罗斯的产业结构特别是工业内部结构发生怎样的改变，以及俄罗斯进口替代政策受到的外部政治和经济约束等，都需要学术界做出较为全面和深入的分析。

第三节 本书的研究方法与内容

本书主要采用文本分析法、政治经济学及制度经济学的分析方法。在分析俄罗斯的进口替代时不能不将其与历史中的进口替代的实践及经验进行比较，而且与中东欧乃至中国等转型国家的再工业化相比较，因此，国际比较的方法不可或缺。此外，本书也尝试将经济学的研究与政治约束的政治经济学相结合的综合性的、跨学科研究。

研究内容包括八章，具体为：第一章：绪论，内容包括选题的背景和意义、文献梳理及研究方法等。第二章：俄罗斯进口替代的理论基础和主要背景，内容包括从再工业化视角理解俄罗斯进口替代的历史与理论逻辑、再工业化是俄罗斯经济发展的长期战略、西方经济制裁的倒逼机制、进口替代战略的提出。第三章：俄罗斯进口替代的政策及措施，内容包括俄罗斯进口替代总况、俄罗斯民用制造业的进口替代政策、农业进口替代政策。第四章：俄罗斯进口替代的结果与评价，内容包括进口替代的结果总况、农业进口替代的成果、制造业的进口替代结果。第五章：俄罗斯进口替代的制约因素与数字化转型的新机遇，内容包括投资不足的发展惯性、地缘政治的制约、再工业化数字转型的机遇。第六章：欧亚经济联盟框架内的俄罗斯进口替代，内容包括欧亚经济联盟中俄罗斯的经济主导地位、欧亚经济联盟框架内的进口替代、欧亚经济联盟对俄罗斯进口替代的意义。第七章：进口替代背景下的俄欧贸易关系，内容包括俄欧贸易规模的变化、俄欧贸易品结构的变化、俄欧贸易关联性的变化。第八章：进口替代背景下的中俄贸易关系，内容包括中国在俄罗斯对外贸易中的地位发生改变、新冠疫情下的俄罗斯外贸发展、中俄经济合作前景。

第二章 俄罗斯进口替代的理论基础和主要背景

第一节 从再工业化视角理解俄罗斯进口替代的历史与理论逻辑

一、工业化与再工业化的进口替代

进口替代是指采用本国生产的制成品替代进口的国外制成品。进口替代战略主张通过建立和发展本国的制造业、实现对进口制成品的替代,以加快工业化进程和减少对外经济依附。[①]进口替代既是贸易政策,也是产业政策,更是国家发展战略。在世界经济发展史上,18~19世纪的德国、美国、日本,"二战"后以苏联为代表的计划经济国家及拉丁美洲和东亚国家,在追赶发展阶段都或多或少地实行了进口替代工业化战略。

传统进口替代总体看有以下三个特点:首先,传统进口替代普遍实施于工业化初级阶段,即助力一国工业从无到有的阶段,也就是所谓保护幼稚产业的阶段。从这个角度讲,传统进口替代是工业化进口替代,强调这一点将其与再工业化或者是新工业化抑或是后工业化不同发展阶段的进口替代加以区分。其次,传统进口替代通常被视为内向型发展战略

---

① 黄田华:《经济发展的结构与战略比较》,中国对外经济贸易出版社1992年版,第174页。

第二章 俄罗斯进口替代的理论基础和主要背景

(inward-looking development policies), 与出口导向的外向型发展战略相对应, 拉丁美洲国家是前者的典型, "亚洲四小龙" 国家则是后者的代表。尽管二者, 特别是拉丁美洲与东亚国家常常是作为两个极端被加以对立比较, 但事实上, 各国发展实践往往是两个战略的结合, 只是体现在不同发展阶段上。例如, 巴西和智利是在20世纪五六十年代实行内向型进口替代战略, 而到了70年代中期则加入了出口导向的外向型发展的行列, 而被视为实施出口导向战略的东亚国家也在它们的一些工业中相继或同时采用过保护主义的进口替代战略。① 最后, 传统进口替代的实现手段主要是基于利用关税和配额来阻止竞争性商品的进口, 以此达到对国内产业的保护。有效保护率是衡量发展中国家对本国企业的保护水平, 在20世纪60年代, 一些发展中国家制造业的有效保护率都相当高, 超过100%, 如智利在1961年制造业的有效保护税率②为182%, 巴西在1966年达到113%、巴基斯坦在1963年达到273%。③ 此外, 关税也是考察一国对本国企业保护水平的指标之一。直到20世纪90年代初, 许多发展中国家仍然采取较高的关税率以保护本国企业, 例如, 1991年世界制造业加权平均关税率为8.6%, 而印度为76.3%(1990年)、中国为36.4%(1992年)、巴西为28.8%(1990年)等。④

值得注意的是, 进口替代也并非是后发国家的专利, 一些发达国家为

---

① [美] 马克尔·P. 托达罗、斯蒂芬·C. 史密斯:《发展经济学》(原书第9版), 机械工业出版社2009年版, 第401~402页。

② 有效保护率(effective protection)是以百分比表示的国内产业中某一特定生产阶段中的增加值超出没有保护时的增加值(value added)的程度。换句话说, 它表示的是: 当企业在关税保护下能够支付的工资、利息、利润和折旧补贴的总和超出这些企业面对来自外国生产商的不受限制的竞争(无关税保护)时能够支付的上述各项的总和的百分比。有效保护率(g)可以定义为国内增加值(产出的百分比)和世界增加值的差额占后者的百分比, 即 $g = (v' - v)/v$。式中, v' 和 v 分别是每单位产品在存在和不存在保护时的增加值。这个结果可能为正或负, 取决于 v' 的值是大于还是小于 v。对于大多数欠发达国家而言, 这是个很大的正数。参见: [美] 马克尔·P. 托达罗、斯蒂芬·C. 史密斯:《发展经济学》(原书第9版), 机械工业出版社2009年版, 第409页。

③ 资料来源: Balassa B. The Structure of Protection in Developing Countries, Johns Hopkins Press, 1971: 82. 转引自: 余淼杰:《国际贸易学: 理论、政策与实证》(第二版), 北京大学出版社2021年版, 第292页。

④ 余淼杰:《国际贸易学: 理论、政策与实证》(第二版), 北京大学出版社2021年版, 第292页。

了刺激某个"幼稚"产业也常常通过提高关税来限制进口以实现进口替代。例如，20世纪80年代，美国为了刺激摩托车产业的发展，采取了对日本增收高关税的保护政策。

在进口替代的实施过程中，各国往往受到供给和需求等不同经济因素乃至政治因素的影响，采取不同方式及路径实施进口替代。在笔者参考的文献中，关于进口替代阶段的划分有两种，一种将其简单划分为简单消费品进口替代（进口替代的第一阶段）和工业品的进口替代（进口替代的第二阶段）。①另一种划分来自黄田华（1992），他将进口替代总结为两类，一类是从下游产业开始的进口替代，从此方向开始的进口替代可分为三个阶段：消费品替代阶段、中间产品替代阶段和资本货物替代阶段。这三个阶段代表着进口替代水平的由低而高，构成了由最终消费品替代开始至资本货物替代完成这样一个完整的进口替代过程。另一类是从上游产业开始的进口替代，即从工业投入品开始进口替代，随后逐步扩展到对进口的机器设备和最终消费品实行替代。②例如，首先发展以碳氢化合物利用为基础的重工业，以便向其他部门提供本国生产的中间投入品，从而逐步减少工业投入品的进口和实现深度工业化的目标。

以往谈论进口替代都是指工业化阶段的进口替代。是后发国家应对先发国家对其工业、制造业的占领，出于自主性和独立性的安全考虑及发展现代工业进而实现现代化的现实需要，通过提高关税等贸易保护措施对其幼稚产业采取保护和扶持政策，以达到促进本国工业化的目的。这在18~19世纪的德国、法国、美国及日本的工业化历史上都经历过这一发展阶段。美国政治家亚历山大·汉密尔顿（Alexander Hanmilton）于1791年最早提出的保护幼稚产业论，以及之后德国经济学家李斯特（Friedrich List，1789-1846）对此进行了系统的阐述。保护幼稚产业论的基本内容是：某个国家的一个新兴产业，当其还处于最适度规模的初创时期时，可能经不起外国的竞争。如果通过对该产业采取适当的保护政策，提高其竞争能

---

① [美]迈克尔·P.托达罗、斯蒂芬·C.史密斯：《发展经济学》（原书第9版），机械工业出版社2009年版，第402页。

② 黄田华：《经济发展的结构与战略比较》，对外经济贸易出版社1992年版，第185页。

第二章 俄罗斯进口替代的理论基础和主要背景

力,将来可以具有比较优势,能够出口并对国民经济发展作出贡献的,就应采取过渡性的保护、扶植政策,主要手段是关税保护。李斯特在1841年出版的《政治经济学的国民体系》一书中,提出并系统阐述了保护幼稚工业的贸易学说。显然,保护幼稚产业的实质就是进口替代。

综合学术界观点,进口替代工业化战略的局限性主要表现在:第一,半封闭且受保护的市场环境抑制了企业的进取精神,经济发展中的高成本和低效率弊端日益成为经济成长的障碍。第二,相关国家国内市场相对狭小,进口替代产业难以形成规模经济,在半封闭条件下,这些受保护的低效率产业难以获得国际竞争力,更加无法利用外部市场实现规模经济。第三,国际收支经常项目长期逆差导致国际收支状况日益恶化。贸易保护条件下,资本品代替消费品成为进口的主要部分。资本品进口替代缓慢,进口所需的外汇靠国际借贷解决,外债规模日益扩大。第四,贸易保护和对进口替代产业的倾斜性政策造成市场信号失真,导致资源配置扭曲和产业结构失衡。

可见,进口替代是颇有争议的后发展问题,如前文所言,其中既有东亚国家的成功实践,也有拉丁美洲国家的失败教训。判断一国的工业化水平或所处的工业化阶段,主要是参照该国的人均收入、三次产业产值结构、制造业增加值占总增加值的比重、人口城市化率和第一产业就业占比这四个指标。国内学者郭晓琼(2016)根据上述指标进行的测算结果表明,按照人均GDP判断,2010年俄罗斯人均GDP为11494美元,属于工业化后期阶段;根据基准收入水平、产业结构、城市化衡量,俄罗斯则同样属于工业化后期阶段;按照就业结构衡量,俄罗斯处于后工业化范围。但是,如果按照工业结构来衡量的话,俄罗斯仍处于工业化中期水平,因此,她认为,"俄罗斯大约处于工业化中、后期阶段,但并未进入后工业化时期"[①]。

那么,处于工业化中后期的俄罗斯进口替代,在性质、特点乃至实施

---

① 郭晓琼:《俄罗斯再工业化问题探析》,载《俄罗斯东欧中亚研究》2016年第1期,第56~58页。

方法等各方面都会与20世纪中期拉丁美洲及东亚国家的工业化进口替代有着很大的不同,俄罗斯很大程度上是属于"再工业化的进口替代"。来自托木斯克工业大学的几位学者也提出了类似的观点。他们认为,当前主要国家"已进入进口替代的轨道——建立在新技术基础上的民族工业基础部门的复兴"。在此发展背景下,俄罗斯经济因继承了苏联的遗产而无法恢复这一技术定位;而且,市场化改革的结果是去工业化,即工业部门的萎缩和加工部门比重的下降。电子产品、聚酯化工、仪器制造、汽车工业、飞机制造、医药及程序设计等的进口已经达到了超过50%的严峻程度,俄罗斯需要新工业化的进口替代[1]。

俄罗斯的再工业化(新工业化)进口替代为完善和发展进口替代理论提供了新的事实和依据,这也是本书研究所具有的理论价值之一。

二、后金融危机时代的再工业化浪潮

再工业化是2008年国际金融危机以来世界经济出现的重要趋势。在西方文献中,再工业化(reindustrialization, реиндустриализация)是一个比较成熟的概念。早在1968年版的韦伯斯特词典中就有对"再工业化"的解释,即指一种刺激经济增长的政策,特别是通过政府帮助来实现旧工业部门复兴的现代化并鼓励新兴工业部门的增长。

尽管国内外学者在许多方面对"再工业化"的理解存在不同看法,但仍可以归纳出一些基本共识:"再工业化"主要是指曾经有过辉煌工业化历史而又陷入衰退的国家或地区的经济再振兴或者再发展;"再工业化"的核心是产业转型,尤其是传统工业的再度复兴;"再工业化"的政策措施主要是制度创新与技术创新并进,市场调节与政府作用相结合。从国内外研究成果来看,对"再工业化"概念的理解需把握两个要点:第一,"再工业化"的前提是已经有了一次工业化的历史,是二次工业化的过程,

---

[1] С. А. Жиронкин, М. А. Гасанов, К. А. Колотов. Возможно ли в Россиии неоиндустриальное импортозамещение, ЭКО, Экономический журнал, 2018(5), С. 139.

第二章 俄罗斯进口替代的理论基础和主要背景

但二次工业化不是一次工业化的简单重复或继续,它是由于一次工业化所建立的工业基础丧失了竞争力,从而为了重振产业竞争力所启动的新的工业化进程;第二,"再工业化"的实质仍然是工业化,而不是"后工业化"和"去工业化",这就将产业锁定在形成以高新技术、数字经济等为依托,从而重新拥有竞争力的强大工业,并用新一轮工业化的成果引领、装备和改造其他产业。①

美国作为世界最具竞争力的经济体,在遭受次贷危机和金融危机后,提出重振制造业战略,其目标是抢占先进制造业的全球制高点及促进美国制造商成为全球创新引领者。德国作为世界最具竞争力的制造业大国之一,于2011年公布了"工业4.0"的战略方案,提出如果德国能够顺利实施工业4.0,意味着德国不仅能够继续保持其在装备制造业的世界领先地位,而且将在制造业的未来发展上引领世界。2013年德国公布了《德国工业4.0战略计划实施建议》,其后又公布了"工业4.0"的计划标准化路线图等重要文件,一个以智能制造为主导的第四次工业革命在德国展开。受德国影响,仅在5年内就有超过12个欧洲国家的倡议书中涉及了与工业4.0相关的主题。② 英国是"现代工业革命的摇篮"和曾经的"世界工厂",国际金融危机后英国反思了"重金融、轻制造"的观念,认为制造业是英国经济复苏的核心,应靠"制造业的前进来带动英国发展",并在2013年发布了《未来制造业:一个新时代给英国带来的机遇与挑战》(又称《英国工业2050战略》),将制造业复兴确立为重要的国家战略,并制定了以"服务+再制造"为核心的工业长期发展计划。日本也是世界制造业强国,2009年和2010年日本发布了《日本制造业竞争策略》和《日本制造业》专题报告,强调要将实体经济的主体——制造业回归经济发展的主体,着力扭转制造业流失的局面,通过实施再工业化政策,以"实现机器人革命"为突破口,利用大数据、人工智能和物联网重塑日本制造业的

---

① 程伟、殷红:《俄罗斯产业结构演变研究》,载《俄罗斯中亚东欧研究》2009年第3期。
② [德] 乌尔里希·森德勒:《无边界的新工业革命:德国工业4.0与"中国制造2025"》,中信出版集团2018年版,第11页。

全球竞争力。①

促使发达国家提出"再工业化"的背景是以制造业空心化为主的"去工业化"问题。从工业向服务业递进，这是西方经济理论中标志产业结构升级与经济发展的主要特征，也是发达国家实现经济现代化的重要体现。"去工业化"在很长一段时间对美国等发达国家的经济发展起到了巨大的推动作用，从国家发展的历史纵向看，这一工业部门萎缩的过程是积极的。但是，随着全球化进程的深入，面对以制造业为主体的工业对后发国家在增长、就业及全球竞争力提升方面所表现出的强劲动力，以及在此过程中发达国家制造业受到的强大冲击，发达国家不得不对其金融短期化、杠杆化和过度虚拟化，以及增长乏力的经济结构和发展问题进行重大调整。因此，全球化条件下来自发展中国家的竞争压力是发达国家提出再工业化战略的重要诱因。当然，制造业回归是发达国家刺激增长和拉动就业的重要手段，因为投资乘数效应的存在，使得以信息化、网络化、数字化为核心的工业振兴成为提振发达国家经济复苏的重要源泉。

三、转型国家的去工业化与再工业化

转型国家的再工业化很大程度上是源于这些国家在体制市场化转型时期的去工业化。所谓去工业化（деиндустриализация），是与工业化相对应的经济发展过程，其核心体现是工业部门在整个经济中就业和产出份额的下降，特别是制造业的就业和产出份额下降的过程。转型国家的去工业化不同于发达国家的去工业化，后者的去工业化发生在经济增长和经济结构优化的过程中。换言之，是经济发展、技术进步、劳动生产率提高的结果和体现，而转型国家的去工业化，却是发生在市场化经济转轨过程中产出严重下降、经济社会环境恶化，特别是劳动生产率下降的条件下。②

转型国家在从计划经济转向市场经济的过程中，体制和各种制度发生

---

① 资料来源：《世界制造业格局及工业4.0》。
② 程伟、殷红：《俄罗斯产业结构演变研究》，载《俄罗斯中亚东欧研究》2009年第1期。

了根本性的改变,从产权的非国有化(私有化)到价格和贸易机制的去计划化、去行政化、去国家垄断化,不可避免地导致了工业部门的衰退。其中的原因有:首先,计划经济体制下工业结构带有计划性,原计划经济国家普遍选择的是优先发展重工业的赶超式工业化道路,苏联、东欧各国乃至中国均如此。其次,在面对西方军事威胁和经济制裁,以及与市场经济体系隔绝的外部政治经济环境下,原计划经济国家都将优先发展重工业作为安全保障和实现经济现代化的路径。因此,计划经济时期的工业结构并非依据要素禀赋的比较优势而形成,在农业反哺工业的政策下,通过压低农产品价格和抑制消费需求,确保了重化工业化的发展模式得以实现。当计划经济国家放开价格管制时,要素价格、生产原料价格乃至成品价格上涨充分暴露和说明了计划经济体制下的短缺经济。在市场对外开放条件下,原计划经济国家的工业品首先因其高成本而缺乏竞争力。俄罗斯学者对此指出:"俄罗斯经济开放过程中伴随着加工工业报业机械制造部门的比重的持续下降,其原因是与其他国家相比成本高造成其竞争力的丧失。"[①] 计划经济国家的制造业在质量上也缺乏国际竞争力。计划经济体制下的"大锅饭"机制、全民就业、供不应求的短缺经济的背后是竞争机制的缺失和创新动力的根本性不足。在原计划经济国家启动市场化改革和对外开放的时候,无论是工业化水平相比落后的中国,还是在计划经济体系内居于领先的苏联和一些东欧国家,在制造业整体上与西方国家相比大大落后,且明显地丧失了国际竞争力。正是这一普遍技术、工艺和产品的落后,充分表明了计划经济体制本身比市场经济体制的落后和低效,这也是原计划经济国家尽管政治发展道路不同,但却一致选择转向市场经济的根本原因。

尽管客观上存在上述引致转型国家工业衰退的原因,但转型国家去工业化的速度和程度却表现不一,这与向市场经济转型的方式有着密切的联系。以"休克疗法"的激进方式转型的国家,如俄罗斯、波兰在转型初期

---

① А. К. Корнев, С. И. Максимцова, С. В. Трещина. Реиндустриализация как резерв роста отечественнной экономики, Проблемы прогнозирования. 2018(4), С. 72 – 82.

都经历了严重的工业衰退，俄罗斯在20世纪90年代体制转型期间工业产量的降幅超过60%，成为工业衰退的重灾区。这与俄罗斯转型前的初始条件有很大关系，俄罗斯是实行计划经济体制时间最长的国家（74年），当然也是计划经济体制最根深蒂固的国家，其经济集中度最高、垄断性最强，转型初期俄罗斯的工业垄断即全盟所有企业的占比高达69%，这也是导致俄罗斯实施休克疗法后工业严重衰退的重要原因。① 自由化导向驱使的政府从经济中退出，是苏东国家激进式转型中工业严重衰退的重要原因，"政府补贴的取消对加工业的影响是关键性的"。② 此外，苏联解体造成的原有经济链条断裂更是导致苏联、东欧国家工业生产瓦解的重要原因。原料供应断裂、生产的自有资金不足、高通货膨胀下高昂的贷款利率使企业无法从金融机构融资，政府补贴取消，这些都是20世纪90年代初期俄罗斯工业企业普遍遇到的困境。尽管与西欧相比，其制造业缺乏竞争力，但俄罗斯、乌克兰产的机床、冶金等产品对于中国等发展中国家来说还是物美价廉、有很大市场需求和获利空间的，但是没有政府的宏观调控和政策扶持，企业自身无法解决资金严重短缺问题，因此丧失了企业存续并转型的时机。总体看，苏东转型国家的制造业是在没有防备和保护的干预措施之下被迫停产或转产的。

中国的市场化经济转型选择的是"双轨制"、体制外增量先行的渐进式，在保留计划经济体系的同时边际上培育和发展市场经济，出现了计划与市场、国有和私有并行的混合体系，此消彼长，市场成分递增、计划成分减退，这种转型的优势保持了经济社会秩序的基本稳定，而稳定和秩序是发展的前提与保障。因此，自1992年起，中国明确建立社会主义市场经济后的经济发展始终保持了基本的宏观经济稳定和可控的发展秩序，且政府主导的市场化发展模式比较有效地解决了市场失灵的问题，特别是在转型初期市场观念和规制严重缺失的情况下，政府调控和管制是必要的。尽管如此，作为计划经济体制最发达的东北老工业基地，也经历了工业衰退

---

① ［丹］奥勒·诺格德：《经济制度与民主改革》，上海世纪出版集团2007年版，第90页。
② А. К. Корнев, С. И. Максимцова, С. В. Трещина. Реиндустриализация как резерв роста отечественнной экономики, Проблемы прогнозирования. 2018(4), С. 72.

的去工业化阶段，其性质与苏联和东欧国家并无不同，只是下降的范围和程度有所不同。

转型时期中东欧国家普遍经历了去工业化（deindustrialization）。"与世界其他地区类似，去工业化是过去二十年中中欧和东欧国家经济生活的重要特征。"[①]

根据发达国家与发展中国家的去工业化现象和性质，可以将去工业化分为两种类型，分别是正向工业化和负向工业化。[②] 前者是指由于生产率增长的差异而将工人重新分配到服务部门，从而使制造业就业人数减少。按照这种观点，去工业化是成功的经济发展的自然结果，与发达经济体生活水平的提高相关，并受到服务业生产率发展的影响。[③] 不论其发展水平如何，增加服务部门的就业对各国生活水平的影响及对经济基础的影响都可能很重要。而去工业化的消极后果的原因可能是对经济系统的冲击，即实际汇率的大幅升值，以及促进有利于国内市场生产的结构调整[④]，政治和经济市场解体[⑤]。换言之，导致负面的去工业化的原因可能是经济体系受到冲击、原经济体系的瓦解及经济政治体制转型。与之不同，正面的去工业化后果则可能是市场化结构重塑。

转型之前，东欧国家和东南欧国家的经济格局的特点是，与处于类似经济发展水平的市场经济相比，工业所占份额特别高。20世纪90年代的政权更迭导致制造业萎缩特别是在一些国家，如在中东欧国家服务业的增长方面。该过程与成熟市场经济的一个重要区别是伴随着经济结构的瓦解，包括生产联系的中断、贸易关系的破坏、投资的减少，所有这些都发

---

① Nebojša Stojčić and Zoran Aralica, Regional Patterns of Deindustrialization and Prospects for Reindustrialization in South and Central East European Countries, The wiiw Balkan Observatory, Working Papers |118| December 2015; М. Лобанов, Промышленность стран ЦВЕ и ЮВЕ, И. И. Орлик, Основные тенденции во взаимоотношениях России и стран ЦВЕ.

② Rowthorn R., Wells J. De-industrialization and foreign trade, Cambridge, Cambridge University Press Clavijo et al., 2014, Kaldor N. Further Essays on Economic Theory, London: Duckworth, 1978.

③ Rowthorn R., Ramaswamy R. Deindustrialization its Causes and Implication, Economic, 1997 (10).

④⑤ Greenaway D., Nam C. H. Industrialisation and Macroeconomic Performance in Developing Countries under Alternative Trade Strategies, Kyklos, 1988, 41(3): 419 – 435.

生在体制转型中。到 21 世纪，许多中东欧国家的这些趋势已经扭转，但是东南欧国家中制造业的下降趋势仍在继续。①

中东欧国家的去工业化实际上经历了两个阶段，其中导致去工业化的原因也不同。第一个阶段去工业化的主要原因正是前文所说的经济和社会体制转型期间，由于原有经济体系的瓦解、产权私有化等所谓的转型性"去工业化"。在转型第二个十年中东欧国家的去工业化进程主要是由贸易和资本流动自由化推动的，其重要原因是缺乏产业政策的协调和补救、初始条件、转型进程、外资进入等。②

中东欧国家的去工业化存在地区性差异。来自克罗地亚杜布罗夫尼克大学及萨格勒布经济管理学院的两位学者在其研究中指出，尽管在这些国家的大都市区及其周边地区也有明显的去工业化特征，但其余三个东南欧国家的证据却有所不同③。在克罗地亚，除了首都之外，传统上倾向于旅游业的沿海地区的特点是制造业产出和就业都下降。然而，在塞尔维亚，除了在其东部一些主要大都市地区之外（在体制转型前被称为重工业中心），还可以看到去工业化的迹象（见图 2-1）。这些研究结论背后的一个可能原因是这些地区的工业生产停滞不前，竞争力下降。

保加利亚大多数去工业化地区位于与罗马尼亚接壤的中西部地区和东部沿海地区。在所有被分析的国家中，可以观察到去工业化的迹象。去工业化地区主要是大都市区及其周边，以及东部边境地区。这标志着经济活动分布的空间格局。另外，去工业化似乎主要与制造业竞争力的下降有

---

① Landesmann M. South East Europe-Signs of Catching–Up, in: J. Christl, K. Liebscher and Doris Ritzberger-Grünwald (eds), European Economic Integration: South East European Challenges and Prospects, Edward Elgar, Cheltenham, 2005: 21 – 29; Damiani M. and Uvalić M. Industrial Development in the EU: What Lessons for the Future Member States? Croatian Economic Survey: 2014, 16(1): 5 – 48. 转引自: Nebojša Stojčić and Zoran Aralica, Regional Patterns of Deindustrialization and Prospects for Reindustrialization in South and Central East European Countries, The wiiw Balkan Observatory, Working Papers |118| December 2015.

② Bartlett W. Shut out? South East Europe and the EU's New Industrial Policy, LSE "Europe in Question" Discussion Paper Series, 2014(84); Damiani M. and Uvalić M. Industrial Development in the EU: What Lessons for the Future Member States? Croatian Economic Survey, 2014, 16(1): 5 – 48.

③ Nebojša Stojčić and Zoran Aralica. Regional Patterns of Deindustrialization and Prospects for Reindustrialization in South and Central East European Countries, Working Papers |118|, December 2015.

第二章 俄罗斯进口替代的理论基础和主要背景

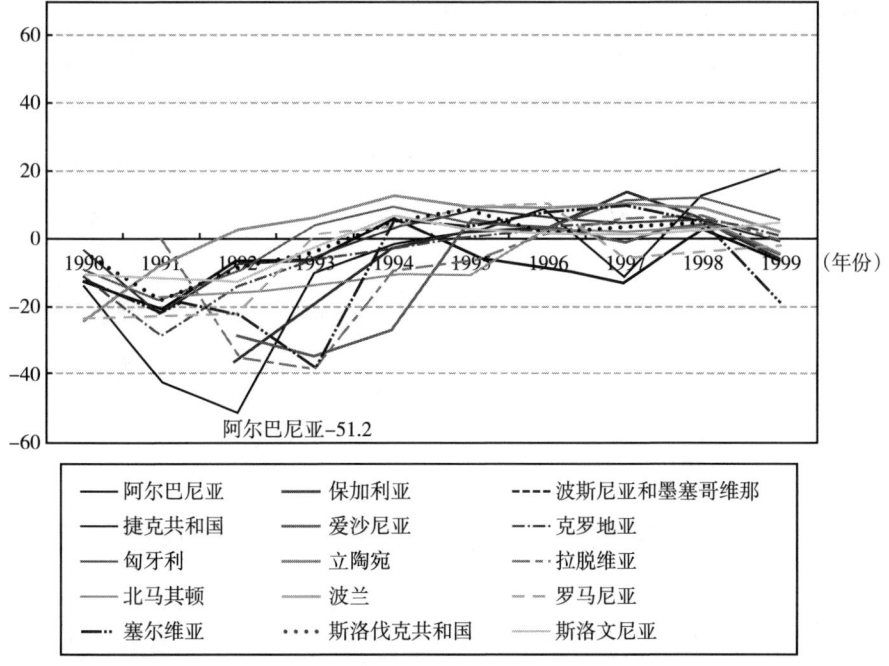

图 2-1 中东欧国家工业产值年增长率

资料来源：笔者根据世界银行数据绘制。

关。在有些情况下，部门的劳动强度也有所下降，这表明经济结构调整正朝着减少劳动密集型产业的方向发展，这需要在短期内进行调整。[①]

处于不同发展阶段和体制下的再工业化内涵因国而异。中东欧国家"再工业化"具有一般性，也有其特殊性。一般性体现在这些国家与俄罗斯、中国等后计划经济国家的再工业化相比有其一致性和共同问题；另外，作为欧盟新成员的中东欧国家的再工业化被纳入到欧盟整体再工业化进程中，受其制约与影响，因而有其独特性；当然，中东欧国家的再工业化与西欧等发达市场经济国家的再工业化相比，也有其特殊性，体现在其初始条件不同，这些国家的去工业化发生在人均收入水平远低于发达经济体的情况下；在体制转型阶段提前（非演进式）进入"后工业化"阶段，

[①] Nebojša Stojčić and Zoran Aralica, Regional Patterns of Deindustrialization and Prospects for Reindustrialization in South and Central East European Countries,《The wiiw Balkan Observatory》Working Papers|118| December 2015.

服务业比重迅速提高,形成"新结构扭曲"①。

许多中东欧国家于21世纪初出现再工业化趋势②。区域政策能力的发展是了解刺激工业发展的国家或超国家政策进程的先决条件。然而,在欧洲,再工业化作为一种政策主张普遍被视为国家和超国家层面即欧盟层面的政策议程。在这种情况下,产业政策的分权化及寻找区域产品和服务对欧洲价值链的贡献方式是中东欧国家和东南欧国家区域决策者在再工业化进程中面临的一个重大挑战。更为重要的是,政策措施应以保护知识产权为目标,并且这种保护方式不会给当地公司带来负担,也不会限制当地公司的创新活动。

第二节 再工业化是俄罗斯经济发展的长期战略

一、"去工业化"与再工业化的发展目标

1991~1998年的俄罗斯经济,被西方称之为"产量下降的年代"。从1999年起大致到2004年,俄罗斯经济的基本特征是恢复性增长。尽管1991~2004年俄罗斯的经济形势非常严峻,然而,其间的产业结构却发生了貌似"积极"的变化。表现为:第三产业发展迅速,其产值占GDP的比重由35.9%增至54.8%;第二产业比重下降,由40%降至38.9%;第一产业比重的下降最为明显,由13.4%降至不到7%。再从就业结构看,根据国际劳工组织的数据,工业部门的就业占比从1990年的40.1%降至2004年的29.8%,下降了10个百分点,而第三产业的就业占比则从46%

---

① Rodrik D. Premature Deindustrialisation, National Bureau of Economic Research-NBER, Working Paper 20935, 2015.

② Landesmann M. South East Europe-Signs of Catching-Up//J. Christl, K. Liebscher and Doris Ritzberger-Grünwald (eds). European Economic Integration: South East European Challenges and Prospects, Edward Elgar, Cheltenham, 2005: 21-29.

升至60%。① 直观地看，俄罗斯三次产业的GDP占比似乎发生了符合产业结构一般演进规律的"优化"，就业结构的"优化"似乎更为显著，甚至接近发达国家的水平。但是，仔细观察后不难发现，俄罗斯产业结构的"优化"事实上是大打折扣的。

产业结构的优化升级，即GDP结构中第一、第二产业占比下降，第三产业占比上升，通常是源于社会经济的发展和劳动生产率的提高。一方面，随着经济的增长和收入的增加，社会对服务业的需求不断扩大；另一方面，第一、第二产业劳动生产率提高后释放出大量的从业人员，为第三产业的扩张提供了必要的劳动力支持，从而促进了服务业的大发展。由此可见，产业结构优化的基本前提是经济发展。然而，俄罗斯的情形却大相径庭，1991~1998年国内生产总值下降了一半，农业生产下降了40%多，工业生产降幅更大，超过60%。在此情况下，同期中商品生产占GDP的比重从60.5%降至39.4%，降幅达1/3；由于商品生产尤其工业部门商品生产的绝对减少，使得服务生产的占比大幅提升，从32.6%升至51.9%，增幅达20%（见表2-1）。这表明，俄罗斯产业结构的"优化"不同于一般意义上的理解，它不是在经济增长中实现的，而是在产量下降过程中出现的一种非常规的结果。

表2-1　　　　俄罗斯GDP生产结构（按市场价格计算）

指标	1990年	1995年	1997年	1998年	1999年	2000年	2001年
GDP	100	100	100	100	100	100	100
商品生产	60.5	41.3	39.4	39.4	40.2	40.6	38.6
服务生产	32.6	50.9	51.9	51.9	49.4	48.0	48.3
净产品税（去掉补贴）	6.9	7.8	8.7	8.7	10.4	11.4	13.2

资料来源：В. Г. Кульеров. Обзор экономической ситуации в России. Экономический обзор, 2002г., с. 40.

俄罗斯"产量下降年代"出现的产业结构"优化"的表象，与其转轨的初始条件、制度与政策变迁效应以及资源禀赋状况内在相关。对于俄罗

---

① Р. Капелюшников: Структура российской рабочей силы: Особенности и динамика. Вопросы экономики, 2006 № 10. ст. 21.

斯的产业结构演变而言，首先是指从行政计划型产业结构向市场需求型产业结构的过渡。众所周知，苏联给俄罗斯留下了畸形的产业结构遗产，工业比重过大，农业和服务业十分落后，而且工业中又以军工生产为主，居民消费品严重短缺。启动转轨后，价格放开，外贸自由化，需求结构骤变，导致工业生产下降，尤其加工部门的生产下降严重。至于能源原材料部门的生产，虽也有减少，但降幅不大。这是因为，能源原材料部门的生产环节少，受转轨政策的影响相对较轻，存在较大的资源禀赋优势，初始价格明显低于国际市场的价格水平，等等。于是，在工业生产总体大幅下降的条件下，能源原材料生产的占比大幅提升，形成了工业生产原料化的结构。

俄罗斯工业生产下降腾出的 GDP 占比空间，迅速地被第三产业所填充。服务业的迅速起步和发展，是短缺经济的大背景和激进的转轨政策共同作用的结果。所谓"短缺经济"，主要指居民消费品供应严重不足，苏联时代的"排长队"购物现象，就是对其最为直观的诠释。苏联解体后，"排长队"恶化为"疯狂抢购"，短缺经济变本加厉。激进的转轨政策，将数十年对价格、贸易、金融、私营经济等的严格管制一下子全面放开，迅速启动自由化举措。一方面有强烈的需求，另一方面有政策的刺激，居民消费品批发与零售贸易便率先崛起，从业人员占全部就业人员的比重在1990 年仅为 8.1%，2004 年升至 15.6%，所获利润相当可观。1991~1998年，商业、贸易、金融、保险、不动产等服务部门的产值一直保持两位数的快速增长，金融中介仅 1991 年就增长了 77%。①但问题是，第三产业的内部结构严重失衡，文化、卫生、科学、教育等行业的发展或者滞后，或者衰退，GDP 占比由转轨初期的双位数降至经济衰退结束期的单位数。

以上分析表明，俄罗斯转轨初期出现的所谓产业结构的"优化"，是经济衰退条件下的特殊产物，是真实的"经济恶化"背景下出现虚假的"结构优化"，其实质是投资不足等导致的俄罗斯工业部门衰退，特别是制造业衰退的"去工业化"过程。

---

① Структурные преобразования，Экономическая политика.

二、再工业化发展目标的确定

俄罗斯虽然没有正式提出诸如德国工业4.0抑或是"中国制造2025"那样系统的再工业化战略,但是其再工业化的必要性和迫切性早已达成共识。

1999年俄罗斯在经历转轨危机和1998年金融危机后开始恢复增长,自2000年起,随着国际能源价格的持续攀升,俄罗斯进入恢复性增长阶段。所谓恢复性增长,是指增长是建立在以往资产储备和投资的基础上。截至2008年国际金融危机之前,俄罗斯保持了年均约7%的快速增长,因其经济增长令世界瞩目,而被列入所谓的"金砖国家"[①]。尽管如此,俄罗斯的经济增长从一开始就饱受诟病,被批评增长主要是源于能源价格的上涨。自1999年起,世界石油市场价格持续上涨,国际原油价格由原来的每桶不到20美元涨到每桶70多美元,[②] 这为世界能源生产和出口大国的俄罗斯创造了发展的有利时机,因此,学术界普遍将俄罗斯经济增长视为能源优势及价格上涨的必然结果。但我们在以往的研究中指出,在肯定能源优势及价格因素的前提下,能源优势与价格上涨并不是俄罗斯经济好转的充要条件,普京执政后实施的一系列强化政府经济干预的政策与措施是将有利时机转化为俄罗斯经济恢复及全面好转的关键。[③]

但是,俄罗斯经济能源原料化的趋势受到俄罗斯政府的关注,对过度依赖能源原料生产及出口的原料经济增长模式的弊端及潜在风险,俄罗斯政府也有充分的认识。2003年,普京在其第二个总统任期之际,提出了经济翻番的发展计划,在2003年5月16日总统"国情咨文"和同年8月25日政府向社会正式公布的《俄罗斯联邦社会经济发展中期纲要》(以下简

---

① 资料来源:笔者根据 Россия в цифрах 和 Российский статистический ежегодник 中 GDP 年增长率核算得出。

② E. Шарирова. Что дает рента федеральному бюджету? анализ зависимости доходов российского бюджета от "нефтедолларов"//Вопросы экономики. 2004. № 7. C. 56 – 58.

③ 殷红:《试析俄罗斯能源政策及其经济影响》,载《俄罗斯中亚东欧研究》2007年第5期。

称《纲要》）中，俄罗斯明确提出了产业结构调整的发展目标。《纲要》是对经济翻番内涵与举措的揭示，即经济翻番的追求绝不只是速度而是竞争力，而提升竞争力的主要途径是产业结构的优化。俄罗斯第一次将竞争力界定为"吸收全球经济资源和保护本国经济资源的能力"，第一次明确地将民族经济竞争力划分为国家管理竞争力、企业竞争力和人力资本竞争力三个层级。《纲要》把结构优化作为提升竞争力进而繁荣民族经济战略举措的重中之重，并从生产与出口的非原材料化、发展以生产高附加值产品为核心的新经济、积极扶植中小企业、大力发展农业经济、改造和加强国防工业等5个方面做出了宏观部署。

有了产业结构调整的目标，普京的第二任期整体看是经济增长迅速、产业结构调整缓慢推进的阶段。普京总统执政的第二个任期，经济发展速度较快，截至2007年底，经济总量终于超过转轨前1991年的水平，为110%；按购买力平价指数计算的GDP为19000余亿美元，上升为世界排名第7位；黄金外汇储备达到4700亿美元，外资流入额达到823亿美元，均创历史最高纪录；国家外债减至GDP占比的3%，成为这一指标世界最低和最好的国家之一；证券市场的市值同1999年相比增长了21倍，超过巴西、印度、韩国等新兴经济体；公司的资本化超过GDP的100%，并呈现出继续增长的态势；居民实际收入倍增有余，失业和贫困人口减少1倍多。[①] 俄罗斯在经济翻番目标的实现方面取得了实效，国内外舆论对此形成了比较广泛的共识。

但是，经济快速增长的同时，俄罗斯国内外对其经济发展的质量却质疑不断。通过对数据的观察，在2000~2008年至国际金融危机之前，俄罗斯的产业结构确实出现了积极的趋势。这一时期，石油、天然气等能源及原材料的国际市场价格大幅攀升，俄罗斯此类产品生产和出口的扩大，事实上主要源于高位价格的总计而非实物产量的剧增。如果从此类产品的增速及对经济增长的贡献率指标看，生产和出口的原材料化趋势还是得到了

---

① В. В. Путин. Стенограмма пресс-конференции для российских и иностранных журналистов 2007 г.

一定程度的控制。例如，2007年俄罗斯工业总体增长6.3%，其中的加工部门增长9.3%，不仅超过工业总体增速，而且也超过GDP 8.1%的增速；原材料部门的增长减速，矿产开采仅增长1.9%，发电量减少0.2%。2008年第一季度继续保持了这一态势，动力—燃料部门增长0.7%，石油开采下降0.1%，天然气开采增长1.8%；机器制造业生产同比增长16.4%，出口同比增长58%；化学、医药等加工部门的生产，也都保持较高的增速。指标显示，可利用矿产资源的开采对经济增长的贡献率从2003年的25.5%降至2005年的9.1%，而加工部门的贡献率则从62.7%增至82.6%。[1]

普京对他执政期间俄罗斯经济所取得的成绩予以充分肯定，对实现经济翻番的既定目标表示乐观，但同时也对俄罗斯的经济发展模式表示出了强烈的不满，多次公开批评俄罗斯经济"尚未摆脱惯性地依赖于依靠能源原料；沿着这个版本，我们就不可能在提高俄罗斯公民的生活质量方面取得应有的进步。更有甚者，我们势必不能保障国家的安全，也不能保障国家的正常发展，势必将使国家的存在本身受到威胁。"[2]

2008年2月8日，在普京即将离任的前夕，在克里姆林宫举行的俄罗斯国务委员会扩大会议上，他做了题为"关于俄罗斯到2020年的发展战略"的报告。该报告备受世人关注，国内外影响强烈。报告中即表明俄罗斯将对未来的发展道路做出新的选择，提出国家的创新发展战略，认为这是俄罗斯未来发展道路的唯一正确选择。普京报告的主调是创新发展道路，着重点是对以往的"发展版本"进行"质的改变"。这一具有特定内涵的"发展版本"，显然属于本书集中讨论的产业结构的范畴，归类应在第二产业。普京的报告中少有涉及农业和服务业，这不大可能是源于疏忽，而很可能是出自突出重点问题的考虑。不难看出，对于俄罗斯经济来说，长期内将主要聚焦在作为第二产业的工业内部制造业比重的提升，从而改变俄罗斯经济过度依赖能源原料生产及出口的原料型经济增长模式。

2008年爆发的国际金融危机更加充分地暴露了俄罗斯经济增长模式的

---

[1] В. Миронов. Экономический рост и конкурентоспособность промышленности: ценовые и неценовые факторы анализа. Вопросы экономики, 2006(3), с. 43.

[2] [俄]普京：《普京文集》，中国社会科学出版社2008年版，第676~677页。

弊端。在这场源于美国、波及全球的国际金融危机中，俄罗斯经济遭遇的打击比其他国家都严重。2009年上半年美国GDP下降3.6%，欧盟下降4.7%，日本下降7.6%，而俄罗斯的降幅超过10%，全年GDP下降7.8%。在"金砖四国"中，与中国超过7%的增长、印度近6%的增长和巴西同比下降1.5%相比，俄罗斯更是经济衰退最为严重的国家。[①] 在GDP大幅下降的同时，俄罗斯的失业率迅速上升，10年间首次出现财政赤字。经济形势的恶化引发了一系列社会问题，群众性抗议游行时有发生，各种民意调查显示政府在民众中的威信严重受挫。

时任总统梅德韦杰夫指出："导致俄罗斯经济危机的不仅是外部因素，更重要的是内部原因。""世界金融危机表明我们的情况不妙，20年暴风骤雨式的改革并没有使国家摆脱令人羞愧的原料经济束缚。今天的经济继承了苏联经济最沉重的弊端，这就是经济很大程度上忽视了人的需要。国内的企业除很少部分之外不搞发明，不生产人们需要的商品和技术，交易的产品要么是原料，要么就是进口商品，俄罗斯生产的制成品基本上缺乏竞争力。正是这些原因导致了俄罗斯在此次危机中的生产下降超过了其他经济体。"[②] 显而易见的是，国际金融危机再次验证了俄罗斯经济增长模式的弊端，而经济危机中出现的前所未有的政治危机更进一步促使俄罗斯政府关注并努力改变其过度依赖能源原理的经济增长方式，这在俄罗斯已经是毋庸置疑的共识。

三、俄罗斯再工业化的内涵界定

俄罗斯的"再工业化"，也可以说是"新工业化（новая индустриал-изация）"是建立在新技术、新机制和新管理基础上的，通过科学技术和管理创新来实现俄罗斯工业，主要是加工制造业部门的发展和国际竞争力的建立。主要体现在俄罗斯恢复增长后大量的国家和地方政府规划的投资

---

① 王洛林等主编：《2010年世界经济形势分析与预测》，社会科学文献出版社2009年版，第295页。

② Дмитрий Медведев: Россия, вперед! www.kremlin.ru.

项目的制定与实施。这些项目既涉及道路、交通、通信、港口建设等基础设施，更涉及金属冶炼、造纸、制药、化工等众多实体经济部门，其中不乏众多大型的投资项目，让世界感受到俄罗斯新的一股投资浪潮的来临，堪称"新的俄罗斯工业化"①。"新工业化"或"再工业化"的核心在于产业结构的转型与升级改造，尤其是俄罗斯具有传统优势的加工制造业。"新工业化"的实现不单单是靠资本和劳动要素的投入，更主要是制度与技术的创新，而这正是俄罗斯实现从原料经济向创新经济增长方式转变的核心所在。正如俄罗斯著名政治家普里马科夫所言："扭转俄罗斯成为世界能源原材料附庸趋势的只能是新工业化，换言之，是旨在建立有科技含量的工业部门特别是加工部门的深入的结构调整。"②

俄罗斯学者［如亚岑科（Н. Е. Яценко）］③和尤里·克鲁普诺夫（Юрий Крупнов）及诸多企业家［如弗拉基米尔·卢孔宁（Владимир Лузянин）］④等都是积极主张俄罗斯"再工业化"倡导者和推动者。

可以肯定的是，相当一段时期内俄罗斯产业结构变革的首要追求，并非是三次产业之间的结构优化，而是作为第二产业的工业内部的结构重组、升级和现代化。俄罗斯从创新工业的"发展版本"入手，致力于走出一条创新的国家发展之路，看来不无道理，主要原因有以下三点。

第一，俄罗斯工业具有比较优势。在经济全球化的今天，俄罗斯工业就其整体而言，在世界范围内不具备绝对的竞争优势。但最具比较优势的毕竟还是工业，如能源原材料生产、加工制造业等。至于航天航空业、军事武器生产等，甚至具有一定的竞争优势。俄罗斯把产业结构优化的重点

---

① Александр Попов. Новая индустриализация: точки роста. Эксперт № 44, 26 ноября 2007. с. 122 – 126.

② Евгений Примаков: Нам нужна новая индустриальзация. Российская газета от 9 июня 2012 г.

③ Н. Е. Яценко. реиндустриализация-переход от раннеиндустриальной и индустриальной базы производства к его новым технико-технологическим основаниям, переход производства на более прогрессивный путь развития прогрессивные ("высокие") технологии, информатика, биотехнологии, новые материалы и источники энергии, Толковый словарь обществоведческих терминов, 1999.

④ Реиндустриализация: Как нам организовать промышленное развитие? Юрий Крупнов, 2006.

放在第二产业，通过"再工业化"，一方面发展高新技术产业，另一方面用高新技术装备和改造传统工业，提高劳动生产率，由过度依赖能源原材料部门的"发展版本"全面转向创新型发展模式。工业内部的结构优化，还将为第一、第三产业的发展提供条件。近几年来俄罗斯农业形势较好，很大程度上就是与农用机器制造业供给能力的增强有关。俄罗斯第二产业的重构与升级，必将为其生产性服务业创造出巨大的发展空间。

第二，俄罗斯整体处在工业化后期阶段。国内外学界曾针对俄罗斯所处的发展阶段问题进行过激烈的争论，"后工业化"的阶段判定一度占据上风。但根据人均国内生产总值、三次产业增加值和就业结构、制造业占国内生产总值的比重及城市人口份额等主要测度指标，俄罗斯事实上与其说处在"后工业化"阶段，不如说处在"工业化后期"阶段。既然是"工业化后期"，工业就仍然是重头戏；既然还没有进入"后工业化"，就说明现有工业化的水平尚不高，就需要通过"再工业化"的途径使其得到重组、优化和淬炼，同时注入知识经济的新元素和市场经济的新机制。

第三，俄罗斯适应崛起进程中的国家战略需求。纵观世界经济发展史，后发国家的经济追赶主要有三种类型：一是资源型追赶，以中东产油国为典型代表；二是劳动密集型追赶，以泰国、马来西亚等东南亚新兴工业化国家或地区为典型代表；三是重化工业型追赶，苏联是典型代表。前两类国家虽然实现了经济追赶，但在世界经济中的"配角"地位却没有发生大的变化，在国际政治领域更是依旧处于从属地位。重化工业追赶曾经使苏联成为与美国分庭抗争的超级大国，但遗憾的是最终走上了解体之路。苏联解体后，俄罗斯拥有雄厚的工业基础，发展潜力巨大，完全有可能重新成为世界政治经济大国和强国。况且，俄罗斯已经崛起，必然加快增强关乎国民经济和国家安全命脉的工业领域的竞争力。由此可见，这绝不仅仅是一个经济问题，而是还源于俄罗斯国家层面总体战略需求的考虑。况且，国际金融危机之后，美国、欧盟等发达国家也意识到经济过度金融化，而工业特别是制造业空心化的发展路径的弊端，再工业化已成为新时期的发展趋势，在这样的世界经济发展趋势下，加之俄罗斯改革时期的去工业化造成的发展弊端，俄罗斯的再工业化都势在必行。

第三节　西方经济制裁的倒逼机制

一、西方经济制裁的起因与内容

1. 关于经济制裁的内涵界定

经济制裁的最初目的是以削弱敌国的经济实力来削弱敌国的军事能力，被当作战争的辅助手段。当前国际社会中的经济制裁作为外交手段的一种，其目的是为了实现政治或经济目标。由于分析角度的不同，学者们在国际经济制裁的内涵上存在很大分歧。部分学者从广义角度来界定，只要是为实现目的而对目标国实施强制性的经济手段，都归于国际经济制裁范围；有的学者却坚持传统的观念，把国际经济制裁看成一种外交政策手段，是通过施加经济压力取得某种政治目的，它有别于纯粹经济利益目的的报复性手段。其目的可以是削弱目标国的军事潜力，也可以是推翻某些政权或改变原有的政策等。根据经济制裁目标的不同性质，霍夫鲍尔（G. C. Hufbauer）等认为经济制裁是有预谋的、政府授权的禁止已有的金融贸易方面的联系。①

本书中的经济制裁，是指采用断绝外交关系以外的非武力强制性措施，如财政、金融、贸易等领域的制裁均属于经济制裁。经济制裁常见的方式包括：实施贸易禁运、中断经济合作、切断经济或技术援助等。

不同国家在实施经济制裁时候的动机往往是不同的，甚至是在同一起经济制裁案例的不同阶段目标方的动机也是不同的，因为追求的政策目标在不断修正。霍夫鲍尔将经济制裁的政治目标分为以下五种：使目标方政策发生改变；使目标方政局不稳；破坏目标方的军事冒险行动；使目标方丧失发展军事的潜力；其他如消除目标方的种族歧视政策、保护人权和维

---

① 霍夫鲍尔等：《反思经济制裁（第三版）》，上海人民出版社 2011 年版。

护民主等的政策目标。① 针对不同的动机经济制裁的方式或者说种类不同，主要包括贸易制裁与金融制裁两大类。

贸易制裁指的是制裁发起方通过采取限制本国向目标方的出口、减少或取消本国从目标方的商品进口、遏制目标方与第三国的贸易往来等措施，对目标方的外贸进出口造成损失，迫使目标方屈服的制裁方式。包括进出口贸易限制与商品禁运，针对个人禁止入境、限制签证。对于目标国而言，贸易制裁会使其失去关键的进出口市场，或低价出口被禁商品、高价进口替代商品。出口限制将会造成实质性的打击，会加剧目标国国内物资、资本及技术的短缺；对出口依赖比较大的目标国实施进口限制也可以作为一种非常重要的武器，尤其是那些面向国际市场出口的行业。

金融制裁是制裁发起国通过冻结目标国的海外资金、取消援助、取消贷款、禁止资金流通等方式，遏制目标方的金融实力，造成目标方资金短缺，导致其经济陷入困境，最终屈服于发起方的压力下。它包括对目标国冻结资产、封锁资金流通、禁止金融行业或国内支柱产业的合作。资产冻结是金融制裁最极端的形式之一，切断了资金流转与投融资，也阻碍了贸易往来，其经济与政治遭受的后果也极其严重。

事实上，在大部分案例中，金融制裁和贸易制裁是两者结合使用的。相比较而言，金融制裁在全球化背景下能更好地发挥作用，因为金融制裁不会产生严重的人道主义灾难。就哈夫鲍尔的观察来看，在"二战"以来美国发起的经济制裁中，金融制裁和贸易制裁两者结合使用成功率为33%，单独使用金融制裁的成功率为41%，单独使用贸易制裁的成功率为25%。② 而且，相较于贸易制裁来说金融制裁所产生的成本是很小的。

经济制裁通常是"双刃剑"，率先对目标方国家产生影响。但是，在经济全球化的背景下，国家间经济联系日益紧密，经济制裁也不可避免地对本国产生影响。

---

① 霍夫鲍尔等：《反思经济制裁（第三版）》，上海人民出版社2011年版。
② 霍夫鲍尔等：《反思经济制裁（第三版）》，上海人民出版社2011年版，第198~199页。

对目标方会造成的经济影响是首当其冲的,会迫使目标方必须寻求替代市场、资金和商品,而这能否实现就取决于目标方的对外关系了。面对经济制裁,目标方总会努力改善与周边国家的关系,降低转换成本,尽量减缓经济制裁对本国经济所造成的影响。同时,良好的对外关系也有助于经济制裁的早日解除。

经济制裁不仅使财富与权力在发起方和目标方之间进行再分配,也会在第三方的国家与地区间再分配。经济制裁的实施对于第三方国家或地区而言,也存在损失和收益两个方面。由于制裁会使发起国退出其在目标国某些产品市场,而第三国则可以填补这一市场缺口,占据更大的市场份额从而获益。但是随着制裁的不断升级,第三方国家与制裁发起方合作也会失去相应的出口市场,其获得的收益会逐渐降低,合作的动机也就会随之减小。因此,经济制裁中的第三方国家或地区受经济制裁的影响可能是积极的,也可能是消极的,这决定了它们对经济制裁的态度。

总之,经济制裁对第三方国家或地区的影响是复杂的,既可能使第三方国家从中获利,也可能使这些国家的利益受到损害。而且,在经济制裁实施的不同阶段、不同的实施方式对第三方国家的影响都是不尽相同的。作为经济制裁的第三方国家或地区也会因为自身受经济制裁的影响不同而对经济制裁持不同的态度,它们也是影响经济制裁成效的一个重要因素。

2. 西方对俄罗斯实施经济制裁的起因与内容

2014年3月16日,克里米亚举行全民公投赞成加入俄罗斯联邦。3月21日,俄罗斯总统普京签署了经联邦议会批准的克里米亚入俄条约及相关宪法条例,标志克里米亚正式加入俄罗斯。以乌克兰的"脱俄入欧"与克里米亚的"脱乌入俄"为主要背景的乌克兰危机引发了美欧主导的西方国家对俄罗斯的经济制裁。尽管此次西方对俄罗斯进行经济制裁是源于乌克兰危机,但也有观点认为乌克兰事件不过是美国对俄罗斯政策转变的一个新的历史契机。俄罗斯联邦安全委员会秘书帕特鲁舍夫(Н. П. Патрушев)在接受《俄罗斯报》的采访时表示,"如果没有发生乌克兰危机,美国还会有其他借口来'遏制'我国，只不过是实现的形式和策略变化而已。"①

在此次美欧俄博弈中，美欧对俄罗斯的制裁从初始的"警告"，扩大到金融、能源和国防部门，给俄罗斯国内经济造成了沉重打击。第一轮制裁主要针对俄罗斯政府及国有公司主要官员，以冻结资产为主、禁止颁发签证和入境美国，起到一种"威慑"的作用。第二轮制裁涉及俄罗斯金融、能源和军工等部门，主要是限制被列入制裁目标的俄罗斯公司和银行进入欧美资本市场，切断俄罗斯与全球金融系统的联系，制裁进入实质性阶段。第三轮制裁是"最严厉"的制裁，实行禁止技术转让，主要打击目标是俄罗斯国有银行和开发银行。随着制裁的不断升级，美欧制裁措施仍然以切断俄罗斯个人、企业、银行与美欧金融资金的联系为主。

需要说明的是，围绕着乌克兰危机西方对俄罗斯的制裁既有经济方面的，也有政治安全领域的制裁。另外，后续制裁措施的理由也不限于乌克兰问题，也包括"北溪－2"项目、俄反对派人士等政治问题及其他国际问题，这些制裁措施夹杂在一起。仅在2020年1月5日至2021年1月10日的一年内，西方国家对俄罗斯就实施了93起制裁。其中，美国发起的次数最多（47起），其次是欧盟（22起）。单独对俄罗斯发起制裁的欧盟成员方中，德国6起，芬兰、爱沙尼亚、拉脱维亚1起。德国、法国、英国的联合行动1起。欧盟的伙伴国格鲁吉亚与乌克兰联合行动4起。英国发起8次针对俄罗斯的制裁。

这93起制裁措施中有44起与乌克兰问题有关，有至少10起与"北溪－2"项目有关，9起与网络安全和干涉问题有关，还有9起与人权有关，以及其他与对第三方国家制裁（如中国、委内瑞拉、利比亚、叙利亚）有关的二次制裁。②

在西方国家纷纷对俄罗斯提出制裁的同时，也有国家公开表示反对西方对俄罗斯进行制裁。2014年5月27日斯洛伐克总理提出，因为俄罗斯执行了明斯克协定，应立即取消对俄罗斯的制裁。他还表示："制裁解决

---

① Егоров И. Вторая "холодная"//Российская газета. Федеральный выпуск. -2014. -N 235. -С. 9.
② В России подсчитали количество введенных против нее западных санкций.

不了任何问题。制裁不是政策只是手段，但这些手段并不能确保提出的目标一定能实现。"① 制裁的目的不是让俄罗斯的经济遭受损失和俄罗斯人的生活水平下降，制裁的目的是应推动俄罗斯与乌克兰调节冲突。

捷克总统在采访中也表示，西方对俄罗斯的制裁应该取消，因为制裁加剧了局势的紧张，而且没有带来形势的好转。"制裁不仅无效，相反，制裁是反效率的。它们只会加剧紧张局势而不是促进局势稳定。"奥地利总理也认为制裁是愚蠢的。匈牙利总理欧尔班也赞成取消对俄罗斯的制裁。捷克总理强调应尽快取消对俄罗斯的制裁，他认为，对俄罗斯施压是不会有结果的，只会加剧俄罗斯与西方的紧张关系。希腊总理也表示，雅典不同意西方对俄罗斯的制裁，这是一条没有出路的道路。②

美国、欧盟、加拿大及其他国家的制裁名单在不同时间涉及350家俄罗斯和外国公司及组织。制裁分三级：例如，针对与根纳基·吉姆琴科和罗金别尔克兄弟有联系的公司的制裁是完全冻结其资产并禁止其发行融资证券。针对俄罗斯储蓄银行、天然气工业公司和俄罗斯石油公司则采取所谓的部门制裁，包括禁止长期借贷及针对石油天然气公司实行北极油田开采所需的商品和技术禁运。此外，2016年9月美国商务部对部分俄罗斯、印度和中国香港公司实行部分制裁，限制包括双重作用的材料和技术的出口、转出口和转让。

对西方经济制裁，俄罗斯采取了相应的反制裁措施。具体内容为：

2014年3月8日俄罗斯国家杜马议员通过关于"美国和欧盟针对一些俄罗斯公民制裁"的声明；2014年3月21日克里米亚并入俄罗斯；限制9名西方政府官员入境俄罗斯；2014年3月23日俄罗斯总统普京把自己工资转入受美制裁的"俄罗斯"银行，暗示美制裁对他无效；2014年4月俄罗斯国家杜马通过一项有关建立国家支付系统的法律修正案；2014年7月31日禁止进口波兰大部分水果和蔬菜；2014年8月6日禁止进口美国、欧盟、加拿大、澳大利亚、挪威等国家的农产品，期限为1年；2014年8月7日禁止乌克兰航班飞经俄罗斯领空；2014年8月21日俄罗斯消费者权益

---

①② В России подсчитали количество введенных против нее западных санкций.

保护部门对莫斯科 4 家麦当劳餐厅发出停顿通知；2014 年 9 月 11 日对波兰、斯洛伐克、罗马尼亚天然气供应量分别减少 24%、10% 和 5%；2014 年 7 月 22 日俄罗斯通讯部降低对国外科技供应商的依赖；2014 年 12 月 18 日普京在年终新闻发布会上鼓励俄罗斯商人把自己海外资产"去离岸化"；2014 年 12 月 19 日俄罗斯国家杜马通过向该国银行提供总额高达 1 万亿卢布的资本支持；2015 年 1 月发布实施军品出口补贴、改善营商环境、进口替代等政策并强化与亚洲国家的合作；2015 年 1 月 1 日正式成立欧亚经济联盟；2015 年 7 月 2 日俄罗斯天然气公司停止向乌克兰供应天然气；2016 年 6 月 29 日俄罗斯宣布将针对西方国家的反制裁期限延长至 2017 年底。之后，随着西方国家以各种理由将上述制裁措施不断延期或增加扩大制裁范围，俄罗斯也相应地将反制裁措施延期并增加了制裁的范围。

3. 西方对俄罗斯经济制裁的类型及特点

围绕西方对俄罗斯进行的经济制裁具有以下三个特点。

第一，金融制裁为主。2014 年 7 月 16 日之后，西方对俄罗斯的制裁进入实质性的阶段，涉及金融、能源和军工部门，主要是限制俄罗斯重要大型公司和银行进入欧美资本市场。在银行领域，美国对俄罗斯的最大银行——俄罗斯储蓄银行进行制裁，禁止其发行期限超过 30 天的银行债券，欧盟同样禁止向 5 家俄罗斯大型国有银行提供贷款业务。在能源领域，美国禁止买卖俄罗斯天然气公司和石油管道公司超过 90 天的新增债券，欧盟禁止俄罗斯能源公司①在欧盟资本市场的融资。在军工领域，美国冻结了俄罗斯国防企业在美的资产，欧盟禁止其在欧盟市场的融资。② 限制俄罗斯金融机构和企业在全球主要金融市场的投融资渠道，一系列措施将切断俄罗斯的资金供应，扰乱其金融体系。

第二，武器禁运及禁止能源技术设备转让。在金融制裁下，石油制裁和武器禁运加大了制裁的效力。欧盟禁止与俄罗斯在武器及军民两用产品

---

① 包括俄罗斯石油公司、俄罗斯石油管道运输公司和俄罗斯天然气公司。
② В России подсчитали количество введенных против нее западных санкций.

方面进行贸易,美国和欧盟的公司被禁止与俄罗斯重要能源企业合作①,禁止向俄罗斯提供北极、深海和页岩油气的勘探技术设备销售和转让。

第三,"聪明制裁"为辅。针对个人资产冻结、旅行(签证)禁令。相对于全面制裁在经济上给普通大众甚至周边国家带来实质上的附属伤害而言,这种制裁手段针对政府部门或国家特定高官。在希望改变政府政策的同时也尊重人道主义价值,不会造成普通居民的额外压力,因此在经济制裁中运用得更成功。在第一轮制裁中,美国及欧盟针对俄罗斯总统圈子的核心成员及一些重要高官,冻结他们的海外资产,并限制向其颁发签证,禁止他们入境美国,这主要起到一种"威慑"的作用。因此,美国在选择制裁方式时,一方面考虑制裁对民众的影响;另一方面考虑美国同盟国及国际社会对制裁的反对,从而影响其国际形象。

学术界关于国际社会几十年来众多经济制裁的著名案例进行研究讨论,发现都是以失败告终,美国对于苏联的经济制裁也不例外。纵观美国对苏联经济制裁的结果,虽然"二战"结束至20世纪70年代中期及90年代的制裁取得了部分成功,但在80年代成功率非常低,而且制裁行为对美国的目标仅仅起到了微小的贡献。在不同时期美国采用的制裁形式也不同,金融制裁和限制出口措施取得了一定的效果,且双方贸易联系越强制裁效果也会加强,美国的世界经济地位、国际合作也是制裁效果加强的因素。

苏联时期经济的弱点在当今的俄罗斯依然存在。俄罗斯的经济增长、财政收入都严重依赖石油和天然气出口,受西方经济制裁的影响油价大跌,使得俄罗斯的经济增速、财政收入都受到直接和间接的影响。

二、西方制裁对俄罗斯经济的影响与宏观政策应对

1. 西方制裁对俄罗斯经济的影响

西方经济制裁对俄罗斯经济的影响究竟有多大?影响的方式和领域等

---

① 这些俄罗斯企业包括俄罗斯卢克石油公司、俄罗斯天然气公司、俄罗斯石油公司、俄罗斯苏尔古特石油天然气股份公司等俄罗斯国内能源巨头。

都是学术界关心的问题。西方经济制裁从2014年延续至今，在不同阶段因制裁的内容和俄罗斯政府的应对措施对俄罗斯经济的影响也不同。2014～2015年是西方经济制裁的影响发酵最为突出的时期，在一系列制裁内容实施后，俄罗斯经济陷入危机，这也是俄罗斯自1992年启动市场化经济转轨后遭遇的第四次危机。① 与以往危机相比，此次危机形势表现出不同的特点。

一是延续了以往经济衰退与高通货膨胀并行的滞胀性危机特征。2014年俄罗斯GDP增长率同比增长0.7%，2015年俄罗斯GDP同比下降2.8%②，2016年下降0.2%（见表2－2）。在2018年圣彼得堡经济论坛上俄罗斯工商会会长、著名经济学家库德林表示，"西方经济制裁使俄罗斯GDP增长率下降0.2～0.3个百分点，2018年随着制裁措施加剧，制裁使俄GDP增长率的降幅达0.5个百分点"③。

表2－2　　　　　2015～2016年主要经济发展指标　　　　　单位：%

指标	2015年	2016年
GDP增长率	－2.8	－0.2
消费价格指数	12.9	5.4
工业生产	－3.4	1.1
制造业	－5.4	0.1
农业生产	2.6	4.8
居民实际可支配收入	－3.2	－5.9
失业率	5.6	5.5
零售贸易	－10.0	－5.2
乌拉尔石油均价/桶（美元）	51.2	41.7
出口（1～11月）	－31.8	－19.2
进口	－37	－1.4
联邦预算赤字/盈余	－2.4	－3.7

资料来源：俄罗斯经济发展部：Об итогах социально-экономического развития Российской Федерации в 2016 году；财政赤字的数据来自俄罗斯财政部。

---

① 之前的三次经济危机分别为：1992～1996年第一次危机是以经济体制转轨为主要诱因的转轨性危机；第二次是1998年金融危机；第三次是2008年国际金融危机期间俄罗斯遭遇的金融经济危机。
② 俄罗斯联邦统计署已将2015年GDP降幅由－3.7%调整为－2.8%，资料来源：Социально-экономическое положение России 2016 год.
③ Кудрин оценил влияние санкций на экономику России, 2018.

第二章　俄罗斯进口替代的理论基础和主要背景

与此同时，通货膨胀（以下简称"通胀"）不断加剧，2014 年俄罗斯通货膨胀率首次在 2007 年降至单位数后升至双位数，超过 10%，达到了 11.4%，2015 年则攀升至 12.9%。此次通货膨胀加剧很大程度上源于俄罗斯对加入制裁的国家农产品进口的限制，这一措施引发了食品价格的上涨；而且食品质量问题也变得严峻，俄罗斯农业监察资料显示，含植物脂肪的乳制品的占比平均达到 11%，某些种类的产品则达到 50%。①

二是油价下跌与卢布贬值。2014 年国际石油价格下降了一倍，这会直接影响俄罗斯的出口总额、财政收入和国内生产总值（石油和天然气及其产品占出口的 70%、财政收入的 1/3、GDP 的 1/5）。俄罗斯每年的石油收入为 2800 亿美元，天然气收入超过 600 亿美元，正是依靠石油和天然气的出口收入使俄罗斯得以进口机械、设备、药品、食品及其他。② 但是，油价对俄罗斯经济的拉动作用已经大不如从前。

此轮经济衰退实际上经历了两个阶段，一是 2014 年的下半年，即在西方对俄实施经济制裁和国际油价下跌之后。二是俄罗斯在国际金融危机期间 GDP 下降了 7.8%，2010～2011 年通过扩张性财政及货币政策将 GDP 恢复到危机前 2008 年的水平，但增速开始放缓。进入 2012 年，经济下行速度加快，2012 年第四季度至 2014 年第二季度，即西方经济制裁和俄罗斯主要出口商品价格下跌之前，GDP 增长率分别为 1.8%、0.6%、1.1%、1.2%、2.1%、0.6%、1.1%，经济逐渐下滑的趋势明显。③ 在此期间，北海布伦特原油价格每桶为 108.49～112.5 美元，不低于 100 美元，④ 但 GDP 却呈持续下滑趋势乃至濒临停滞。客观地看，在西方经济制裁之前，高企的能源价格及其出口对俄罗斯 GDP 的拉动效应明显减退，而经济制裁进一步加剧了这一趋势。花旗银行和独联体国家的首席经济学家扎哈罗夫认为，"反俄制裁将油价对俄罗斯经济的影响程度降低了大约三倍。因此，即使是油价处在高位，其对俄罗斯 GDP 的增长的影响也相当微弱"。⑤

---

①② Кудрин оценил влияние санкций на экономику России, 2018.

③④ Национальные счета（ВВП, Квартальные данные1995 – 2016гг.）& О текущей ситуации в экономике Российской Федерации по итогам первого полугодия 2016 года.

⑤ Н. Акиндинова, Я. Кузьминов, Е. Ясин. Экономика России: перед долгим переходом. Вопросыэкономики, № 6, 2016 г.

在西方经济制裁背景下俄罗斯油价下跌,同时卢布大幅贬值,从之前的美元兑换卢布的汇率从近 40 升至 80,卢布贬值幅度达到了一倍。

三是居民收入明显下降。俄罗斯经济自 2000 年恢复性增长后,居民实际可支配收入的增长成为俄罗斯经济的亮点之一,其年均增长率达到 11.9%,超过 6.9% 的 GDP 增幅。即使是在国际金融危机期间 GDP 下降 7.8% 的情况下,俄罗斯居民实际可支配收入仍保持了 1.8% 的正增长。但是,2014 年俄罗斯居民收入却下降 0.7%,首次出现负值;之后降幅不断扩大,2015 年为 -3.2%,2016 年为 -5.9%,2017 年为 -1.7%,[①] 西方经济制裁的影响是巨大的,据信贷评估分析机构(ACRA)专家称,2018 年,禁止从加入制裁的国家进口食品的禁令使俄罗斯居民的实际收入减少了 2~3 个百分点。

四是贸易额骤降。在西方制裁与俄罗斯对进口的限制措施下贸易额的下降最明显。俄欧贸易额下降近一半。此次危机中降幅最大的是贸易额,降幅达 33.8%(出口下降 31.8,进口下降 37%)。其中与独联体国家的贸易额下降 32%(出口下降 31.8%,进口下降 35.8%);与独联体之外国家的贸易额下降 34%(出口下降 32.1%,进口下降 37.2%)。[②] 贸易额骤降的原因之一是主要出口商品价格的下跌。此外,俄罗斯与欧盟之间的经济制裁与反制裁,以及俄乌贸易恶化也是重要原因。欧盟是俄罗斯第一大贸易伙伴,占俄罗斯外贸总额的一半,2015 年俄欧贸易下降近一半,从而对俄罗斯整体外贸形势的恶化产生了关键性影响(具体见本书第五章第一节)。

美国虽是对俄罗斯实施经济制裁的主导方,但该制裁对俄美经贸关系的影响却不同于欧盟。一方面,俄美贸易额很小,年约 200 亿美元,为俄欧贸易额的 1/10,中俄贸易的 1/4,仅占俄罗斯对外贸易额的 4%,俄罗斯在美国贸易伙伴中排名第 30 位。因此,来自美国的经济制裁对俄美贸易的影响对俄罗斯不构成实质性威胁。但是,俄罗斯债券投资的 45% 来自美

---

① "Россия в цифрах" 2002 – 2016 & Доклад "Социально-экономическое положение России январь-ноябрь", 2016 г.

② Россия в цифрах, 2016 года; Доклад, Социально-экономическое положение России январь-ноябрь 2016 г.

国，莫斯科交易所股票市场流动额的50%来自国外，俄罗斯国债的32%~33%来自美国，因此来自美国的金融打击是显而易见的。①

五是石油和天然气开采及出口下降。西方经济制裁虽然无法彻底阻隔俄罗斯石油和天然气的出口，但却使之大幅减少，根据计算，其损失每年不少于320亿美元；石油和天然气部门的就业也随之减少。由于西方禁止向俄罗斯出口用于北极大陆架和页岩地层开发油气田的设备，将导致新油田开发速度的放缓，由此造成俄罗斯未来石油产量下降，根据俄罗斯科学院国民经济预测所的专家估计，新油田开发速度的放缓导致到2030年俄罗斯石油产量将下降15%。②

六是外资抽逃、财政收入恶化。伴随着西方制裁俄罗斯的国际信用评级下降，导致外国资本抽逃加剧，仅2014年资本外流就近1500亿美元，③这进一步减少了俄罗斯的税收和关税收入及财政收入，俄罗斯重新回到财政赤字。

2. 应对制裁下危机形势的政策与措施

尽管西方经济制裁持续发酵，但进入2016年，俄罗斯主要经济发展指标明显好转（见表2-2）。首先，GDP止跌回升，根据经济发展部的数据显示，俄罗斯2016年11月GDP实现了0.5%的正增长，全年实际GDP下降0.2%。④ 其中，工业生产在2016年6月恢复正增长，达到0.3%，矿产开采、加工制造业和电力、水、天然气的生产及分配均出现了增长，11月份工业生产增长2.7%，全年增长1.1%。其中制造业2016年11月份增长2.5%，全年增长0.1%；农业生产继续保持较快增长，11月份增长5.6%，全年增长4.8%。⑤

其次，通货膨胀得到有效治理，2016年通货膨胀率不仅较2015年下降，而且降至俄罗斯独立以来的历史最低水平5.4%，此前通货膨胀率最低的年份是2011年的6.1%。⑥ 高通货膨胀是俄罗斯经济发展中的顽疾，

---

①② Бьешь по другому-наказываешь себя, 2018.
③ "О текущей ситуации в экономике Российской Федерации в январе-ноябре", 2016 года. "Об итогах социально-экономического развития Российской Федерации в", 2016 году.
④⑤⑥ 俄罗斯国家统计署官网（Национальные счета），2017-04-13.

是阻碍其投资发展的关键因素。2016年在西方经济制裁与俄罗斯反制裁及卢布贬值的不利条件下，俄罗斯成功将通货膨胀率降至历史最低，这不能不说是其反危机政策及措施所带来的奇迹。

最后，进出口形势好转，降幅明显收窄。2016年出口下降19.2%，进口降幅为1.4%。值得注意的是，实际出口量增长了0.8%，主要是食品、金属和木材出口增加。实际进口量增长0.2%，主要原因是卢布升值刺激了进口。①

其他经济指标也趋于好转。2016年12月PMI采购经理指数增至56.6点，大于50点表明俄罗斯经济出现实质性好转。2016年卢布升值15.6%，卢布贬值趋势得以控制，卢布兑美元汇率稳定在67.1的水平。资本流出形势趋于稳定，2015年前八个月资本外流达508亿美元，而2016年同期仅为99亿美元。此外，俄罗斯政府外债继续保持低水平2.8%，为政府外债最低的国家之一。②

促使俄罗斯经济好转的部分原因是2016年下半年世界经济形势出现有利趋势，如欧元区工业生产指数达到3年来最高水平、日本工业生产指数达到1年半里的最高水平③等，这对严重依赖外需的俄罗斯经济固然产生一定影响。然而，正如梅德韦杰夫总理所言，"2016年俄罗斯面临的外部形势更加复杂。而它之所以挺住了，经济发展结果要好于大多数预测，主要是因为俄罗斯政府采取了一系列反危机政策及措施，从而避免了发展形势的恶化"④。

第一，反危机计划的实施与影响。面对西方经济制裁，俄罗斯政府采取了一系列应对政策及措施，包括《2015年确保经济可持续发展和社会稳

---

① 俄罗斯国家统计署官网(Национальные счета), 2017 – 04 – 13.
② "Об итогах социально-экономического развития Российской Федерации в 2016 году". 财政赤字的数据来自俄罗斯财政部网站。
③ 资料来源：俄罗斯经济发展部"О текущей ситуации в экономике Российской Федерации в январе-ноябре" 2016 года. Об итогах социально-экономического развития Российской Федер-ации в 2016 году.
④ Д. Медведев, Социально-экономическое развитие России：обретение новой динамики, Вопросы экономики, № 10, 2016, ст. 5 – 30.

定的优先措施》（2015 年 1 月 27 日，以下简称"2015 反危机计划"）和《2016 年为确保俄罗斯经济社会稳定发展的政府行动计划》（2016 年 3 月 1 日，以下简称"2016 反危机计划"）。①

2015 反危机计划首先明确了 2015～2016 年在遭遇最不利外部政治和经济影响的形势下俄罗斯政府工作的优先方向、各政策部门的具体职责及完成工作的日程安排。反危机计划的优先方向包括四个方面、60 项具体措施（见表 2 - 3），在每项措施中，又明确了措施制定的日期、负责部门、预算经费及预期效果等。

表 2 - 3　　　　　2015 年反危机计划的优先方向：共 60 项措施

一、刺激经济增长的措施	1. 稳定措施（第 1～第 15 项，主要是针对金融和工业部门，涉及财政稳定、银行及国有公司的资金扶持、清理银行不良资产、扩大信贷特别是工业和进口替代部门的融资扶持等）
	2. 进口替代和支持非原料出口（第 16～第 20 项，涉及政府确定进口的设备及服务以及政府购买的计划及国有控股公司的扶持计划；为刺激出口提供担保、简化程序等；为国有政策性银行注资等）
	3. 降低企业成本（第 21～第 22 项，弱化及推迟生产和运输安全领域的强制性保险和检查措施）
	4. 扶持中小企业（第 23～第 33 项，涉及扩大中小企业对公共基础设施项目的参与，创新资金支持，简化税收手续，降低税负，简化自主创业及申请专利的手续办理及门槛设置等阻碍等）
二、经济部门的支持措施	第 34 项：国家计划优先方向实施的资金保证；第 35 项：无条件保证国家投资政策优先任务的完成
	1. 农业（第 36～第 38 项）
	2. 住房建设及公共住房事业（第 39～第 40 项）
	3. 工业和燃料动力部门（第 41～第 48 项）
	4. 交通（第 49～第 51 项）

---

① План первоочередных мероприятий по обеспечению устойчивого развития экономики и социальной стабильности в 2015 году, распоряжение от 27 января 2015 г. № 98-р. Москва, Основные направления деятельности Правительства РФ на период до 2018 года. от 14 мая 2015 года. План действий Правительства Российской Федерации, направленных на обеспечение стабильного социально-экономического развития Российской Федерации в 2016 году от 1 марта 2016 г.

续表

三、确保社会稳定的措施	1. 促进就业结构的调整（第52~第53项）
	2. 对民众的社会支持（第54~第56项）
	3. 健康保护、药品及医疗产品的保障（第57~第59项）
四、经济和社会形势的监测	第60项措施：组织对经济社会形势的预测并制定实现本计划的措施

资料来源：笔者根据《2015年确保经济可持续发展和社会稳定的优先措施》整理得到。

相比2015反危机计划，2016反危机计划增加了一倍（见表2-4），一方面是增加了新的内容，如刺激投资、地区平衡发展等；另一方面是扩大了原有措施的范围及力度，例如，扶持中小企业，在2016反危机计划中紧急措施和结构性措施中都包含了这一项，共计22条措施，而在2015年反危机计划中仅作为刺激经济增长的措施，共10项。

表2-4　　　2016年反危机计划的优先方向：共120项措施

一、稳定社会经济形势的紧急措施	1. 社会保护和就业领域的政府支持（第1~第11项，涉及挽救失业及发放失业救济、提高养老金及发放母亲资本、确保药品价格等保障居民收入和生活水平的救助措施）
	2. 个别经济部门的支持（第12~第35项，涉及对汽车工业，包括环保汽车的支持计划，轻工业、交通装备制造业、农业机械制造、农业进口替代、住房建设、通信设施、旅游业的支持计划，以及一些俄罗斯大型国有公司的注资计划）
	3. 支持非原料出口（第36~第41项，包括支持高新技术的出口等）
	4. 取消先进技术发展的限制（第42~第44项，对食品工业生产设备、道路建设技术、矿山开采设备的进口替代及提高国际竞争力等方面的必要支持）
	5. 发展中小企业（第45~第48项，包括对不少于7万个中小企业项目的支持，建立不少于2万个就业岗位，不少于220个小企业的创新项目，以及中小企业融资、加速折旧等具体措施）
二、确保经济社会稳定发展的结构性措施	1. 为投资创造有利条件（第49~第56项，措施涉及改善投资环境、提高投资积极性、减少企业破产、减少不必要的行政干预）
	2. 降低经济成本（第57~第72项，从融资、税收、行政性收费等方面降低企业成本，加强垄断部门的投资效率的监管，削减联邦和地方财政债务负担，完善工业产业园区、农业和旅游业产业园区相关法律等措施）
	3. 中小型企业（第73~第92项，包括扩大中小型企业范围、降低融资成本、简化税收程序等）
	4. 民众社会支持及社会制度发展（第93~第104项）
	5. 地区平衡发展（第105~第109项）
	6. 对经济部门的支持（第110~第120项）

资料来源：План действий Правительства Российской Федерации, направленных на обеспечение стабильного социально-экономического развития Российской Федерации в 2016 году от 1 марта 2016 г.

2015～2016年俄罗斯宏观经济政策大致体现出以下两大特点。

一是以"通货膨胀目标制"为核心的紧缩性货币政策。俄罗斯于2015年开始实行通货膨胀目标制及浮动汇率制,其目标是在2017年将通货膨胀率降到4%。在西方经济制裁、油价下跌、经济陷入衰退的艰难形势下,通货膨胀目标制下的紧缩货币信贷政策在近两年里不断受到质疑和批评。但俄罗斯央行行长娜比乌林娜顶住各方压力,坚守紧缩货币信贷政策的原则,2016年成功地将通货膨胀率降至5.6%的历史最低水平,成为此次俄罗斯反危机政策的重要成果。①

除采取升息等调控政策之外(从2014年初的5.5%升至17%,之后逐渐下调至目前的10%),笔者认为,促使通货膨胀率降至俄罗斯经济转轨以来最低水平的关键是抑制了居民收入的增长。2014年俄罗斯居民实际可支配收入自其走出转轨危机恢复增长以来首次出现负值,为-0.7%,2015年下降3.2%,2016年下降5.8%。一方面,居民收入增长是西方制裁与俄罗斯反制裁带来的负面影响;另一方面,国际金融危机之后俄罗斯就明确了从消费型增长向投资型增长转变的发展方向,之前居民收入的增长速度始终领先于GDP的增长率,这与当时高通货膨胀率及普京的民粹主义福利政策都有着内在的联系,在制裁危机形势下,被迫或主动发生的居民收入下降的直接影响是抑制了消费需求的增长,虽然也抑制了经济增长,对控制通货膨胀率发挥了至关重要的作用,而将通货膨胀水平降至合理区间是俄罗斯建立投资拉动型增长的重要因素。

通货膨胀目标制下紧缩的货币(财政)政策与2008年国际金融危机期间的反危机政策形成了鲜明比照。如果简单地将反危机措施按照政策的实施对象为企业和居民进行划分的话,前者主要是从供给、投资的渠道达到稳定经济增长的目的,后者则侧重从消费需求的渠道来实现稳增长的需要。那么,2015～2016年的反危机计划,从其优先方向和具体措施来看,均以稳定和刺激企业生产及出口为主,包括围绕进口替代的一系列产业政策,对能源原料出口企业的资金和政策扶持,以及通过减税、简化行政手续降低企业成本等。相比之下,旨在稳定居民收入和刺激居民消费的相关

---

① 殷红、崔铮:《西方制裁下的俄罗斯经济形势与政策》,载《国际经济评论》2017年第3期。

措施并不是此次反危机政策的重点。而在2009年反危机政策中，财政预算支出的主要用向是"对居民的社会支持"（социальная поддержка населению），主要是针对居民收入的一系列稳定政策，其支出数额几乎占据了反危机财政预算的全部。① 在俄罗斯GDP"三驾马车"中，消费的比重超过70%，其中80%以上来自家庭消费（其余为政府管理消费），稳定居民收入很大程度上意味着稳家庭消费进而达到稳增长的目的。2009年俄罗斯GDP下降7.8%的情况下，居民实际可支配收入却保持了1.8%的增长。② 而此次，俄罗斯却没有采取稳收入进而稳消费来提振经济的手段，反而这期间的居民实际可支配收入在持续下降，尽管因此抑制了从消费渠道刺激增长的潜力，但其积极影响是确保了降通货膨胀目标的实现。

二是围绕进口替代、刺激非能源原料部门生产及出口的产业政策。面对西方经济制裁和油价下跌条件下经济恶化的严峻形势，俄罗斯政府总体上采取了较为保守的财政政策，2015年联邦预算赤字仅为2.4%，2016年为3.7%，而2009年联邦预算赤字接近8%。③ 但是，在危机中寻找经济增长点是任何政府不可逃避的首要任务，围绕着进口替代、刺激非能源原料部门的生产及出口，俄罗斯政府采取了积极的产业政策。值得注意的是，此次刺激增长的措施兼顾了经济结构调整的需要。

俄罗斯经济增速均低于世界经济的平均增速，且严重低于新兴市场国家的平均增长水平（见表2-5）。经济增长是政治合法性的最终体现，2012年5月普京重任总统后签署的11个总统令，其中包括了218项任务，涵盖经济增长、人口增加、教育和健康现代化、生活质量改善及完成社会义务等目标都应在2020年前实现；不仅如此，普京还提出到2020年俄罗斯进入世界经济前五位（按购买力平价计算），2015年人均GDP达到25000美元，到2020年创造2500万个高生产率的就业岗位，④ 提高经济增

---

① 程伟：《世界金融危机中俄罗斯的经济表现及反危机政策评析》，载《世界经济与政治》2010年第9期，第127页。

② 资料来源：笔者根据"Россия в цифрах"和"Российский статистический ежегодник"数据计算而得。

③ "Россия в цифрах"。

④ 7 мая Путин подписал указ "О национальных целях и стратегических задачах развития Российской Федерации на период до 2024 года".

长中的投资贡献率,改善经营条件的世界排名,等等。毋庸置疑的是,这些指标的实现都需要较快的经济增长做支撑。

表2-5 2015~2018年俄罗斯与世界其他国家GDP增长率的比较

区域	估计		预测	
	2015年	2016年	2017年	2018年
世界产出	3.2	3.1	3.4	3.6
发达经济体	2.1	1.6	1.9	2.0
美国	2.6	1.6	2.3	2.5
欧元区	2.0	1.7	1.6	1.6
日本	1.2	0.9	0.8	0.5
英国	2.2	2.0	1.5	1.4
新兴市场和发展中经济体	4.1	4.1	4.5	4.8
俄罗斯	-3.7	-0.6	1.1	1.2
中国	6.9	6.7	6.5	6.0
印度	7.6	6.6	7.2	7.7
新兴和发展中欧洲	3.7	2.9	3.1	3.2
巴西	-3.8	-3.5	0.2	1.5

资料来源:根据《世界经济展望》最新预测报告:转变中的全球经济形势的数据整理。

如何步入快速增长的轨道,是俄罗斯面临的首要难题。俄罗斯内关于提振经济增长的方案之争在2016年进入白热化,争论的核心是刺激经济增长的方式、渠道,诸如是否实施产业政策,是依靠政府主导还是市场力量来实现增长等,争论主要是在以斯托雷平俱乐部[①]为代表的干预派与以战

---

① 斯托雷平俱乐部(Столыпинский клуб)是以俄国末代总理大臣斯托雷平命名的研究机构,负责人是俄罗斯总统的企业权益保护全权顾问鲍里斯·蒂托夫(Борис. Ю. Титов),此外还包括许多俄罗斯经济界有影响力的人物,如彼得堡国际经济论坛基金总裁别利亚科夫(С. Ю. Беляков)、俄罗斯总统地区经济一体化问题顾问、著名经济学家格拉齐耶夫(С. Ю. Глазьев),俄罗斯外经银行副主席克莱帕赫(А. Н. Клепач)、著名经济学家、俄罗斯科学院院士阿贝尔·阿甘贝扬(Абел Аганбегян)及俄罗斯有影响的企业代表。该俱乐部自称是"市场现实主义的研究平台"(экспертная площадка рыночников-реалистов),"奉行市场现实主义和市场务实主义",该俱乐部的企业家和经济学家一致认为:"一味遵从国际货币基金组织给发展中市场国家的建议无法实现经济增长,而盲目地执行宏观经济稳定的任务、奉行通货膨胀目标制、一味追求财政盈余等经济政策更是无法解决俄罗斯的经济问题,只能使其陷入当前的原料经济以及不断的去工业化"。斯托雷平俱乐部致力于建立一种"能够刺激现实的而不是盲目竞争的、刺激更多私人企业增长的、刺激投资流入及有效的社会政策的新经济增长模式"。显而易见,斯托雷平俱乐部是以政府干预主义为主,而且其矛头直指现行央行的通货膨胀目标制以及后金融危机时代俄罗斯"抑制性"的财政货币政策。资料来源:斯托雷平俱乐部网站。

略研究中心[①]为代表的自由派经济学家之间展开。

2016年2月受俄罗斯政府的委托，斯托雷平俱乐部与战略研究中心及俄罗斯经济发展部提交了中期经济增长方案（见表2-6），在未来增长目标、政策方向及实施途径方面三个方案之间存在较大分歧。

表2-6　　　　　　　　俄罗斯中期经济增长方案

部门	GDP增长目标	主要政策建议	代表人物
斯托雷平俱乐部	5%~7%	1. 采取量化宽松政策，增加货币供给，未来五年内央行每年释放1.5万亿卢布的资金；在将长期通货膨胀率维持在10%的基础上保持通货膨胀目标制的政策；允许财政赤字保持在3%~5%的水平； 2. 进行税制改革，首先是向消费税过渡； 3. 不主张提高退休年龄； 4. 加强外汇管理，出口企业外汇收入的75%强制性换成卢布等	鲍里斯·蒂托夫（Борис. Ю. Титов）（俄罗斯总统的企业权益保护全权顾问）；格拉齐耶夫（С. Ю. Глазьев）（俄罗斯总统地区经济一体化问题顾问、著名经济学家）；阿甘贝扬（А. Аганбегян）（著名经济学家、俄罗斯科学院院士）
战略研究中心	4%	1. 刺激私人投资； 2. 紧缩的财政货币政策，确保低通货膨胀率、财政平衡或者微弱的财政赤字； 3. 养老体系改革，坚持强制性个人账户积累制，提高退休年龄至63岁（减少财政赤字）； 4. 改革现行劳动法，建立更加灵活的劳动力市场等	库德林（А. Кудрин）（俄罗斯市场派主要代表人物，前财长）、维尤金（О. В. Вьюгин）、（МДМ银行董事会主席）、伊万特（В. В. Ивантер）（科学院国民经济预测研究所所长）、亚伊·库兹米诺夫（Я. И. Кузьминов）（俄罗斯高等经济大学校长）、米尔（В. May）、亚辛（Е. Ясин）等著名经济学家

---

① 战略研究中心（Центр стратегических разработок，ЦСР）的负责人是俄罗斯前财长阿列克林·库德林（Алексей Кудрин），奉行自由主义的经济学家。该研究中心同样集中了俄罗斯经济界及商界的重量级人物，包括俄罗斯议会上院议员、俄罗斯紧急全权大使米岑采夫（Д. Ф. Мизенцев. МДМ）、银行董事会主席维尤金（О. В. Вьюгин）、俄罗斯科学院国民经济预测研究所所长伊万特（В. В. Ивантер）、俄罗斯高等经济大学校长亚伊·库兹米诺夫（Я. И. Кузьминов）、俄罗斯总统下设国民经济和公共服务学院院长、著名经济学家米尔（В. May）、亚辛（Е. Ясин）等。资料来源：Центр стратегических разработок.

第二章 俄罗斯进口替代的理论基础和主要背景

续表

部门	GDP 增长目标	主要政策建议	代表人物
经济发展部	不超过 5%	1. 刺激经济增长的主要手段是刺激投资、抑制消费，投资增长率每年应保持 7%~8%，抑制消费的办法是降低实际收入的增长速度，这一政策也被解读为通过抑制私人消费实现工业化的苏联计划经济模式； 2. 提高退休年龄，从目前的 60 岁（女 55 岁）提高至 63~65 岁（减轻财政负担）； 3. 对劳动法进行改革，简化企业辞退员工的程序； 4. 加快私有化进程等	前经济发展部部长乌柳卡耶夫（А. Улюкаев.）等

注：苏联计划经济模式来自：Экономический совет скреплен любовью. Алексей Кудрин выиграл экономический спор 25 мая за неделю до его начала.

资料来源：Экономический совет скреплен любовью. Алексей Кудрин выиграл экономический спор 25 мая за неделю до его начала. 斯托雷平俱乐部的方案：《Экономика роста》，Июнь 2016，Концепция среднесрочной программы развития экономики России（Столыпинский клуб）.

2016 年积极主张俄罗斯经济市场化的前财长库德林被召回担任俄罗斯工商会主席，似乎预示着俄罗斯政府对以往全面干预的发展导向的适度调整，对俄罗斯内反对经济过度国有化和垄断加剧的反对声音的回应，同时也可以看作是俄罗斯政府在干预主义与自由化之间寻求一种平衡以达到缓解不利的经济发展趋势的尝试。普京执政后奉行强政府的经济治理手段，建立了以战略性部门重新国有化和国家垄断为核心的可控市场经济。然而，放任自流、低速徘徊的经济增长不符合普京的执政目标，在 2016 年度总统国情咨文中，普京责令政府在 2017 年 5 月前出台 2025 年经济发展计划，并指出："该计划的实现将确保俄罗斯在 2019~2020 年经济增长速度超过世界经济增速，这意味着俄罗斯在全球经济中的地位将得以强化。"[①]

第二，去美元化（дедолларизация）的反危机措施。截至 2019 年 2 月

[①] Послание Федеральному Собранию 2016 года от 16декабря 2016г, Президента России.

末，俄罗斯国际储备中欧元占30%，美元占24%，黄金18%，人民币占14%，英镑占7%，日元、加元及澳元共占7%。欧元比上一年同期增加了37%，人民币则增加了两倍，而美元减持几乎一倍。做出上述调整的目的是"外汇储蓄多元化以应对各种的经济及地缘政治条件。"①

在俄罗斯学者看来，"这是为了地缘政治目的而付出贵的经济代价"②。仅去美元化的第一年俄罗斯就损失了77亿美元，且每年都要损失掉几十亿美元。俄罗斯增持欧元和人民币是在这两种货币疲软的情况下，否则俄罗斯外汇储备本应在现有的5400亿美元之上增加4%。2018年4月至2019年3月仅欧元储备收益为负：-2.5%/年，其他货币均盈利，人民币的盈利率超过4%，美元：1.4%，英镑不到1%，加元和澳元均超过2%。③ 外汇管理与一般性银行的目的不同，外汇管理中盈利不是最终目标，储存哪种货币及其比重应有经济和政治的综合考虑，"去美元化"主要是为了应对西方经济制裁和预防俄罗斯银行美元兑换业务风险。

"美国对俄罗斯及其伙伴的制裁迫使俄罗斯经济实行'去美元化'政策"，俄罗斯学者如实说。④ 根据2019年第二季度俄罗斯的外贸情况，去美元化经历了三个过程：首先是与那些可以不用美元结算的贸易伙伴尽可能地减少美元结算，改为其他货币结算，其次是用欧元结算，与一些国家或者某些业务采用本国货币结算，比如人民币结算，最后是逐渐稳定的卢布。2019年第二季度外贸业务中美元结算的比例继续减少，而其他货币逐渐增加，外贸结算中美元的比重50.7%多，而一年前这一比重为54.9%。俄罗斯货物和服务出口中美元结算的比例从68.1%降至62.5%，同时欧元的比例从16.8%升至20.5%。⑤ 由高等经济学校编写的《政府和企业的解读》⑥中指出，2019年第二季度在俄罗斯商品与服务的出口中卢布的比重同比增加至14.6%，而进口中的比重降至30.6%。外贸总额中卢比的比重增加至21.5%，上一年为20.2%。以石油和天然气为主导的出口中美元结算的比重也持续下降，2019年第二季度从68.1%降至62.5%。与欧洲的

---

① Треть российских резервов-в зоне европейского риска, Независимая.
②③④ Треть российских резервов-в зоне европейского риска.
⑤⑥ Евро, рубль и юань выдавливают доллар из внешней торговли, Независимая.

合同改为欧元结算的比例也从前一年的 16.8% 增加 20.5%，与中国的贸易中采用欧元结算也增加至 53.1%，尽管全年这一比重不超过 12%，但 2017 年仅为 3.3%。与印度的贸易中卢布结算的比例增长最快，从 35.8% 增至 77.8%。俄罗斯与哈萨克斯坦及白俄罗斯仍然用卢布结算，而与中国和欧盟的出口中卢布结算的比例约 8%。第二季度出口中人民币结算也有所增加。

2019 年中俄签署本币结算协议，2018 年因为美国制裁俄罗斯与印度军售协议改为卢布结算，后与土耳其也签署了该协议。上半年货物和服务外贸合同中卢布结算的比例为 21.2%，俄罗斯公司用卢布结算的货物和服务贸易额相当于 840 亿美元，其中以卢布出口为 14.4%，进口 31%。①

"俄罗斯计划到 2024 年将外贸结算中卢布的比重提高至 30%"。② 2019 年 1~9 月俄罗斯外贸额为 4850 亿美元，出口 3100 亿美元，进口 1750 亿美元。主要贸易伙伴为中国（790 亿美元）、德国（390 亿美元）、荷兰（370 亿美元）、白俄罗斯（250 亿美元）、土耳其（132 亿美元）。土耳其总统也呼吁民众少持美元，多持里拉（土耳其货币）来展示爱国主义。俄罗斯出口几乎都是美元结算，而进口的 1/3 是用卢布结算。③

近年来，很多国家都出现了去美元化的本币化趋势，这不仅是经济决定，更是政治决定，因为在贸易战和世界经济增速放缓背景下使用美元具有潜在的风险，对于俄罗斯来说，去美元化是因事关美国制裁导致的国家安全问题，世界不稳定性在增加，世界经济放缓，越来越多的人在谈论全球经济危机。在此背景下俄罗斯实行外汇储备的多元化，巩固本国货币并增加黄金储备。

第三，建立俄罗斯银行间支付系统。环球同业银行金融电讯协会（Society for Worldwide Interbank Financial Telecommunications，SWIFT）是一个国际银行间非营利性的国际合作组织，总部设在比利时的布鲁塞尔，同时在荷兰阿姆斯特丹和美国纽约分别设立交换中心（Swifting Center），并为其成员方开设集线中心（National Concentration），为国际金融业务提供

---

①②③ Евро, рубль и юань выдавливают доллар из внешней торговли, Независимая.

汇款业务。SWIFT运营着世界级的金融电文网络，银行和其他金融机构通过它与同业交换电文（Message）来完成金融交易。除此之外，SWIFT还向金融机构销售软件和服务，世界200多个国家超1.1万家金融机构都在使用SWIFT网络[1]。

SWIFT是俄罗斯与国际金融系统间的主要联系。乌克兰危机爆发、西方对俄罗斯实施经济制裁后，英国曾试图建议欧盟禁止俄罗斯使用SWIFT银行间交易结算系统，作为扩大对其经济制裁的手段。这一措施可能对俄罗斯的国际支付产生重要影响。"阻止俄罗斯接入SWIFT系统将是对该国制裁措施的一次非常重大的升级，被SWIFT排除在外不会妨碍大规模贸易交易的完成，但是会让跨境银行业交易出现诸多问题，这会对俄罗斯的国际贸易造成干扰。"[2]

之前就有伊朗受美国制裁而被切断了与SWIFT的联系，被迫建立自己的国际金融通信系统，但其国际贸易依然受到影响而下降了30%。俄罗斯必须提早做出防范措施。2014年底，俄罗斯银行（央行）启动了俄罗斯版的银行金融信息传输系统（SPFS）。用于传输金融信息并进行付款。"建立该系统是为了确保在与全球服务断开连接时确保俄罗斯金融信息的不间断传送，并保证金融信息服务的安全性和机密性"[3]。

俄罗斯央行行长纳比乌利娜表示，"俄罗斯的这套替代系统运行着与环球银行间金融电信协会（SWIFT）相同的标准，所以这对那些加入该系统的用户来说很方便，因为不必改变它们的内部机制。""此外，不仅银行，大型企业也可以直接加入，有些企业已经这样做了"，纳比乌利娜还表示："银行可以选择自己想要使用的系统，并在出现任何风险时快速切换（从SWFIT到SPFS系统）。"[4] 俄罗斯央行明确了加入SPFS系统的程序与监管的相关法令，也明确了服务费率。

---

① Евро, рубль и юань выдавливают доллар из внешней торговлиhttp, Независимая.
② 英国要求欧盟禁止俄罗斯使用SWIFT银行结算网络，参考消息 Набиуллина: аналог SWIFT практически создан внутри России.
③④ Набиуллина: аналог SWIFT практически создан внутри России.

第二章 俄罗斯进口替代的理论基础和主要背景

目前，俄罗斯使用该系统的用户已经超过了 SWIFT 的用户。① 俄罗斯共有 473 家信贷机构，根据俄罗斯央行的数据，截至 2019 年 4 月 1 日使用俄罗斯银行金融信息传输系统的用户已达 401 家，其中包括银行（一些银行的分行作为独立客户加入该系统）、非银行信贷机构及公司（俄罗斯石油公司、天然气工业公司、核能工业公司、外经银行等国有企业）。至今没有加入该系统的包括三家大型外国银行的子公司：联合信贷银行（ЮниКредит Банк，资产 1.35 万亿卢布，排名第 8 位）、雷菲森银行（Райффайзенбанк，资产 1.08 万亿卢布，排名第 11 位）及城市银行（Ситибанк）等银行及"东方"等俄罗斯大型银行。②

俄罗斯工商会提议责令所有俄罗斯信贷机构都加入俄罗斯银行金融信息传输系统，如果该法律能通过，那么即使是外国银行的子机构也不得不加入该系统而放弃 SWIFT 系统。③

正是上述诸多方面反制裁措施的实施，即使是 2014 年，俄罗斯经济也并未出现灾难性的震荡。但是，确保制裁下俄罗斯经济不出现震荡甚至是稳定并非俄罗斯政府的政策目标，如何利用西方限制、卢布贬值等条件变不利为机遇、创造经济增长的动力是政府更加关心的问题，进口替代成为俄罗斯反西方经济制裁、推动俄罗斯经济发展的主要手段。

第四节 俄罗斯进口替代战略的提出

作为对西方经济制裁的主要应对措施，2014 年俄罗斯紧急制定了联邦、行业及地区的进口替代计划，同时采取反制裁措施，限制部分国家食品的进口和进口商品的政府购买，进口替代战略全面启动。进口替代在俄罗斯并非新生事物，这一发展进程始于 1998 年金融危机，之后出于经济安

---

① Российский "аналог" обогнал SWIFT по числу пользователей, РиА НОВОСТи, 2018.
② Российский "аналог" обогнал SWIFT по числу пользователей, 2018.
③ Система финансовых сообщений переходит на иностранный. Участие в российском аналоге SWIFT может стать для банков обязательным, РБК всоцсетях, 2019.

全的考虑俄罗斯启动了部门性的进口替代发展政策，2014年西方经济制裁之际，俄罗斯利用一系列有利条件将进口替代上升为振兴俄罗斯产业、促进其结构调整的国家综合发展战略。

一、西方经济制裁前进口替代的动因与影响

西方经济制裁前俄罗斯经历了两次进口替代进程：一是1998年金融危机期间的进口替代；二是其后至西方经济制裁期间2008年国际金融经济危机后俄罗斯针对军工、农业等部门实施的部门性进口替代计划。具体分析如下。

俄罗斯首次广泛和公开讨论进口替代是在1998年金融危机期间，当时俄罗斯经济跌落到经济转轨后的谷底，但危机中俄罗斯采取的卢布贬值政策却带来了之后的经济复苏。在1998年8~12月的四个月内，1美元兑换卢布的比率从6跌落到21，这使得进口急剧下降（从1997年的920亿美元降至1999年的530亿美元，降幅达42%）。①卢布贬值是1998年金融危机后俄罗斯经济恢复增长的重要因素，当时还有一个重要的因素是，之前加工部门的生产能力并未完全释放，从而为潜在的经济增长做了储备，因此其后的经济增长被称为恢复性增长而非投资性增长。1998~2004年，俄罗斯工业生产出现较快增长（见图2-2），1999~2000年的增长最为明显，因为那时卢布贬值的影响最为强劲。表2-7中数据也显示了不同部门增长的情况不同，这一方面是因为不同商品对价格变动和居民实际收入变化的敏感度不同，另一方面是因为俄罗斯企业扩大生产和更新的能力不同。②之后，随着卢布逐渐升值，俄罗斯制造产品按性价比的竞争力逐渐减弱，但有个别部门充分利用卢布贬值的机遇实现了生产的更新换代，提

---

① Э. Ш. Веселова: Импортозамещение: не допустить кампанейщины, ЭКО. Всероссийский экономический журнал, № 3, Март 2015, С. 46-58.

② Г. Трофимов, Механизмы импортозамещения на уровне отраслей. -М.: Институт финансовых исследований, 2002. 转引自：Э. Ш. Веселова: Импортозамещение: не допустить кампанейщины, ЭКО. Всероссийский экономический журнал, № 3, Март 2015, С. 46-58.

第二章 俄罗斯进口替代的理论基础和主要背景

高了生产效率并成功建立了对外经济联系,从而形成了其危机后的竞争地位和生产潜力。

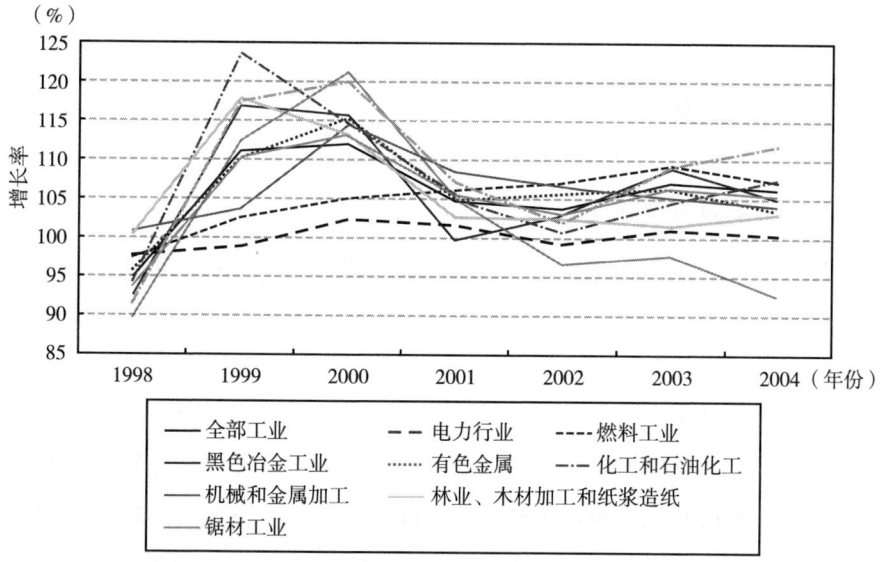

图 2-2 1998~2004 年俄罗斯不同工业部门生产的增长率

表 2-7　　1998~2004 年俄罗斯不同工业部门生产的增长率　　单位:%

生产部门	1998 年	1999 年	2000 年	2001 年	2002 年	2003 年	2004 年
全部工业	94.8	111.0	111.9	104.9	103.7	107.0	106.1
电力行业	97.7	98.8	102.3	101.6	99.3	101.0	100.3
燃料工业	97.4	102.5	104.9	106.1	107.0	109.3	107.1
黑色冶金工业	92.4	116.8	115.7	99.8	103.0	108.9	105.0
有色金属	95.7	110.1	115.2	104.9	106.0	106.2	103.6
化工和石油化工	94.3	123.5	114.9	104.9	100.7	104.6	107.4
机械和金属加工	91.4	117.4	119.9	107.1	101.9	109.2	111.7
林业、木材加工和纸浆造纸	100.4	117.8	113.1	102.6	102.4	101.5	103.0
锯材工业	93.7	110.2	113.1	105.5	103.0	106.4	105.3
轻工业	89.7	112.3	120.9	105.0	96.6	97.7	92.5
食品工业	100.8	103.6	114.4	108.4	106.5	105.1	104.0

资料来源:Росстат,ФБК.URL:Политический журнал.

因为 1998 年金融危机后的进口替代进程很大程度上是由卢布贬值带来

而非有计划的发展政策使然，因此，有学者将之称为"自发的进口替代过程"①。

2000年之后随着油价迅速上升和俄罗斯经济恢复增长，加工制造业的进口替代潜力则越来越小。在高油价条件下能源原料的生产及出口迅速增加，卢布也随之升值，对加工制造业的生产及出口产生了抑制，俄罗斯"荷兰病"现象显现。尽管如此，个别部门的进口替代却一直得到了俄罗斯国家层面的政策支持。②

促使俄罗斯政府实施部门性进口替代政策的主要原因是俄罗斯经济中存在的安全隐患。这种安全隐患主要来自两个方面：一是食品等行业严重的进口依赖，造成俄罗斯经济独立性和自主性的缺失；二是俄罗斯面临的潜在地缘政治冲突。例如，俄罗斯与乌克兰、俄罗斯与欧盟和美国，围绕着地缘政治利益随时都可能爆发的政治和军事冲突会使俄罗斯因过度依赖外国进口而面临食品安全的困境。在2009年颁布的《俄联邦2020年前国家安全战略》中，俄罗斯政府明确了"国家食品安全要通过发展基本食品生产方面的生物技术和进口替代来保障"的发展目标③。可见，进口替代此时已被确定为食品行业的发展战略。

这一时期的进口替代并不仅限于食品行业，俄罗斯有计划地采取进口替代政策，从农工综合体到机器制造的几乎所有行业的发展计划中都涉及进口替代，个别行业甚至实施了系统性有国家支持的综合发展计划，支持的手段包括提高进口关税、对投资项目有针对性地进行政府补贴及对外国在俄罗斯投资生产制定新的标准和实施专门规定以促进俄罗斯制造业的发展。被确定为政策扶持的进口替代部门包括：食品行业、高技术和资本密集型的机器制造业、电力工业部门、化工及汽车工业。④

受到政府扶持的包括食品行业在内的经济部门在西方经济制裁之前已

---

① 徐坡岭：《俄罗斯进口替代的性质、内容与政策逻辑》，载《俄罗斯东欧中亚研究》2016年第3期，第6页。

②④ Э. Ш. Веселова: Импортозамещение: не допустить кампанейщины, ЭКО. Всероссийский экономический журнал, № 3, Март 2015, С. 48.

③ Стратегия национальной безопасности Российской Федерации до 2020 года.

经取得了不同程度的进口替代。作为成功案例的是俄罗斯家禽行业的发展，10年间这一行业成功摆脱了对美国鸡腿的进口依赖。根据俄罗斯家禽联合会的数据，2013年俄罗斯鸡肉的自给自足率已经达到了89%，鸡蛋的自给自足率达到了94%；2014年俄罗斯鸡肉的消费量约为430万吨，俄罗斯自产约400万吨，2015年计划生产420万吨，按这一发展趋势，到2017年俄罗斯将不再需要进口鸡肉。①

尽管总规模上实现了进口替代，但西方经济制裁之前的进口替代业存在着地区发展不平衡的问题，如西伯利亚和远东地区的鸡肉和鸡蛋的自给自足率还不到50%。② 此外，进口替代严重依赖于政策的扶持，其内生动力不足，是属于"输血式"进口替代，由于养鸡场盈利率低，如果没有政府的政策扶持，企业也就难以生存和发展。

高技术和资本密集型行业在摆脱进口依赖方面也有所成效。俄罗斯从零基础建起了电气火车的生产（苏联时期电气火车只有拉脱维亚的里加车厢厂生产）、柴油火车的生产（1997年之前都是从里加和匈牙利购买）、客运电气机车和车厢，以及国际RIC级车厢（这种车厢在苏联时期从未研制和生产过）。③

2012~2014年，为完成电力工业的进口替代计划，俄罗斯实施了一些电力设备和组件的本土化生产的大型项目，包括2012年投产的沃罗涅日西门子变压器厂，该厂按照德国技术生产电力和牵引变压器。2013年初，滨海边疆区的阿尔乔姆市韩国现代重工集团成立了生产开关设备的现代电气系统公司。2014年末，在圣彼得堡"动力机器—东芝"公司根据日本东芝公司的许可开始生产电力变压器和自耦变压器和高压变压器。

国际金融危机后俄罗斯经济的恢复增长带动内需的增长也刺激了俄罗

---

① Фальцман В. К. Продовольственная импортонезависимость России // ЭКО. -2015. -N 2. -C. 127 – 140. 转引自 Э. Ш. Веселова：Импортозамещение：не допустить кампанейщины, ЭКО. Всероссийский экономический журнал, № 3, Март 2015, C. 48.

② Фальцман В. К. Продовольственная импортонезависимость России // ЭКО. -2015. -N2. -C. 129.

③ Э. Ш. Веселова：Импортозамещение：не допустить кампанейщины, ЭКО. Всероссийск-ий экономический журнал, № 3, Март 2015, C. 49.

斯重工业的发展。Евраз 公司①和 Мечел 公司②掌握了高速铁路用长轨的生产技术，使得俄罗斯铁路公司终于摆脱了以往只能使用日本产长轨的进口依赖。2013 年俄罗斯投产了两家生产聚丙烯的大型企业（欧姆斯克的"钛"厂和秋明州的聚合物厂）。其设计能力不仅能够完全保证俄罗斯增长的市场需求，而且还能够部分出口。例如，2012 年俄罗斯聚丙烯的产量超过 66 万吨③。

应该说，在西方经济制裁之前，俄罗斯已经充分意识到实施产业进口替代的现实必要性和迫切性，并为此做了努力和准备。进口替代的实质是扭转俄罗斯过度依赖能源原料出口，同时严重依赖西方技术和设备及零配件的进口，发展加工业、实现经济多元化平衡发展。

二、西方制裁条件下进口替代上升至国家发展战略

尽管在西方经济制裁之前俄罗斯已经在实施进口替代计划，但是在高油价、相对有利的外部环境下，俄罗斯很难摆脱依赖能源原料出口的发展惯性，进口替代的动力明显不足。而 2014 年的西方经济制裁在使俄罗斯经济遭受打击的同时，却为进口替代提供了前所未有的条件，作为俄罗斯应对制裁和建立新的发展模式的主要手段，进口替代从部门发展政策上升为刺激经济增长和全面提振俄罗斯产业和结构调整的综合国家发展战略。

2014 年 3 月梅德韦杰夫总理提出把进口替代作为经济工作的优先方向。2014 年 9~10 月俄罗斯政府颁布了一系列刺激工业、农业进口替代的政府决议，其中明确进口替代的产品名录、替代比率及完成期限等具体内容；2015 年 1 月俄罗斯经济发展部确定了 18 个进口替代优先领域，从中挑选国家支持的优先项目，并给予高额财政支持；2015 年 6 月圣彼得堡市

---

① Евраз 是一家由俄罗斯、美国、捷克、意大利及哈萨克斯坦共同投资的世界大型冶金和矿产开采公司。

② Мечел 是俄罗斯生产和销售焦煤、铁矿和焦炭、轧钢和特种钢、不锈钢及其他钢材的大型工业财团。

③ Э. Ш. Веселова：Импортозамещение：не допустить кампанейщины，ЭКО. Всероссийский экономический журнал，№ 3，Март 2015，С. 49.

第二章 俄罗斯进口替代的理论基础和主要背景

政府成立了进口替代与本土化中心，2015年8月由梅德韦杰夫直接领导的"俄罗斯联邦政府进口替代委员会"成立，在2015年12月31日版的《俄联邦国家安全战略》中，俄罗斯就进口替代提出了具体的要求："实行积极的进口替代战略，降低对国外技术和工业品的依赖，加快农业综合体和医药产业的发展""加快高技术领域的发展，巩固航空和原子能领域的既有地位，恢复传统工业领域（重型机械、航空和成套设备）的领先地位""把国防工业作为俄罗斯工业现代化的发动机，加快国防工业的发展，在新的技术基础上重组国防工业综合体的产业基础"，等等。① 关于进口替代战略的国家安全战略属性，普京在许多场合反复强调。他指出，在国家安全层面上，俄罗斯推行进口替代战略的主要手段包括进口限制、市场保护、财政扶持和金融资源支持。② 在这些手段中，贸易保护和政府采购是直接和决定性的，财政扶持和金融支持主要是依靠市场机制来发挥作用。2016年3月1日之前俄罗斯将推出《汽车行业2025年进口替代战略》，从政策规划到机构设置，进口替代战略在俄罗斯全面推进。

进口替代战略一经提出，在俄罗斯国内引起极大关注，俄罗斯是否有必要实施进口替代？即使俄罗斯需要，在西方经济制裁失去了西方资金、技术和市场支持的条件下俄罗斯能否实现进口替代？

首先，在西方经济制裁、卢布大幅贬值的外部环境下，实施进口替代是必要甚至是必须的应对手段，这得到了多数学者的认同（В. Фальцман, 2014③, Э. Ш. Веселова, 2015④, О. Березинская, 2015⑤, В. May, 2015⑥, В. С.

---

① О Стратегии национальной безопасности Российской Федерации, Указ Президента Российской Федерации от 31.12.2015 г. № 683.

②③ В. Фальцман. Приоритеты структурной политики: импортозависимость, импортозамещение, возможности экспорта инновационной продукции промышленности, ЭКО. Всероссийский экономический журнал, 2014 (5).

④ Э. Ш. Веселова. Импортозамещение: не допустить кампанейщины, ЭКО. Всероссийский экономический журнал, № 3, Март 2015, С. 49.

⑤ О. Березинская, А. ВедевПроизводственная зависимость российской промышленности от импорта и механизм стратегического импортозамещения, Вопросы экономики, 2015 (1).

⑥ В. May. Социально-экономические политики России в 2014: выход на новые рубежи? Вопросы экономики, 2015 (2).

Ефимов，2015①)②。

对俄罗斯现发展条件下实施进口替代的局限性，也是一些学者关注的问题。法尔兹曼（В. К. Фальцман）指出，俄罗斯不能再继续走大规模限制和取消进口的道路。一味地保护本国生产会伤害俄罗斯消费者的利益，也可能固化俄罗斯技术的落后性。③ 俄罗斯著名学者格林别尔克·格林伯格（Р. С. Гринберг）认为，激进的进口替代不可行，它将导致交易成本、价格的上升及居民消费需求下降。④

俄罗斯总统普京面对各方不同声音，也就进口替代战略做出了积极的回应。他指出，进口替代不是俄罗斯的要求，而是对西方制裁的一种回应；他也强调，深思熟虑的进口替代是俄罗斯的长期优先方向，而不加思考的进口替代毫无意义。他还保证，俄罗斯的进口替代不是封闭市场，保护落后，而是为了寻求安全和独立，等等。⑤

但总体来看，俄罗斯学术界对西方经济制裁、卢布大幅贬值条件下实施进口替代的必要性持肯定态度的占主流，其原因是西方经济制裁，而实施进口替代的原因很大程度上是由俄罗斯经济对进口的严重依赖所决定的。

国际金融危机后由于前文介绍的俄罗斯进口替代产业刺激计划，俄罗斯的进口依赖情况发生了变化。危机前进口产品中以消费品为主导，而危机后消费品的进口比重明显下降了，俄罗斯成功实现了进口替代。同时，生产性的进口依赖却在增长，中间品的进口大大增加，企业用于原料、材料、配件及半成品的支出中进口的比重增加了。代表俄罗斯中间品进口依赖规模的指标是企业用于原料、材料、购买的半成品和生产配件及制品进

---

① В. С. Ефимов，А. В. Ефимов. Промышленная политика и возможности импортозамещение для Сибири и Дальнего Востока，ЭКО. Всероссийский экономический журнал，2015（2）.

② 上述俄罗斯学者的观点详见本书第005页"关于俄罗斯进口替代的必要性的研究"。

③ В. Фальцман，Импортозамещение в ТЭК и ОПК，Вопросы экономики，2015（1）.

④ М. Клинова，Е. Сидорова Экономические санкции и их влияние на хозяйственные связи России с Европейским союзом，Вопросы экономики，2014（12）.

⑤ Путин：Разумное импортозамещение-наш долгосрочный приоритет；Html，Путин назвал бездумное импортозамещение бессмысленным；Путин заверил，что импортозамещение не является для России "каким-то фетишем".

口的比重，这一指标被称为生产性进口依赖。

2013年俄罗斯的生产性进口依赖为14.7%，与2006年的8.5%有明显的增加。2009~2013年在危机最严峻阶段这一指标提高了，整个经济中工业企业用于进口原料、材料和制品的支出的基本比重达到84%。2013年俄罗斯工业中用于进口原料、材料和配件的支出的比重达到了15.9%（2008年为11.3%）。传统上进口依赖低的部门有矿产资源开采部门、电力、天然气及水的生产和分配的进口依赖低（2006~2011年为4.0%；2012~2013年为6.7%）。而加工生产部门在2013年购买的原料、材料和配件中的进口比例接近17%。原料部门的生产进口依赖相对稳定，2008~2013年约为7.3%。而机械制造部门原料、材料和配件的进口依赖却明显上升，由2008年的19.7%升至2013年的36.5%。俄罗斯工业的具体进口依赖如表2-8所示，消费品的生产进口依赖如表2-9所示。

表2-8　　　　2006~2013年俄罗斯生产部门的进口依赖　　　单位：%

部门	2006年	2008年	2009年	2010年	2011年	2012年	2013年
全部经济部门	8.5	10.0	10.6	11.6	13.7	14.1	14.7
工业生产	9.0	11.3	11.5	12.8	14.7	15.6	15.9
矿产资源开采	4.1	4.0	3.7	3.8	4.9	6.5	6.8
加工生产	9.6	12.0	12.6	13.8	15.8	16.4	16.8
消费品生产	17.7	18.2	18.8	18.6	18.0	17.0	17.6
原料部门	4.8	6.5	6.8	7.5	8.2	7.2	7.4
机器制造	13.4	19.7	20.3	25.5	31.8	35.8	36.5
电力、天然气和水的生产及分配	2.0	1.9	2.2	3.0	3.1	3.2	2.1
建筑	6.0	5.0	6.7	6.6	10.5	8.1	7.0
批发和零售贸易及汽车、摩托车及家电维修	6.6	73	12.7	14.9	12.5	14.2	20.4
交通和通信	11.4	6.1	7.6	5.7	12.1	10.1	16.8
通信	7.0	6.9	10.1	12.8	37.0	26.8	22.3
交通	12.4	5.8	6.7	4.0	8.4	7.8	16.3

资料来源：俄罗斯统计署，О. Березинская, А. Ведев, Производственная зависимость российской промышленности от импорта и механизм стратегического импортозамещения.

表 2-9　　　　2006~2013 年消费品进口的生产进口依赖　　　　单位：%

进口类别	2006 年	2008 年	2009 年	2010 年	2011 年	2012 年	2013 年
消费品的生产	17.7	18.2	18.8	18.6	18.0	17.0	17.6
食品的生产，包括饮料和烟草	18.2	18.3	19.3	18.8	18.0	16.3	17.0
针织和缝纫制品的生产	14.8	19.8	20.7	19.6	20.4	23.6	27.5
皮革、皮革制品的生产和制鞋	11.4	12.0	11.7	15.6	12.8	16.9	13.2
纸浆—造纸生产，出版和印刷业	15.8	17.3	14.5	16.9	17.7	20.6	20.0

资料来源：俄罗斯统计署，О. Березинская，А. Ведев，Производственная зависимость российской промышленности от импорта и механизм стратегического импортозамещения.

总体来看，俄罗斯进口替代的战略定位就是提升自身在全球价值链中的分工地位，进而培养属于本国的全球价值链掌控者的过程。传统上，俄罗斯出口以能源类初级产品为主、进口以工业制成品为主，因为初级产品出口部门的高收益，吸引本国资源投入其中，制成品部门吸引不到优质资源，与从国外进口的工业制成品相比，后者更加物美价廉，最终在工业制成品领域出现了与前述提升竞争力目标背道而驰的结果。在进口替代战略下，某些工业制成品的进口受到抑制，只能依靠本国生产，但本国生产的最终目的不仅是满足国内需求，而是占据国际竞争力的制高点，是要走出国门参与全球竞争。因此，俄罗斯的进口替代战略又被称作出口导向进口替代战略（Экспортно-ориентированное импортозамещение），国内学者徐坡岭教授认为，"俄罗斯的进口替代战略是传统语境下的出口导向与进口替代战略的混合战略"[1]。俄罗斯学者法尔兹曼（В. Фальцман）则认为，在俄罗斯经济对外开放及经济全球化条件下，俄罗斯进口替代应依赖于俄罗斯制造的竞争力的提升，应是建立在创新基础上的进口替代，因此，俄罗斯应建立的创新性进口替代。然而，西方经济制裁决定进口替代也是强制性的。[2]

---

[1] 徐坡岭：《俄罗斯进口替代的性质、内容与政策逻辑》，载《俄罗斯东欧中亚研究》2016 年第 3 期。

[2] В. Фальцман, Импортозамещение в ТЭК и ОПК. Вопросы экономики, 2015（1），Ст. 120.

第三章 俄罗斯进口替代的政策及措施

第一节 俄罗斯进口替代政策总况

西方经济制裁后俄罗斯进口替代的政策制定及实施主要集中在2014年下半年至2015年下半年,官方和媒体公布了关于实施工业进口替代促进计划(工业进口替代路线图)的有关内容①。该文件提出,2015~2020年,降低俄罗斯民用制造业对进口和外国技术依赖的目标,明确了实现这一目标、建立进口替代政府扶持和刺激机制的2014~2016年度具体措施。

自2015年,俄罗斯陆续公布了多部涉及工业,特别是民用制造业及农业等各领域的,包括联邦层面和地方层面的进口替代政策文件。民用制造业是其中的重中之重。俄罗斯确定了19个民用制造业优先进口替代部门、2284个产品,并分别制定了19个部门的进口替代计划。各部门选择了优先进口替代项目,这些项目由联邦各部委和地方政府提出,有4000多个项目被列入部门进口替代计划,其中2059个项目获批。② 在确定的项目中,有100项产品被列为高准备度,即有生产条件最为完备的部门,要求这些

---

① Мантуров Д. В. , et al. Планирование импортозамещения в российской промышленности: практика российского государственного управления.
② Совещание об обеспечении реализации отраслевых программ импортозамещения.

项目在 2015～2016 年完成。①

农业领域的进口替代应该说是西方经济制裁与俄罗斯反制裁条件下俄罗斯实施进口替代战略的重中之重。事实上，早在 21 世纪前十年，粮食安全问题就被提到国家战略的重要地位，特别是 2008～2009 年国际金融危机后，以制造业本土化为核心的进口替代成为世界经济发展中的重要趋势，它不仅体现在发达国家的再工业化政策中，也体现在大多数后发国家将其作为加速工业化进程的发展战略当中。而与大多数国家工业进口替代不同的是，被置于俄罗斯经济发展优先目标的则是农业生产的进口替代。在西方经济制裁之前，针对粮食、食品领域的进口替代政策就已经制定并实施。② 在西方经济制裁与反制裁条件下，农业进口替代的步伐加快、政策扶持力度加大，危机中农业成为俄罗斯经济增长的亮点，为俄罗斯经济社会稳定和发展注入了活力和强劲动力，不仅解决了粮食自给自足的问题，保障了国家粮食安全，还夺回了世界小麦出口霸主之位，这不得不说是俄罗斯农业进口替代政策的成功。为此，农业进口替代与发展政策是本书要着重分析的部分，从其发展规划的内容、实施进程、主要措施等方面探究俄罗斯农业发展取得成功的原因。

与进口替代政策相配套的还有诸多短期和长期的经济发展计划，特别是本书第二章第二节中提到的反危机计划，以及西方经济制裁之前及之后制定的一系列产业发展计划。其中，2014 年 12 月 31 日颁布的《俄罗斯工业政策法》（又译"产业政策法"）和 2014 年 4 月颁布的《工业发展及其竞争力提升》国家规划的重要性尤为突出。《俄罗斯工业政策法》的目标包括：一是建立确保俄罗斯经济从原料出口型向创新发展型过渡的高技术、有竞争力的工业；二是确保俄罗斯国防及国家经济安全；三是确保居民就业和生活水平的提高。其重要任务是：第一，建立和发展现代工业基础设施、支持工业领域发展的、符合俄罗斯战略计划明确的相应目标和任

---

① Министерство промышленности и торговли Российской Федерации, "Об отраслевых планах по импортозамещентю" от 16 ноября 2015 г. № НГ－49483/02.

② З. С. Подоба, А. А. Молдован, А. А. Фаизова. Импортозамещение сельскохозяйственн-ой продукции в России, Всероссийский экономический журнал, 2019 № 7, ст123.

第三章 俄罗斯进口替代的政策及措施

务的基础设施;第二,建立可以与外国工业相竞争的工业环境;第三,刺激工业主体,利用知识成果并生产创新工业产品;第四,刺激工业主体合理、有效地运用物质、资金、劳动和自然资源,确保劳动生产率的提高,使用替代进口的、资源保护及生态安全的技术和设备;第五,扩大高附加值产品的比例并支持其出口;第六,支持工业主体的技术更新、主要生产技术和设备现代化;第七,降低工业基础设施出现技术性紧急情况的风险;第八,确保俄罗斯经济的技术独立性。

《俄罗斯工业政策法》也明确了刺激工业发展的措施,包括向工业主体提供资金、信息咨询支持等。提供工业发展政策扶持的主要渠道是国家工业发展基金会(Государственные фонды развития промышленности)[①],这也是俄罗斯实施工业部门进口替代的主要机制,2015 年该基金通过了74 个总额为 246 亿卢布的工业进口替代项目,工业发展基金会为上述项目的拨款金额合计 1365 亿卢布。[②] 地方层面工业发展的主要途径是产业(工业)园、产业集群。该法律对俄罗斯国防工业产业政策的特殊性及其发展目标也做了明确。

《工业发展及其竞争力提升》国家规划包含了从农用机械制造到产业园的 20 个分规划,该规划的目标是"建立确保在世界先进技术融合的市场中有竞争力、稳定、结构平衡的俄罗斯工业"[③]。该规划中还包含了 20 个分计划的实施期限及财政拨款金额,这份文件也成为俄罗斯实施进口替代的政策依据。

在上述政策指导下,实施进口替代的主要协调部门是 2015 年 8 月组建的政府进口替代委员会,主要实施手段是工业发展基金会,其职能是提供优惠贷款,首要任务是解决项目准备阶段的问题。截至 2015 年 3 月,该基金资金达为 200 亿卢布,但是来自企业的贷款申请总额多达 2400 亿卢布,

---

[①] Федеральный закон Российской Федерации от 31 декабря 2014 г. № 488 – фз "О промышленности политики в Российской Федерации".

[②] О реализации планов импортозамещения в промышленности от 25 апреля 2016 года Президента России, 2016 – 04 – 25.

[③] Постановление от 15 апреля 2014 года № 328, Об утверждении государственной программы, Развитие промышленности и повышение ее конкурентности.

因此，俄罗斯政府采取严格的筛选并集中有限资金用于实施最优先项目①。此外，与进口替代有关的另一重要手段是一系列专项投资合同的签署（СПИК），确保了新技术及产品开发项目的实施，对这些项目的要求是在俄罗斯没有类似产品，而且其实施过程中税收条件不会恶化。② 从项目投资合同看，俄罗斯进口替代贸易政策的主要方向是减少进口需求。需强调的是，俄罗斯采取进口替代刺激政策的主要调控手段是对来自欧盟、美国和加拿大的农产品、食品的进口限制；对19个民用制造业部门普遍性采取了增加进口关税或禁运的保护政策等。

与此同时，俄罗斯积极采取刺激俄罗斯制造出口的方式。2015年根据俄罗斯政府提议建立的"俄罗斯出口中心"，其主要刺激目标为出口导向的进口替代，确定了一系列工业、农业和教育部门的优先项目，机械制造部门的四个产业通过了出口发展战略。2017年用于实施农工综合体产品出口的优先项目扶持的联邦财政支持近7亿卢布，2018年增加至14多亿卢布，③ 主要用于俄罗斯农工综合体产品向国外市场出口的推进和扶持机制的建立、促进扩大农工综合体产品出口的农业监管措施以及建立俄罗斯农工综合体产品出口分析中心与潜在国外供应市场的研究中心。

俄罗斯也建立了其他的协调进口替代机制。例如，为协调石油和天然气部门的进口替代成立了政府工作小组，其成员包括能源部、自然部及其他政府部门的代表，还成立了由行业协会专家、科研机构及工业企业代表组成的科学技术委员会，通过这些机构和机制分析俄罗斯企业进口替代生产的可能性及名录。俄罗斯政府也声称，并不排除外国公司参与进口替代，俄罗斯邀请在俄罗斯的外国企业合作，并希望他们积极参与俄罗斯进口替代。俄罗斯实施进口替代的一个重要平台是欧亚经济联盟，为此，将

---

① О реализации планов импортозамещения в промышленности от 25 апреля 2016 года, Президента России, 2016-04-25.

② Постановление от 15 апреля 2014 года № 328, Об утверждении государственной программы, Развитие промышленности и повышение ее конкурентности.

③ О реализации планов импортозамещения в промышленности от 25 апреля 2016 года.

欧亚经济联盟成员方吸引到俄罗斯进口替代中也是其实施的重要途径和内容，本书将在后文做专门分析。

西方对俄罗斯实施经济制裁以来，进口替代不仅成为俄罗斯利用危机寻找发展机遇的重要举措，也成为应对危机、建立新的经济增长点的主要抓手。但是在西方经济制裁的前几年里，进口替代无疑成为发展政策的核心，正如德沃尔科维奇所言，"进口替代不是经济政策的唯一目标，还有其他政策方向，如支持出口、支持中小企业及其他一系列目标。但是，不管哪个目标，我们都要考虑进口替代，要以此为导向"①。

第二节　俄罗斯民用制造业的进口替代政策

1. 俄罗斯民用制造业的进口替代目标

俄罗斯确定民用制造业优先实施进口替代的部门有 18 个：冶金、电力机械制造、运输机械制造、航空工业、森林工业、汽车工业、化工、公共和地面道路建设、造船工业、农用机械制造、石油天然气机械制造、重型机械、轻工业、制药工业、医疗工业、无线电子工业、食品和加工工业机械制造、机床工业和航空工业（分飞机和直升机）。根据俄罗斯工业与贸易部发表的民用制造业的进口替代计划，该领域"进口替代的目标是 2020 年将大部分产业的进口依赖值降至 50% 以下"，2013～2020 年民用制造业主要部门的进口替代目标及具体替代产品如表 3-1 所示②。

---

① О реализации планов импортозамещения в промышленности от 25 апреля 2016 года, Президента России, 2016-04-25.

② О разработке планов импортозамещения в гражданских отраслях обрабатывающей промышленности Российской Федерации, Министерство промышленности и торговли Российской Федерации.

表 3-1　　2013~2020 年 18 个民用制造业部门的进口比重　　单位: %

工业部门	2013 年	2020 年（计划目标）	进口替代的主要技术方向
冶金	10	4	有色金属包括矿石和精矿，有色的稀土和稀土金属及其化合物。黑色金属包括: 不锈钢轧钢、不锈钢钢管、石油天然气设备用钢管、铁合金、助熔剂、耐火材料等
电力机械制造	19.7	18	动力传输器、开关、频率调换器、电流和电压测量转换器等；电缆工业和电力机械制造，包括燃气涡轮机装置、锅炉设备等
运输机械制造	24	10.5	机车车辆，火车机车车辆配件
航空工业，其中包括飞机制造、直升机	92 25	71 24	飞机包括: SSJ-100 飞机、MC-21 型飞机，伊尔-96-300 型飞机，图-214 飞机。 直升机包括: 卡-32A11BC，卡-32A，卡-226T，米-8AMT，米-8MTB-1，米-171，米-171A，米-171E，米-171A2，米-172，米-38-2，卡-62，安萨特直升机
森林工业	25.5	21.3	刨花板，纤维板，胶合板，专用纸浆，纸张，纸板，家具
汽车工业	44	38	内燃机动车的发动机，变速箱和底盘配件，电子系统和控制单元等
化工	32.4	24.6	化纤和线，有机产品，无机产品
公共道路建设及地面、机场设备	48.5	42	起重 50~100 吨的车载吊车，道路施工设备的回转支承，起重机和压路机舱，系统比例阀，挖掘机，自推式推土机，回收机，变速箱，拖拉机底盘，沥青摊铺机
造船工业	55	30	船舶发动机，船舶柴油发电器，舵螺旋桨，推进器，锚和系泊设备，桅杆设备，通风和空调设备，用于泵送石油和石油产品的泵（运输用），压缩机，含油和生活污水处理设备，鱼类加工设备
农用机械制造	56	24	甜菜、卷心菜、亚麻收割机，养猪、养鸡设备，各种牵引等级的拖拉机
石油天然气机械制造	60	43	油井使用的设备、技术和服务、钻井、开采、运输和加工的程序材料、碳氢原料、地质勘探技术和设备、钻田项目技术和设备、碳氢原料加工技术和设备、天然气制液技术、分离剂生产技术等
重型机械	60	52	矿山设备、冶金设备、起重运输设备、水泥工业设备等

续表

工业部门	2013年	2020年（计划目标）	进口替代的主要技术方向
轻工业	72.5	60	纱，布料，无纺布，针织材料PPE和防护服用材料，服装，鞋和皮革
制药工业	73	50	广大常用药
医疗工业	81	60	外科用医疗产品，康复医疗产品，植入式医疗设备，诊断用医疗产品，放射治疗和核医疗产品，体外诊断医疗产品等
无线电子工业	82	44	电信设备，计算机，医疗器械，半导体设备和仪器，环境控制设备，电子和光学元件库，物理量测量的精密仪器，n.e.c测量及监控工具、仪器和机器，LED技术
食品和加工工业机械制造	87	68	研磨设备，乳制品加工设备，干燥装置，粮食深加工技术和设备，罐头加工设备，标准化的不锈钢管端头和截止阀
机床工业	88.4	58	车床、铣床、削床、镗床、磨机轨道设备、磨床、磨齿设备、机加工设备、压力锻造设备、计量设备等

资料来源：Министерство промышленности и торговли Российской Федерации, О разработке планов импортозамещения в гражданских отраслях обрабатывающей промышленности Российской Федерации.

2. 俄罗斯民用制造业进口替代的优先选择

在制定民用制造进口替代扶持政策前，俄罗斯政府首先对民用制造业的18个部门进行了从1~5的进口替代优先等级划分，其次又对各部门进口替代项目进行了优先等级划分。划分优先等级的主要依据是进口依赖的严重程度，进口依赖最为严重的（80%~100%）为1级，进口依赖不严重的（0~20%）为5级。划分项目的主要依据是产品生产的完备程度，例如，列为1级的是需要简单扩大生产及增加产量，具备所有生产的必要条件；而被列为最低优先等级7级的则是需要建设新的企业。此外，划分项目优先等级的依据也是进口依赖的程度（见图3-1），依赖度越高，替代优先等级越高。

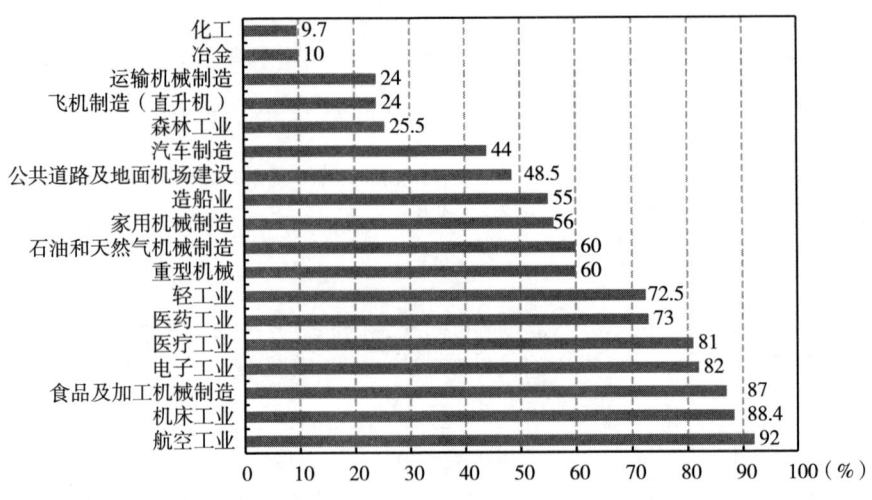

图 3-1 俄罗斯民用制造业 18 个部门的进口依赖度

资料来源：Минпромторг России，笔者根据 Разработка отраслевых планов импортозамещения 第 15 页数据绘制。

根据上述优先等级划分依据，民用制造业进口替代优先等级指数最高的是机床工业（150），之后依次为：运输机械（138）、航空工业（飞机制造，136）、汽车工业（122）、石油天然气机械制造（105）、造船工业（85）、航空工业（直升机，83）、制药工业（73）、医疗工业（71）、电子工业（66）、化工（63）、农用机械制造（53）、轻工业（48）、电力机械（41）、公共道路和机场地面设备（41）、重型机械（21）、冶金（20）、食品和加工业机械（10）、轻工业（10）。

与此同时，俄罗斯也确定了优先实施进口替代的各民用制造部门的项目及数量（见表 3-2）。

表 3-2　　　　　优先进口替代的民用制造业项目　　　　单位：个

部门	重型机械制造	石油和天然气机械制造	电力机械制造	机床工业	冶金	化工联合体	森林工业	制药工业	医疗工业	电子工业	轻工业	造船工业	航空工业	农用机械	道路建设及公共设备	食品工业机械制造	汽车工业	运输机械
进口替代项目	47	42	40	81	24	35	34	111	601	307	731	107	408	49	15	15	67	16

资料来源：Минпромторг России，笔者根据 Разработка отраслевых планов импортозамещения 制作。

3. 俄罗斯民用制造业进口替代扶持政策及措施

总体来看，俄罗斯针对民用制造业采取的扶持政策包括两个方面：一是调节政策，包括关税—税收调节、标准化与认证、政府购买（包括专门投资）、税收调节（包括签署专项合同）、政府担保；二是资金支持，包括资本支出补贴、周转资金补贴、创新研发补贴、利用工业发展基金会的资金扶持、项目资金扶持及其他补贴。

针对不同民用制造部门的扶持政策及措施在上述范围内有所不同，具体如表3-3所示。

表3-3　　民用制造业进口替代优先部门的政府扶持措施

部门	进口替代扶持措施的政府决议	扶持的调整措施	资金扶持
重型机械制造	2013年12月30日第1312号政府决议、2014年1月3日第3号政府决议、2014年10月11日第1044号政府决议	第一，刺激对本国制造的需求；第二，建立工业集群；第三，提高该部门与俄罗斯制造相似的外国产品的进口关税；第四，政府（国家和地方）购买时优先本国企业；第五，禁止个别种类机械制造产品的外国制造用于政府购买	工业发展基金会贷款
石油天然气机械制造	2014年1月3日第3号政府决议、2014年2月22日第134号政府决议、2013年12月30日第1312号政府决议、2009年3月1日第205号政府决议、2015年3月12日第214号政府决议	第一，税收优惠，使用国有资产的租金优惠；第二，将石油天然气企业开采及加工企业购置新设备试运行期间投资的纳税基数降低50%；第三，过亿企业和参与国家投资规划的企业生产的工业产品有优先使用权；第四，与能源电力企业签署长期合同；第五，利用PPP合作机制建立生产者及生产者与消费者共同组建的集团	工业发展基金会贷款
电力机械制造	第1312号俄罗斯政府决议框架内研发支出补助，2015年3月12日第214号政府决议，第1044号政府决议《俄罗斯纳米公司》项目资金支持框架内的项目扶持	第一，提高俄罗斯类似设备和材料的进口关税费率；第二，政府购买（国家和地方）项目中俄罗斯产设备有优先权；第三，俄罗斯没有的类似材料进口实行零关税	—

续表

部门	进口替代扶持措施的政府决议	扶持的调整措施	资金扶持
机床制造	2014年10月30日第1128号关于实现机床产品的系列生产框架内进行科研和试验设计的补贴决议	第一，建立项目集团；第二，企业用于生产基础现代化的投资免征增值税；第三，降低资产税率；第四，扣除技术发展投资的纳税部分；第五，规定利于资源保护和生态等的技术使用的标准期限	贷款及周转资金增加的利息贴息补助；工业发展基金会贷款
冶金	2014年1月3日第3号政府决议，2009年3月10日第205号政府决议，2015年3月12日第214号政府决议，2014年10月11日第1044号政府决议	第一，为签署专门投资合同提供税收和费率优惠；第二，对锡矿和精矿征收出口关税；第三，刺激黑色冶金产品的需求的增加；第四，该部门产品生产使用的设备进口实行零关税；第五，刺激国产原料的使用	工业发展基金会贷款
化工	2014年10月11日第1044号政府决议，2014年1月3日第3号政府决议，2014年1月3日第5号政府决议，2015年3月12日第214号政府决议，2013年12月30日第1312号政府决议，2013年10月24日第950号决议	第一，项目定向拨款或以年利率不超过5%为期5~10年贷款；第二，税收优惠（利润税、财产税）；第三，国家合作拨款；第四，基础设施项目现代化拨款；第五，原料的数量和价格的部门间协定	—
森林工业	2014年第1044号政府决议，2013年12月30日第214号政府决议，2014年12月5日第1319号政府决议	第一，为专门工艺设备的生产企业减轻税负，办法是降低项目实施阶段的大额保险缴费，但期限不超过5年；第二，为专门工艺设备生产企业免征3~5年资产税；第三，为一些信息通信设备、计算机的制造企业降低企业缴费率；第四，在签署政府项目时提供资金支持	工业发展基金会贷款
医疗工业	2015年2月5日第102号政府决议，2014年12月29日第2762-p号政府决议，2014年10月11日第1044号政府决议，俄罗斯《医药和医疗工业发展》国家规划	第一，为制药企业完成项目方面的支出提供联邦预算补助；第二，为制药企业的临床研究提供联邦预算补助；第三，为医疗产品生产企业提供联邦预算补助；第四，为医疗产品的毒理、技术及临床试验提供联邦财政补贴	工业发展基金会贷款

第三章 俄罗斯进口替代的政策及措施

续表

部门	进口替代扶持措施的政府决议	扶持的调整措施	资金扶持
制药工业	2014年10月11日第1044号政府决议，俄罗斯《医药和医疗工业发展》国家规划	第一，政府购买的制药项目限制外国同类产品的进口；第二，药品和制药企业完成项目时给予联邦财政补贴；第三，给予药品生产企业的临床研究联邦财政补贴；第四，对医疗产品的毒理、技术及临床试验支出给予联邦财政补贴	工业发展基金会贷款
电子工业	2013年12月30日第1312号政府决议，2014年10月11日第1044号政府决议	第一，降低保险缴费、资产税优惠，加速专门投资合同框架内的折旧；第二，政府购买项目优先使用俄罗斯制造；第三，对电子和无线电发展项目实施中的贷款给予补贴；第四，政府合同给予预付款；第五，支持工程和工业设计企业；第六，扩大通信设备和电子零件库的进口关税；第七，将发光二极管的进口关税提高5%～10%；第八，实行"认知无线电"俄罗斯标准	工业发展基金会贷款
轻工业	2012年8月14日第825号政府决议，2013年12月30日第1312号政府决议，2013年8月12日第687号政府决议，2014年1月3日第4号政府决议，2015年3月12日第214号决议，2014年8月11日第791号政府决议，2009年4月30日第372号政府决议	第一，给予完成优先投资项目的企业税收优惠（利润数13.5%，不超过7年的资产税0）；第二，降低（零）俄罗斯制造必需的原料的进口关税；第三，对国家标准、检疫规定进行修改；第四，扩大抵制工业品的非法流通的防治措施；第五，加强市场监管；第六，协助俄罗斯制造的校服的宣传和推广	工业发展基金会贷款
造船业	2008年5月22日第383号政府决议，2014年1月3日第3号政府决议，2013年12月30日第1312号政府决议，2015年3月12日第214号政府决议	第一，海港修船的税收优惠；第二，对有俄罗斯制造的产品征收10%～20%的进口关税	工业发展基金会贷款

续表

部门	进口替代扶持措施的政府决议	扶持的调整措施	资金扶持
航空工业	2014年10月11日第1044号政府决议，2015年3月12日第214号政府决议	第一，降低专门投资项目的保险缴费、资产税和加快折旧；第二，民用和国家飞机修理时优先购买俄产设备及配件；第三，实行国家航空技术购买制度；第四，对政府项目预付款；第五，俄罗斯制造的配件进口零关税，但进口有俄罗斯制造的产品征收进口关税；第六，返还财政拨款；第七，可返还财政拨款；第八，对飞机发动机生产企业借贷、进入国际市场给予补贴	—
农用机械制造	2013年12月30日第1312号政府决议，2014年1月3日第3号政府决议，2011年5月4日第338号政府决议，2012年12月27日第1432号政府决议	第一，将燃气拖拉机列入2014年10月8日第1027号政府决议中规定的补贴设备清单中；第二，住房和公共服务及农业领域购买燃气拖拉机给予贷款贴息和租赁付款补贴；第三，对进口有国产的外国汽车配件征收10%~20%的进口关税；第四，制定刺激农业技术更新的以旧换新系统	工业发展基金会贷款
道路建设和公共设备	2014年1月3日第3号政府决议，2013年12月30日第1312号政府决议，2014年10月11日第1044号政府决议，2014年7月14日第656号政府决议	第一，专门投资项目框架内实行加快折旧、资产税优惠及降低保险缴费；第二，对部门企业降低保险缴费费率；第三，优先购买和使用欧亚经济联盟地区生产的设备；第四，为企业下列支出提供补贴：保就业、能源、向西伯利亚和远东地区供应设备	工业发展基金会贷款
食品工业机械制造	2014年1月3日第3号政府决议，2013年12月30日第1312号政府决议，2014年10月11日第1044号政府决议，2015年3月12日第214号政府决议	第一，为专项投资项目提供加速折旧、降低保险缴费及资产税优惠；第二，禁止政府（国家和地方）购买项目使用非欧亚经济联盟国家生产的食品及加工工业机械；第三，实行国产机器和设备的国家购买制度；第四，对俄罗斯有类似产品的外国制造产品征收进口关税；第五，对俄罗斯不能生产的机械和设备的主要标准配件实行进口零关税	工业发展基金会贷款

续表

部门	进口替代扶持措施的政府决议	扶持的调整措施	资金扶持
汽车工业	2014年1月3日第3号政府决议，2013年12月30日第1312号政府决议、第640号政府决议，2014年10月11日第1044号政府决议，2015年3月12日第214号政府决议	第一，为专项投资项目提供加速折旧、降低保险缴费及资产税优惠；第二，为汽车零配件基地发展配套项目提供补贴；第三，对进口俄罗斯本国制造的类似汽车配件征收10%~20%的进口关税；第四，确保对欧亚经济联盟内进行汽车组装生产实行优先购买机制	工业发展基金会贷款
运输机械制造	2014年7月14日第656号政府决议，2015年3月12日第214号政府决议，2013年12月30日第1312号政府决议，2014年1月3日第3号政府决议	第一，对俄罗斯制造的机械和设备实行国家购买制度；第二，提高俄罗斯有类似产品的货运车辆的进口关税；第三，将技术重置贷款贴息2/3的费率改为0.9	工业发展基金会贷款

资料来源：笔者根据 Разработка отраслевых планов импортозамещения 的资料整理得出。

第三节 俄罗斯农业进口替代政策

一、俄罗斯农业发展与进口替代政府规划及其内容

自2014年8月开始的农产品进口禁令是作为俄罗斯农业实施进口替代的重要条件，也是发展政策的重要条件。根据2014年《关于采取特定经济措施以确保俄联邦安全》（以下简称"第560号总统令"），① 俄罗斯对美国、欧盟、挪威、澳大利亚和加拿大的牛肉、猪肉、鸡肉及其他家禽肉、鱼肉、螃蟹等海产品、牛奶、乳制品、蔬菜、水果、干果、火腿，以及其他乳制品禁止进口，这实际上是俄罗斯实施大规模农业进口替

---

① Указ № 560. О применении отдельных специальных экономических мер в целях обеспечения безопасности Российской Федерации от 6 августа 2014 г.

代的开端。① 2015 年 8 月 13 日，俄罗斯政府又追加了禁止进口的农产品、原料及食品的国家名单，增加了阿尔巴尼亚、黑山、冰岛、列支敦士登及乌克兰（这些国家自 2016 年 1 月 1 日起对俄罗斯实施制裁），据俄罗斯官方统计，2014 年由这些国家进口到俄罗斯的上述受制裁产品达 6.562 亿美元（占这些国家对俄罗斯出口的 5.9%）。② 2016 年 5 月 27 日俄罗斯取消了用于儿童食品生产的鸡肉、牛肉和蔬菜的进口禁令，9 月 10 日禁止进口食品名单中增加了食盐，但不包括膳食补充剂盐和医用盐。2015 年至今，由于西方对俄罗斯经济制裁一再延期并不断加码，第 560 号总统令也随之不断地被延期。

此外，俄罗斯实施了一系列的促进农业部门进口替代与发展的政府规划及措施，其基础文件是 2012 年 7 月 14 日颁布的《2013 - 2020 年农业发展及农产品、原料及食品市场的调节国家规划》（以下简称"2012 年规划"），③ 正如前文介绍的，以确保粮食、食品安全为目标的农业行业进口替代在 21 世纪前 10 年就已经成为俄罗斯经济发展的目标，行业进口替代也已经在悄然进行。在西方经济制裁及俄罗斯反制裁之前，一系列联邦的、部委的与农工综合体发展问题有关的，特别是以确保食品和粮食安全为标的政府目标规划已经制定④，这些文件也是西方经济制裁后俄罗斯全

---

① 2014 年 8 月 20 日和 2015 年 6 月 22 日俄罗斯对禁止进口商品名录进行了修改，从中去掉了无乳糖乳制品、鲑鱼、鳟鱼、牡蛎和青口贝，因为这些产品很难在短时间内实现进口替代。

② Национальный доклад о ходе и результатах реализации в 2016 году государственной программы развития сельского хозяйства п регулирования рынков сельскохозяйственной продукции, сырья и продовольствия на 2013 - 2020 годы. Москва 2017，Министерство сельского хозяйства Российской Федерации.

③ 该规划制定的重要依据是 2006 年 12 月 29 日颁布的第 264 号《农业发展俄罗斯联邦法》、2008 年 11 月 17 日颁布的第 1662 号政府决议通过的《2020 年前俄罗斯联邦经济社会长期发展构想》、2010 年 1 月 30 日第 120 号总统令通过的《俄罗斯食品安全原则》、2012 年 4 月 17 日第 559 号政府决议通过的《2020 年前俄罗斯联邦食品及加工工业发展战略》、2010 年 11 月 30 日第 2136 号政府决议通过的《2020 年前俄罗斯联邦农村稳定发展战略》、2015 年 2 月 2 日第 151 - P 号政府决议通过的《2030 年前俄罗斯联邦农村稳定发展战略》等文件。

④ 该文件的前期基础文件有：2006 年 12 月 29 日颁布的《农业发展法》、2008 年 11 月 17 日通过的《俄联邦 2020 年前社会经济发展长期构想》、2010 年 1 月 30 日总统令确定的《俄罗斯粮食安全条例》、2012 年 4 月 17 日通过的《俄联邦 2020 年前食品及加工工业发展战略》、2010 年 11 月 30 日颁布的《俄联邦 2020 年前农业地区稳定发展构想》、2008 ~ 2012 年农业发展及农产品、原料及食品市场调节的国家规划，以及一系列其他联邦的、部委的与农工综合体发展问题有关的目标规划。

面实施进口替代的重要政策依据,而前期的进口替代经验及问题也为西方经济制裁与俄罗斯反制裁后的进口替代进程奠定了重要基础。换言之,近些年,俄罗斯在农业领域取得的令世界瞩目的成就,是其十几年包括进口替代在内的农业政策的实施结果,而非西方经济制裁后实施进口替代的短期效应。

2012年制定的2020年前农业发展规划作为俄罗斯农业进口替代的基础文件,之后每年俄罗斯政府都根据形势对其相应进行调整,2014~2020年每年俄罗斯农业部都颁布《2013-2020年农业发展及农产品、原料及食品市场的调节国家规划》的年度实施报告,至今为止已公布了六个报告。

《2013-2020年农业发展及农产品、原料及食品市场的调节国家规划》作为基础文件确定了俄罗斯农业发展的目标、任务、方向,以及资金保障、实施机制和实现目标。该规划提出了两个层级的农业发展的优先方向,第一层级的优先方向包括:第一,农业各进口替代部门的生产和发展,包括利用竞争优势,尤其是俄罗斯富饶的农业耕地发展蔬菜种植、水果种植、乳制品及肉牛饲养;第二,经济领域,主要是提高农民(农业商户)的收入;第三,农村的持续发展以保证其劳动力资源及农业用地的完整性,为确保经济发展和居民粮食及饮食供应创造条件;第四,生产的潜力性发展,指土地复垦及耕地流转;第五,制度方面,发展农工综合体的一体化联系及建立食品综合体及地区集群;第六,科学和人才领域,确保形成创新型的农工综合体系。

第二层级的优先方向包括:第一,确保农产品、原料及食品的生态安全;第二,在国内市场饱和情况下增加农产品、原料及食品的出口;第三,将物流成本降到最低、结合农产品、食品和加工工业的地区合理化和专业化配置将其他决定其竞争力的因素合理化。

2012年版规划由六个分规划组成:发展作物生产及其产品加工和销售规划、畜牧业的发展及其产品加工和销售规划;发展肉牛养殖规划;支持农业小公司规划;技术和工艺及创新发展规划、确保国家规划实施的规划。2012年规划还包含了两个联邦目标规划:一是《2014-2017年及2020年前农村的稳定发展》;二是《2014-2020年俄罗斯农用土地的开发》。

2014年12月19日，结合西方经济制裁与俄罗斯反制裁的新形势的需要，主要是为了加速农业进口替代，俄罗斯政府对2012年版农业发展规划进行了更新。新版农业发展规划中分规划内容在原有的六个基础上又增加了五个，具体为：《发展蔬菜大地和大棚种植及种薯种植规划》《发展乳牛养殖规划》《支持育种、选种和种子生产规划》《发展批发配送中心和社会餐饮体系的基础设施规划》《发展农工综合体的金融—信贷体系规划》。在11个分规划及联邦目标规划中，制定了55项基本措施（2012年规划为35项）。新版农业发展规划的内容贯穿了2015~2020年各年农业进口替代与发展规划中，两个联邦目标规划的内容保持不变。2014年新版农业发展规划中列出了8个农业发展目标，具体如下：

第一，确保俄罗斯食品不受外部制约；

第二，加速肉类（猪肉、鸡肉、大牲畜）、牛奶、大地及大棚蔬菜、种薯及水果的进口替代；

第三，提高俄罗斯农产品在国内及WTO框架下的国际市场的竞争力；

第四，提高农工综合体企业的金融稳定；

第五，确保流行病的防治；

第六，农村的稳定发展；

第七，农村土地及其他资源的再生产和使用效率的提高以及绿色生产；

第八，确保农产品销售，通过创建仓储和加工条件提高其适销性。

为完成上述目标，农业发展规划在规划、分规划及目标规划中提出了以下10项具体任务：

第一，刺激主要农产品、食品及加工工业产品产量的增加；

第二，提高农产品、原料及食品在国内市场发挥作用的效率、发展农业基础设施；

第三，实现俄罗斯农产品、原料及食品的出口潜力；

第四，刺激农业生产现代化及其物质—技术和工艺的更新；

第五，支持农工综合体的金融稳定；

第六，为农工综合体投资增加创造有利条件；

第七，农村的稳定发展、确保农民就业、农民生活水平与技能的提升；

第三章 俄罗斯进口替代的政策及措施

第八,农业用地的保护:包括预防农业耕地退化、保护并促进其生产利用、制定土壤保护和恢复计划、发展农业用地的开垦;

第九,确保国家权力机关的农业发展及对农产品、原料及食品市场调节的政策效率;

第十,扩大远东联邦区各行政主体农产品的产量、实现进口替代,确保2020年前实现其经济完整性。

除了对农业发展规划进行更新外,2014年俄罗斯还颁布了15个旨在刺激农业进口替代发展的政府决议,其内容涉及:为家庭畜牧场发展提供补贴转移支付、为家庭农业经营的建立和发展及家庭创业初期的销售提供补贴转移支付和同步帮助;投资信贷资金的转移支付;按每千克自有加工牛奶的销售和装卸提供补贴转移支付;对增加奶羊等牲畜养殖的支出给予返还;支持地方牲畜养殖的农业发展规划等15个方面。而且,2014年俄罗斯政府对联邦财政用于发展农业的补贴形成、提供及分配提出了若干新的规定,成为2015年俄罗斯继续实施农业进口替代的政策依据。毋庸置疑的是,农业领域的进口替代文件是规模最大,内容也最为全面、细致的,可以说包括了农业发展各领域的方方面面,这体现出农业进口替代对外部依赖的急迫性和重要性。当然,农业领域进口替代的潜力、可行性相比其他部门也是最大的,可以说针对这一领域的投资、补贴等政府投入的效果是立竿见影的。

2015~2020年,每年俄罗斯都制定该年度的《2013-2020年农业发展及农产品、原料及食品市场的调节国家规划》,也根据形势发展需要对2014年新版农业发展规划内容有所调整。例如,在2016年版发展规划中,前述10项规划任务的第10项由原来的"扩大远东联邦区各行政主体农产品的产量、实现其进口替代确保2020年前实现其经济完整性"改为"保护和支持远东联邦区各行政主体的农业生产"[1]。

---

[1] Национальный доклад о ходе и результатах реализации в 2016 году государственной программы развития сельского хозяйства п регулирования рынков сельскохозяйственной продукции, сырья и продовольствия на 2013-2020 годы. Москва 2017, Министерство сельского хозяйства Российской Федерации.

各年度农业规划实施中的优先方向也有所调整，例如，2016 年的规划中确定的当年俄罗斯国家农业政策的优先方向是：支持俄罗斯居民食品保障的稳定；俄罗斯农产品、原料及食品市场的形成与调控；对从事农产品初级和工业加工的农业企业、组织及个人采取国家扶持；发展农业小企业和农村消费者合作社；保护俄罗斯农户在俄罗斯及国外市场的经济利益；发展农工综合体的科学和创新发展；完善农村再教育和人才培养体系等。而在 2014 年的新版国家规划中，被列为优先任务的首先是农业各进口替代部门的生产和发展，其次是提高农民（农业商户）的收入等。

俄罗斯农业部每年出版《关于 2013 – 2020 年农业发展和农产品、原料及食品市场调节的实施过程及结果的年度国家报告》，这成为了解俄罗斯农业进口替代与发展的重要依据，也是我们探究俄罗斯农业发展成功之缘由的重要渠道。本书结合前文六个报告，从信贷支持、农业保险、市场调节三个方面对俄罗斯进口替代政策做概括介绍，还有诸如刺激农工综合体投资等其他政策，后续需要专门的全面、细致研究。

二、俄罗斯农业发展与进口替代的财政支持

从联邦财政支出水平看，2014 年用于农业发展的联邦财政较上一年减少了 5.7%，其支出主要用于 2012 年版国家规划的《发展作物生产及其产品加工和销售规划》及《畜牧业的发展及其产品加工和销售规划》的实施，但是 2013 年用于上述规划实施的财政支出占比为 74.3%，而 2014 年为 69.1%，其占比在减少，而且 2014 年新版农业发展国家规划中剔除了这两个分规划。2014 年用于实施农业发展规划的财政计划支出为 1887.3 亿卢布，到 2015 年 1 月实际支出 1865.9 亿卢布，完成了 98.9%。为完成农业发展国家规划，俄罗斯每年的财政拨款均超过 2000 亿卢布。以 2016 年为例，年初财政计划拨款为 2128.213 亿卢布，但 2016 年底，根据《关于对农业机械生产企业补贴的措施》，又追加了 13 亿卢布财政补贴，这样，2016 年俄罗斯财政用于实施农业发展国家规划的拨款达 2232.425 亿

卢布，实际拨款 2180.907 亿卢布，完成 97.7%。①

2014 年地方拨款的比重达到了 22.8%，② 但地区分配差异较大，以农作物的贴息贷款财政补贴拨款为例，中央联邦区获得的财政拨款比重最高，占 41%，而远东联邦区所获得的财政拨款最少，仅为 1%（见图 3-2）。

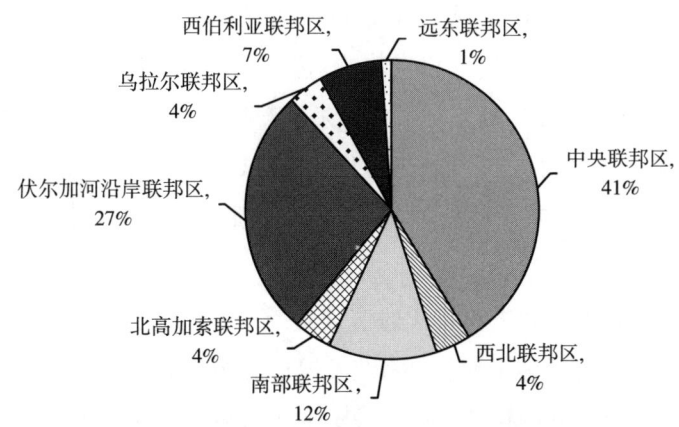

图 3-2　2014 年用于发展种植业、种植产品加工及销售短期贴息贷款的财政拨款的地区分配

资料来源：Национальный доклад о ходе и результатах реализации в 2014 году государственной программы развития сельского хозяйства п регулирования рынков сельскохозяйственной продукции, сырья и продовольствия на 2013 – 2020 годы. Москва 2015, Министерство сельского хозяйства Российской Федерации.

农业扶持政策还包括银行贴息贷款。以种植业为例，2014 年种植业的贷款项目共计 6639 个，总贷款金额为 1394.3 亿卢布，全部为银行贷款，其中，提供种植业短期银行贷款的主要有俄罗斯储蓄银行，占 47%；俄罗斯农业银行，占 29%；天然气工业银行，占 18%；俄罗斯外经银行，占 6%。提供种植业投资贷款的有俄罗斯农业银行，占 52%；俄罗斯储蓄银行，占 30%；天然气工业银行，占 12%；俄罗斯外经银行，占 6%。③

还是以 2014 年种植业贷款为例，贷款主要用于农业进口替代与发展的

---

①③　Национальный доклад о ходе и результатах реализации в 2014 году государственной программы развития сельского хозяйства п регулирования рынков сельскохозяйственной продукции, сырья и продовольствия на 2013 – 2020 годы. Москва 2015, Министерство сельского хозяйства Российской Федерации.

②　22.8% 是地方拨款的总占比，图 3-2 中数据为各联邦主体的份额。

各项投资项目，具体投资项目及其占贷款额的比例情况是：技术和工艺现代化项目 6178 个，占总贷款额的 33.12%，蔬菜种植项目 67 个，占贷款额的 25.77%，制糖工业项目 45 个，占贷款额的 12.82%，高蛋白作物加工项目 49 个，占贷款额的 10.54%，蔬菜仓储项目 65 个，占贷款额的 7.63%，粮食和油作物筛选、存储和换装项目 115 个，占总贷款额的 6.09%，园艺项目 58 个，占总贷款的 1.79%，油脂和面粉工业企业项目 25 个，占总贷款额的 1.21%，水果和浆果产品加工项目 11 个，占总贷款额的 0.67%，开垦项目 21 个，占总贷款额的 0.33%，种子生产项目 4 个，占总贷款额的 0.03%，种植物的物流中心项目 1 个，贷款金额 253 万卢布。①

为加强农业发展和进口替代的信贷支持，俄罗斯在 2014 年 12 月更新后加入的《农工综合体金融信贷系统发展》分规划的首要任务即是为农工综合体吸引投资，其中包括通过信贷支持技术和工艺现代化以实现农工综合体产品的进口替代，以及降低气候和流行病灾害风险。其支持手段还包括延长投资合同期、提供短期应急贷款、提供优惠金融租赁等。

三、农业进口替代与发展中的保险政策

为农工综合体提供风险管控支持是俄罗斯农业进口替代发展政策的重要措施。自 2011 年起，农作物收成和多年生植物（посадки многолетних насаждений）的播种保险就已经通过立法的形式得以实施（2011 年 7 月 5 日第 260 - ФЗ《农业保险领域的国家扶持和对农业发展联邦法进行修改》联邦法）（以下称《农业保险扶持国家法》）。具体支持措施如下：

第一，庄稼损失超过 30% 或者多年生植物的播种物损失超过 40%（2015 年改为 30%）时提供保险支持；

---

① Национальный доклад о ходе и результатах реализации в 2014 году государственной программы развития сельского хозяйства п регулирования рынков сельскохозяйственной продукции, сырья и продовольствия на 2013 – 2020 годы. Москва 2015，Министерство сельского хозяйства Российской Федерации.

第二，由地方政府执行部门向被保险人（农户）支付应计保费的 50% 的方式提供国家支持；

第三，采用农业保险计划确定需要保险的农作物清单及补贴核算的最高额度；

第四，组建被保险人协会以协调和制定农业保险的有关规则（自 2016 年起决定组建全俄统一被保险人协会）。

2014 年俄罗斯 85 个联邦主体中的 62 个参加了种植业国家支持保险规划，44 家保险组织进行了相关的保险业务，共签署了 5827 项国家支持农业保险协议，比 2013 年高出 25%。得到国家保险支持的耕地面积达 1280 万顷，占总耕地面积的 17.7%，仅 2014 年农作物保险支付总额为 15.447 亿卢布，为受损失数额的 68%，2015 年继续了这一趋势。[①]

针对畜牧业的国家扶持保险计划于 2013 年起实施，2014 年进入正轨，有 57 个联邦主体参加了畜牧业保险扶持计划，有 31 家保险公司实施了保险业务，被保险人的牲畜头数达到了 430 万头，包括牛、山羊、绵羊、猪、马、骡子、驴、鸡及蜜蜂，占牲畜总数的 16.9%。联邦财政用于为农民支付应计保费（平均保险费率为 1.21%）补贴总额达到了 4.122 亿卢布，实际拨款（支付给地方财政）3.996 亿卢布，其中支付到农户手上的 2.913 亿卢布。[②]

四、市场调控措施

在西方经济制裁与俄罗斯反制裁的条件下，针对农业领域进口替代与发展的主要举措包括：针对粮食的生产和销售，通过制定不同种类粮食的资源和使用平衡表形成预测制，实行购买和商品的政府干预，包括政府担保。此外，普遍的市场干预措施是关税—税收调节，针对欧亚经济联盟国

[①②] Национальный доклад о ходе и результатах реализации в 2014 году государственной программы развития сельского хозяйства и регулирования рынков сельскохозяйственной продукции, сырья и продовольствия на 2013 – 2020 годы. Москва 2015, Министерство сельского хозяйства Российской Федерации. Ст 58.

家采取了统一关税，2014 年将大米的进口关税从 2013 年的 13.0% ~ 13.3%降至 10.0% ~ 11.5%，谷物和面粉关税从 13.3%降至 11.7%。尽管如此，2012 年 1 ~ 12 月俄罗斯粮食进口 90 万吨，比 2013 年减少了 60%，进口以硬质小麦和大米为主。尽管进口减少了，但是俄罗斯自产粮食成功实现了进口替代，很大程度上弥补了粮食进口的短缺，2014 年脱粒粮食达 1.053 亿吨（包括克里米亚联邦区），比 2013 年增加了 12.8%，比 2010 ~ 2014 年平均水平增加了 23.3%。俄罗斯企业销售粮食 5460 万吨，比 2013 年增加了 22.2%，适销水平为 71.5%。进口减少的同时国产增加，使得粮食的资源和使用平衡表中粮食的资源总数增长了 15.6%。①

俄罗斯畜牧业产品市场调节的主要措施是关税税率调整，在制裁条件下俄罗斯政府颁布命令较大幅度降低了牛奶及乳制品的进口关税，如牛奶和炼乳的进口关税从 18.3% ~ 22.5%降至 16.7% ~ 20.0%；乳清的进口关税从 13.3%降至 11.7%；奶油和牛奶酱的进口关税从 17.5% ~ 18.3%降至 15% ~ 16.7%。进口来源地发生了改变，在从乌克兰及中东欧国家食品进口减少的同时，从欧亚经济联盟国家的乳制品进口迅速增加，特别是白俄罗斯迅速成为牛奶及乳制品的最大进口来源国，占全脂牛奶的 92.2%、奶粉的 88.1%、奶油的 42.2%、奶酪的 47%。2014 年 1 ~ 12 月，如果不考虑与白俄罗斯的贸易，则奶粉进口减少了 190%、奶酪减少了 180%、奶油减少了 9.9%。乌克兰及其他对俄罗斯实施制裁国家的奶酪进口被禁止。与此同时，来自阿根廷的奶酪进口增加了 1.5 倍，塞尔维亚增加了 50%，瑞士增加了 2 倍，乌拉圭增加了 13.9 倍。②

关税调节措施是从满足居民食品保障和进口替代两个角度考虑的。针对一些无法在短时间内实现进口替代的食品部门，俄罗斯采取了鼓励和刺激从独联体（欧亚经济联盟）国家的关税政策。例如，2014 年将大米的进口关税从 2013 年的 13.0% ~ 13.3%降至 10.0% ~ 11.5%，谷物和面粉关税

---

①② Национальный доклад о ходе и результатах реализации в 2014 году государственной программы развития сельского хозяйства п регулирования рынков сельскохозяйственной продукции, сырья и продовольствия на 2013 – 2020 годы. Москва 2015, Министерство сельского хозяйства Российской Федерации. Ст. 147 – 148.

从 13.3% 降至 11.7%，以及牛奶等进口关税均有所下调。但是，俄罗斯为实现进口替代采取了提高进口关税甚至是禁止进口的调节措施，如调高对食品和加工工业设备、食品包装设备进口关税等。在进口替代战略实施的初期，在不违反 WTO 框架的基础上，俄罗斯政府则调高了进口关税，可以说是有降有升，充分发挥了政府的市场调节能力，为进口替代得以实施和完成发挥了重要的引导作用。

第四章 俄罗斯进口替代的结果与评价

第一节 俄罗斯进口替代的结果总况

进口替代根据途径划分，可分为市场型和政府型两种。前者主要依靠市场机制实现进口数量逐渐回落，同时满足国内生产补充这部分需求，后者则是政府以指导性或行政性等方式，刻意压制进口以实现替代。纵观世界经济，市场型与政府型并非泾渭分明，大多数是以市场机制为主，以政府指导性政策措施为辅。例如，提高进口商品关税、补贴出口企业、刺激国内生产等措施。当然，也有政府干预过多的时期，如在"冷战"时期，美苏两大阵营完全处于政府型进口替代状态。因此，各国进口替代究竟属于市场型或是政府型，主要取决于哪个属性更具基础性和根本性。[①] 以当前俄罗斯政府出台的一系列措施看，可以认为其是政府主导下的市场推进型进口替代：一方面，进口替代这一大规模产业政策的实施离不开政府推动、政策扶持和一系列政府措施，包括专门项目的推进；另一方面，俄罗斯主要采取的是政府企业合作模式，俄罗斯原总理梅德韦杰夫对此指出："俄罗斯进口替代取得的成绩是政府和企业共同努力的结果，政府支持措施制定的及时起到了很大的作用，但是，要想进口替代顺利发展并且在未

---

① 王志远：《俄罗斯进口替代与欧亚经济联盟发展的协同关系》，载《新疆财经》2020年第4期，第71页。

第四章 俄罗斯进口替代的结果与评价

来能扩展到新的部门，企业的作用是关键的。"①

政府必然会参与到进口替代之中，只是程度有所不同。那么按照政府主要政策的着力点，我们还可以将进口替代划分为贸易措施型和金融措施型，后者往往也被认为是纯政府型进口替代。这是因为，在影响商品进出口的所有变量中，最为重要的当属本币汇率，如果政府干预外汇市场，引导本国货币贬值，必然会显著降低进口规模而促进商品出口。从这一角度来看，俄罗斯的所有进口替代举措，都集中在贸易领域而非外汇市场，卢布汇率总体走势基本由外汇市场供求决定，俄罗斯联邦中央没有过多参与其中，也未曾大规模操纵卢布汇率。在金融方面，俄罗斯对干预外汇市场维护卢布汇率行为所体会到的教训明显多于经验。1998年俄罗斯出现金融危机，政府曾希望将卢布汇率稳定在"外汇走廊"范围以内，然而当外汇储备消耗殆尽之后，卢布贬值引发了旷日持久的货币危机。最终，俄罗斯政府被迫以1∶1000的高倍比例，发行"新卢布"来代替旧货币。2003年，普京在《国情咨文》中明确提出卢布自由兑换问题，三年后卢布成为经常项目和资本项目下的完全自由兑换货币，汇率也基本完全因外汇市场决定而自由浮动。俄罗斯遭遇西方经济制裁后，卢布汇率多次大幅度波动，但总体上俄罗斯中央银行仅采取了稳定措施，避免出现货币危机，而不是干预汇率保持在目标水平之上。甚至可以说，自宣布浮动汇率制度以来，俄罗斯中央银行很少动用外汇储备干预外汇市场，通过卢布贬值实现进口减少。由此，当前俄罗斯进口替代主要着力于贸易措施而非金融措施。②

俄罗斯经济属于资源型经济，其本身对外部世界依赖性较大。20世纪90年代末至今，宏观经济屡次出现大幅度波动，而经历每次经济衰退、汇率贬值之后，俄罗斯经济都会自发地形成进口替代，经济复苏也往往从替代进口产品的领域开始。不过，2014年启动的进口替代情况与以往稍有不同，美欧经济制裁包括切断核心技术、重要原材料、关键设备等方面，

---

① Заседание Правительственной комиссии по импортозамещению, О реализации проектов импортозамещения в машиностроении. Президента России, 12 апреля 2018.
② 王志远：《俄罗斯进口替代与欧亚经济联盟发展的协同关系》，载《新疆财经》2020年第4期，第71页。

同时禁止国际金融机构向俄罗斯企业提供贷款。由此形成对俄罗斯很多部门的技术、设备和资金的约束。例如，俄罗斯自2009年开始的"北方海航道"开发，该项目因受制于西方国家停止供应设备与技术而不得不暂缓并寻求与亚洲国家合作。但是，这不意味着俄罗斯会盲目地采取反制措施，而是更有针对性地开展进口替代。为了更加清楚地展示俄罗斯此次进口替代的规模与特点，其需要找到一个参照数据体系，最合适的情况当属2008年金融危机之后俄罗斯进出口情况，具体如表4-1数据所示。

表4-1　　　　2008~2017年俄罗斯进口总量与结构　　　　单位：亿美元

总量与结构	2008年	2009年	2010年	2011年	2012年	2013年	2014年	2015年	2016年	2017年
进口总额	2671	1673	2289	3058	3173	3153	2871	1829	1824	2275
食品和农产品	351	300	364	425	407	433	400	267	251	289
化工产品	352	279	370	460	486	500	465	340	338	403
机械设备和车辆	1408	727	1017	1481	1583	1528	1366	819	862	1105
其他	559	367	538	692	697	692	640	403	373	478

注：表中其他项与原统计表格不同，包括了矿产品、服装等多项小于300亿美元的进口项，表中各项数据亿美元以后均做四舍五入。

资料来源：俄罗斯国家统计局网站．Товарная структура импорта российской федерации．

表4-1的进口数据表明，俄罗斯进口主要集中在食品农产品、化工产品、机械设备和车辆三个领域，2014年分别占总进口额的13.9%、16.2%和47.6%，而这三个领域也是美欧实施经济制裁的主要对象。多年来，俄罗斯经济原材料化程度极高，在能源出口高速发展的时代，其忽略了关键技术设备制造，以至于很多重要设备都需要从国外进口，特别是还要从欧美发达国家引进核心技术。据俄罗斯国内媒体报道，2014年俄罗斯重要进口设备已经覆盖了石油天然气领域的60%、能源行业的50%、农业领域的50%，而在机械和制药领域则有90%的设备需要进口。① 这样看，美欧制裁可谓是切中俄罗斯经济的要害。

将表4-1中数据稍加比较可以看到此次美欧制裁对俄罗斯进口规模和

---

① Импортозамещение как фактор экономической безопасности страны，Президента России．

结构的影响，与 2008 年国际金融危机之后的情形十分近似，均表现为先下降再升高，而且 2009 年和 2015 年的下降幅度也大体相同。不过 2009 年之后，俄罗斯迎来了进口快速增长阶段，仅用了两年时间就恢复到危机之前的水平。这一次却不同，2015~2017 年的三年中进口总体平稳，这在一定程度上表明美欧制裁的长期性和持续性，即便在 2017 年进口规模有小幅增长，也主要是集中在机械设备和车辆方面，具体来说就是汽车消费带动了进口增长，而非美欧制裁目录上的关键领域所需的机械设备。这样来看，俄罗斯进口确实在下降，如果国内生产能将这部分缺口填补，事实上就完成了进口替代。

从出口结构看，俄罗斯不仅部分实现了进口替代，同时出口结构也更加多元化。可以说，这一定程度上俄罗斯实现了出口导向型进口替代的目标。当然，这一成果更多地体现在俄罗斯与独联体国家贸易之间。根据俄罗斯联邦统计署的数据显示，俄罗斯出口独联体的食品及农业原料出口的比重从 2010 年的 4.6% 提高至 2019 年的 11.0%，机械、设备及运输工具出口的比重从 2010 年的 11.6% 提高至 2019 年的 19.9%，矿产品出口比重从 2010 年的 50.7% 下降至 2019 年的 31.4%。例如在独联体之外的国家出口结构中，出口比例明显增加的是食品及农业原料，从 2010 年的 1.8% 提高至 2019 年的 5.1%；同时，矿产品出口从 71.6% 下降至 67.9%，机械、设备及运输工具的比重先升后降，从 2010 年的 4.3% 提高至 2016 年的 7.3%、2017 年的 6.5%，2018 年再下降至 4.9%，2019 年降至 4.5%。①

第二节 俄罗斯农业进口替代的成果*

俄罗斯农业在进口替代方面可谓是经验十足、成绩显著。自 1998 年金融危机之后，俄罗斯农业就表现出逆势增长的独特优势，主要是在卢布汇

---

① Федеральная служба государственной статистики.

* 本节所有数据均来自 2014 年《2013-2020 农业发展及农产品、原料和食品市场调节国家规划》。

率贬值后，农产品进口价格提高，从而使农业经营利润更多，由此，种植规模和农产品产量都呈现出大幅度上涨。① 俄罗斯也是从那时起，逐渐摆脱了粮食依靠进口的被动局面，进入世界粮食出口大国行列。不过，俄罗斯农业出口主要集中在麦类等大田作物，而非蔬菜、瓜果等经济作物及肉类生产仍是需要进口来填补。② 在西方经济制裁之前，俄罗斯已经实施了近八年的以确保俄罗斯粮食和食品安全为目标的行业进口替代，其成果也已显现。

如表4-2所示，从实际增长结果来看，农业是俄罗斯经济发展最为稳定、成功的领域，其平均增幅远超俄罗斯 GDP 的实际增幅，特别是农作物生产自 2011 年起剔除干旱年份其总量超过了 1990 年，即俄罗斯经济转轨前水平，但畜牧业生产与转轨前水平差距仍然较大。

表4-2　　　　　1990~2014年俄罗斯农产品生产动态　　　　　单位：%

指标	1990年	2000年	2005年	2010年	2011年	2012年	2013年	2014年
农产品产量与上一年同比	96.4	106.2	101.6	88.7	123.0	95.2	105.8	103.7*
农产品产量与1990年相比，1990=100	100.0	60.7	68.1	72.1	88.7	84.4	89.3	92.6
农作物产量与上一年同比	92.4	110.9	102.7	76.2	146.9	88.3	111.2	105.0
农作物产量与1990相比，1990=100	100.0	76.7	91.1	82.9	121.8	107.5	119.5	125.5
畜牧业产品产量与上一年同比	98.8	101.1	100.4	100.9	102.3	102.7	100.6	102.1
畜牧业产品产量与1990年相比，1990=100	100.0	50.1	52.6	62.9	64.3	66.0	66.4	67.8
实际GDP与上一年同比	95.9	110.0	106.4	104.5	104.3	103.4	101.3	100.6

注：*为估值，2014年农业增长实际为3.5%。
资料来源：Национальный даклад о ходе и результатах реализации в 2014 году государственной программы развития сельского хозяйства п регулирования рынков сельскохозяйственной продукции, сырья и продовольствия на 2013 – 2020 годы. Москва 2015, Министерство сельского хозяйства Российской Федерации.

---

① 王志远：《农地私有化、市场环境与俄罗斯农业发展》，载《俄罗斯研究》2010年第2期，第107-117页。

② 王志远：《俄罗斯进口替代与欧亚经济联盟发展的协同关系》，载《新疆财经》2020年第4期，第71页。

第四章 俄罗斯进口替代的结果与评价

2014年为俄罗斯实施进口替代的第一年，在农业领域实则是措施增强的一年，其进口替代效果已经凸显。2014年1~12月俄罗斯几乎所有农业发展指标均高于计划指标，例如，农产品生产同比增幅，计划为2.5%，实际为3.5%；食品生产计划增长3.1%，实际增长3.3%；盈利率计划为12%，实际为16.2%；农业劳动生产率计划增长2.0%，实际增长4.5%。但是，农业固定资产投资实际情况远未完成，计划增加4.1%，实际却下降5.5%。俄罗斯农产品生产的增加为降低进口提供了可能，2014年食品及其生产原料的进口同比减少了8.0%（2013年为432亿美元），其中降幅最大的几种是奶酪和奶渣（下降30.1%）、新鲜和冷冻肉（下降21.5%）、新鲜和冷冻鱼（下降16.2%）、新鲜和冷冻鸡肉（下降14.1%）。但是全部商品进口的减少幅度要高于农产品进口的减幅，因此，食品及农产品原料进口的比重增加了0.2%（2013年占13.7%，2014年占13.9%）。2014年俄罗斯农产品的进口来源地主要是独联体以外的国家，占85.9%，独联体国家为14.1%。[①]

2014年俄罗斯食品和农业生产原料出口创下了自2008年后的最高纪录，出口总额达到189亿美元，比2013年增加了16.5%。出口的大幅增加主要得益于小麦、大麦、葵花籽油等产品出口的迅速增加。其中小麦出口增幅达60.4%，大麦增幅达72.5%，葵花籽油等出口增幅达22.5%。2014年食品及农业原料出口占总出口的比重达3.8%，而且其中的73.2%是出口到非独联体国家，向独联体国家出口占比为26.8%。[②]

2014年在政策扶持和市场行情下俄罗斯农业企业的盈利率高达16.2%，其中盈利的企业的比重达80.4%。农业的劳动生产率也远高于国家发展计划的指标（高出2.5个百分点），而且高生产率的就业岗位也比2013年增加了10.2%。2014年唯一未完成国家发展规划指标的是农业固定资产投资，其主要原因是通货膨胀率上升、卢布汇率大幅贬值及材料、

[①][②] Национальный доклад о ходе и результатах реализации в 2014 году государственной программы развития сельского хозяйства и регулирования рынков сельскохозяйственной продукции, сырья и продовольствия на 2013 – 2020 годы. Москва 2015, Министерство сельского хозяйства Российской Федерации.

设备及信贷资源涨价，相应的影响是，2015年农业生产尽管保持了增长，但其增幅明显放缓，仅为2.6%。①其他各年农业经济增长指标如表4-3所示。

表4-3　　　　　　　　2013~2020年主要农业经济指标

指标	2013年	2014年	2015年	2016年	2017年	2018年	2019年
全部门的农产品生产同比（%）	105.8	103.5	102.6	104.8	107.8	99.8（同比）107.2（与2015年相比）	103.8（与2017年相比）
全部门的种植业生产同比（%）	111.2	104.9	103.1	107.8	111.4（与2015年相比）	108.7（与2015年相比）	104.5（与2017年相比）
全部门的畜牧业生产同比（%）	100.6	102.0	102.2	101.5	104.2（与2015年相比）	105.6（与2015年相比）	102.7（与2017年相比）
全部门的食品（包括饮料）的生产同比（%）	102.9	103.3	102.2	102.6（同比）105.6（与2015年相比）	104.2（与2015年相比）	104.9（与2015年相比）	110（与2017年相比）
农业固定实际资产投资同比（%）	105.1	95.9	86.9	114.1（与2015年相比112.2）	100（同比）116.5（与2015年相比）	104.4（同比）121.5（与2015年相比）	102
农业组织的盈利率（含补贴）（%）	7.3	16.1	20.3	16.4	12	12.5	14.6
（非小企业）农业用工月均工资同比（卢布）	16852.8	19242.8	21625.9	24106	26280	28913	—
劳动生产率同比	106.2	103.3	104.2	102.6	105.3	101	—
高生产率就业人数（万人）	29.84	32.52	28.46	30.5	36.58	31.46	

① Федеральная служба государственной статистики.

第四章　俄罗斯进口替代的结果与评价

续表

指标	2013年	2014年	2015年	2016年	2017年	2018年	2019年
农业创造的生产总附加值（亿卢布）	21934	26563	32148	33122	32703	32686	37947
农工综合体出口增长率（%）	98.2	117.6	86	104.7	121.4	119.3	118.4
农民的月可支配收入［（人均）卢布］	—	—	—	—	18309.3	20294.8	20356.5

资料来源：笔者根据 Национальный даклад о ходе и результатах реализации в 2014，2016，2018，2019 году государственной программы развития сельского хозяйства п регулирования рынков сельскохозяйственной продукции, сырья и продовольствия на 2013－2020 годы（Министерство сельского хозяйства Российской Федерации）数据整理。

表4－4给出了西方经济制裁后实施全面进口替代政策后俄罗斯农产品的整体发展情况，明显表现为进口替代，农产品总量增长与进口下降幅度大体相当。

表4－4　2014～2018年俄罗斯三类农业主体的农产品产值　　单位：亿卢布

指标	2014年	2015年	2016年	2017年	2018年	2019年
三类主体的农产品总值	40311	47946	51123	51095	53488	59079
种植业	19867	24873	27103	25997	27561	31600
畜牧业	20444	23073	24020	25098	25927	27479
农业组织	20830	25886	28184	28185	30221	34385
种植业	9407	12639	14284	13363	14388	17300
畜牧业	11423	13247	13900	14822	15833	17085
居民经济	15384	16549	16592	16554	16567	16657
种植业	7308	7814	7689	7642	7871	7800
畜牧业	8076	8735	8903	8912	8696	8857
农民（农场）企业	4097	5511	6347	6356	6700	8037
种植业	3152	4420	5130	4992	5302	6500
畜牧业	945	1091	1217	1364	1398	1537

资料来源：俄罗斯联邦统计局网站．Продукция сульского хозяйства по категориям хозяйств по Российской Фелерациию．

表4－4数据显示，俄罗斯在农业领域总体实现了进口替代。例如，2014年农产品和食品进口减少133亿美元，而同年农业总产值增长7635亿卢布，如果按照当年卢布与美元1：60比率初步换算，两者刚好实现经

济平衡，也就是说进口下降所产生的市场空间，完全被国内生产所填补。不过，这仅仅是农业生产的经济总量平衡，并不意味着结构平衡。俄罗斯耕地面积广、农业劳动力不足，加之20世纪90年代初的农地私有化政策，形成了三种性质截然不同的生产主体。第一种通常译为农业组织（Сельскохозяйственные организации），即原计划经济时代国营农场和集体农庄土地私有化之后，土地持有者不愿单独经营，农业组织仍然保持原生产模式，仅是土地产权发生私有变更而已。从表4-4中可以看到，这种农业主体受益于进口替代，2019年种植业产值相当于2014年接近一倍，畜牧业也增长了50%以上。第二种译为居民经济（Хозяйства населения），这是居民房屋附近的自有小块耕地，精耕细作而形成的农业主体，大多种植蔬菜、瓜果等经济作物。由此，这种农业主体仅以10%左右的土地面积，贡献了50%左右的农业产值，但受限于土地规模，增长幅度却较小。①表4-4数据也反映了居民经济的上述特点，在2014~2019年进口替代中，种植业和畜牧业总产值平均增长仅10%左右。第三种译为农民（农场）企业，这是农地私有化之后农民以自有耕地开立的家庭农场，受市场价值机制影响最为明显，在2014~2019年种植业增长了一倍多，畜牧业也有50%以上的增幅。②

上述分析表明，俄罗斯在农业生产领域的进口替代，如果仅以农业总产值来衡量，无疑是表现卓越而富有成效的，但在生产结构上却与进口下降不相符合。考虑俄罗斯进口农产品和食品中主要属于肉类和农业经济作物，而国内替代的农产品主要是大田作物，两者之间仅仅意味着经济平衡，而非物质平衡。这种情况与俄罗斯农业特点密不可分，尽管土地幅员辽阔，但大多地区被森林覆盖，加之常年平均气温较低，畜牧业发展始终落后。在这次进口替代中，俄罗斯也面临着同样的问题，即单纯依靠市场价格激励，无法使畜牧业提高到足以弥补进口下降的肉类食品缺口。对

---

① 王志远：《俄罗斯的居民经济：逆市场周期的半商品农业组织》，载《中国农村经济》2014年第12期，第69~89页。

② 王志远：《俄罗斯进口替代与欧亚经济联盟发展的协同关系》，载《新疆财经》2020年第4期，第70页。

此，俄罗斯明显加大了渔业养殖投入，毕竟鱼类是代替进口肉类食品最为接近的农产品。较为特殊之处在于，这部分数据俄罗斯统计局没有纳入农业总产值，而是列为一个单独领域，其中捕捞量统计时间明显滞后，只能错开时间序列制作表4-5。该表中的统计数字清楚地表明，俄罗斯自2015年起明显加大了渔业人工养殖投入，资金规模达到2014年的4倍左右。但是，鱼类捕捞量则受环境、气候等诸多因素影响，2016年才开始出现增长。这足以说明俄罗斯在农产品和食品领域的进口替代，不只看重经济总产值，也注重食品结构平衡，特别是充分利用国内资源，降低对外部肉类食品进口下降所带来的影响。①

表4-5   2011~2016年俄罗斯鱼类捕捞量与投入额

年份	鱼类捕捞量（亿吨）	渔业投入额（亿元）
2011	13.95	—
2012	13.95	—
2013	14.60	31.42
2014	11.68	35.17
2015	11.76	127.03
2016	13.41	42.11
2017	—	53.06
2018	—	54.63

资料来源：俄罗斯国家统计局网站．Затраты на искусственное воспроизводство водных биологических ресурсов и выпуск водных биологических ресурсов в водные объекты рыбохозяйственного значения по Российской Федерации; Производство основных видов продукции рыболовства.

第三节　俄罗斯制造业的进口替代结果

一、俄罗斯四大民用制造业产业进口替代结果

俄罗斯学者通过豪斯曼—克林格产业空间结构模型得出的研究结论认

---

① 王志远：《俄罗斯进口替代与欧亚经济联盟发展的协同关系》，载《新疆财经》2020年第4期，第71页。

为,俄罗斯需要并最有可能挤出进口(进口替代)的产业是农工综合体、机器制造、制鞋、染料和制漆、洗涤剂、香水和化妆品。① 事实上,俄罗斯取得明显进口替代的产业还不仅是这些。在军事工业、民用制造业、农业等方面也都取得了一定的成果。本章节主要考察俄罗斯农业及民用制造业的进口替代。

采掘业、制造业、电力能源业、水处理与环境是俄罗斯四大进口依赖较为严重、亟须实施进口替代的重要部门。其中,化工与机械设备都属于制造业,为了更加清楚地说明这两个行业的发展情况和进口替代,需要根据整个工业部门及化工、机械设备数据进行分析。②

表4-6列出了俄罗斯整个工业发展、制造业发展及化工、机械设备等行业的同比增长率。从中可以看到,2015年受美欧经济制裁影响,俄罗斯工业及其内部制造业均有所下降,此后又步入增长阶段,总体上进口替代效果明显。其中,化工产品进口替代最为明显,2015年和2016年增长速度明显高于制造业平均值。这显然是由于国内生产在替代进口产品过程中获得了更大的市场空间,行业总产值也随之增长。事实上,在化工领域即使没有外部制裁,俄罗斯本身也希望能提高产业生产能力。俄罗斯石油资源丰富,一方面经济增长高度依赖原油出口,另一方面石油衍生品生产却经常需要进口。这种情况早已被政府高度重视,而2014年的化工产业进口替代,更像是顺势而为,明显有利于俄罗斯经济长期发展。

表4-6		2014~2019年俄罗斯工业增长率			单位:%	
分类	2014年	2015年	2016年	2017年	2018年	2019年
工业	102.5	99.2	102.2	102.1	102.9	102.4
其中:采掘业	101.7	100.7	102.3	102.1	104.1	103.1
电力能源业	101.0	99.0	102.0	99.6	101.6	100.4
水处理环境	98.0	95.2	100.8	97.9	102.0	99.7

---

① A. A. Гнидченко Импортозамещение в российской промышленности: текущая ситуация и перспективы, Журнал новой экономической ассоциации, 2016(4).

② 王志远:《俄罗斯进口替代与欧亚经济联盟发展的协同关系》,载《新疆财经》2020年第4期。

续表

分类	2014 年	2015 年	2016 年	2017 年	2018 年	2019 年
制造业	103.2	98.7	102.6	102.5	102.6	102.3
其中：化工产品	102.3	105.8	110.9	105.1	102.7	103.4
机械设备	92.1	95.3	101.5	106.8	99.4	97.6
汽车	88.7	76.9	105.8	114.5	113.3	98.1
其他车辆和设备	116.2	105.4	108.1	106.3	97.8	87.9
机械设备维修和安装	94.4	94.4	98.8	92.1	98.0	107.1

资料来源：俄罗斯联邦统计局网站．Индексы производства по отдель видам экономической деятельности ОКВЭД2 Российской федерации（в % к предыдущему году）.

2016 年进口替代取得显著进展的是农用机械行业，产额增长 59.1%，医药行业增长 23.75%。在俄罗斯政府进口替代委员会 2018 年的年度总结会议上，时任总理梅德韦杰夫公布了一组机械制造业进口替代取得的成绩。机械制造业，包括汽车工业、农用机械及食品和加工工业设备的进口替代都取得了明显的进展。2017 年，俄罗斯汽车制造增长了 20%，俄罗斯未来发展目标是电动汽车和无人驾驶汽车。作为卡玛斯系列的一部分，俄罗斯正在研制 LNG 卡车牵引车，目前已在测试阶段，这种机车能够在不加油的情况下覆盖 900 千米；俄罗斯还在研发生产适用于大城市的大型电动汽车，这种电动汽车一次充电至少可储备 200 千米的动力。2017 年农用机械也生产增长了 21%，2018 年俄罗斯市场农用机械超过有一半（56%）为俄罗斯制造，这也是农业生产进口替代取得成就的关键因素，农用机械起到了良好的技术和设备支撑。特别值得关注的是，这期间，俄罗斯所有传统的农用机械模型均已更新，而且为了抢占新的市场，俄罗斯正在增加无人驾驶农用机车的生产能力，俄罗斯农业机械公司正在生产具有不同自动化水平的设备生产线，这一项目的初始程序设计是由俄罗斯公司完成的。2017 年道路建设及公共和地面机场建设设备中超过 27% 是俄罗斯制造，出口也大大增加；俄罗斯在研制用于不同铰接设备使用的现代机器、机械，包括土地施工机械——载货挖掘机、沥青摊铺机和通用公用机械。俄罗斯的机械进口替代也包括工业垃圾处理设备，如自推式破碎筛分机等。食品设备、肉类加工和牛奶加工设备进口替代在 2017 年也有明显进展，这些设备的国产总量增长了约20%，更为重要的是，有1/3的俄罗斯食品设备出口到国外。食品和加工工业设备进口替代的重要依托是俄罗斯研制的粮食加工及奶酪生产的系列现代机械设备的生产，以及食品包装设备的生产，而且这些机械设备都已经销往到国外。①

但到了2018~2019年，俄罗斯民用制造业随即又遭遇滑坡。不仅如此，在汽车和其他车辆生产方面，失去技术引进支持的俄罗斯制造商，显然无法依靠国内技术完成进口替代，整个行业遭遇了一波三折的动荡局面。最有代表性的数据来自机械设备的维修和安装，此业务涉及各种设备的初装和维护，在一定程度上可以代表整个俄罗斯制造业技术的更新水平。不难发现，俄罗斯在化工产业方面的进口替代相比制造业更加应对自如，但是机械制造业总体结果不尽如人意，而后者更能代表一个国家的工业基础和技术能力，也是折射出自主研发水平的镜子。

二、从进口结构看民用制造业进口替代的总体结果低于预期

受2014年卢布贬值和西方经济制裁（禁运）的影响，俄罗斯工业部门设备和机械的进口替代有所进展，但是低于预期或预想。截至2018年，俄罗斯工业设备的主要供应商依然是欧盟和俄罗斯，但是较西方国家经济制裁、实施进口替代政策之前，俄罗斯从欧盟进口的工业设备有所减少，本土供应有所增加。而且，因为进口替代刺激了政策和禁运等限制，俄罗斯工业企业购买国产机械和设备的意愿明显增强，但是实际上这一市场需求却未能得到满足，换言之，本土制造的供给能力小于其市场需求。

首先，俄罗斯从西欧进口的工业机械和设备的比重依然高居首位。西方经济制裁与俄罗斯反制裁及2014年卢布贬值等一系列因素，对俄罗斯工业部门的设备和机械进口来源及构成并未发生实质性的影响。2018年，西欧依然是俄罗斯机械和设备的第一大供应来源地，只是其占比从2011年的

---

① Заседание Правительственной комиссии по импортозамещению, О реализации проектов импортозамещения в машиностроении, 12 апреля 2018.

77%降至2018年的71%。制裁期间俄罗斯与一些世界大公司的合作并未停止，与Claas，Mazda，Gildemeister，Mercedes-Benz等公司签署的投资不少于1540亿卢布。2018年从西方进口的商品因进口替代的政策努力下降了9个百分点，而2019年4月西方从西欧进口设备的企业达到60%。希望购买俄罗斯设备的企业占比下降了4个百分点。① 但是之前位居俄罗斯工业机械和设备第二大进口来源地的美国和日本却发生了较大情况的改变，其占比从2011年的33%降至2018年的22%，当然"这一改变也并非实质性的，其结果要远低于预期"。② 中东欧国家和独联体国家的进口明显下降，中东欧国家是对俄罗斯实施经济制裁的参与者，其影响是自然的；从独联体国家进口的工业机械和设备的比重也出现了下降，其主要原因是俄罗斯与乌克兰贸易下降所致。

"中国和印度成为了西方经济制裁的赢家，西方经济制裁后俄罗斯工业从这两个国家进口的机械设备明显增加，其比重从2011年的19%上升至2018年的35%"（见图4-1）。③

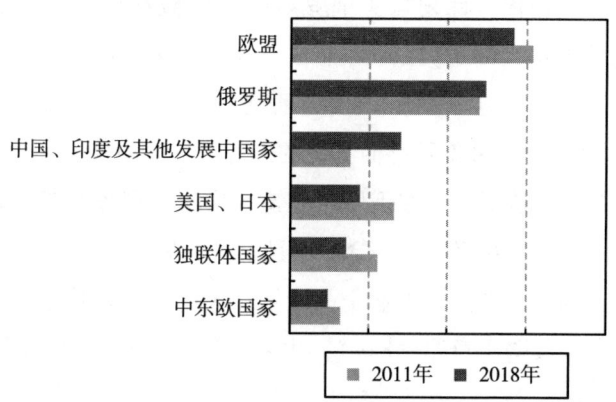

图4-1 2011年和2018年俄罗斯工业部门购买设备的变化

资料来源：Сергей Цухло，Импортозамещение：инвестиционные предпочтения промышленности. Экономическое развитие России，№ 6，2018.

其次，俄罗斯对购买国产机械和设备的偏好明显增强。上述结果并不表明俄罗斯工业企业对本国制造无购买意愿；反之，盖达尔经济政策研究

---

①②③ Российские промышленники предпочитают оборудование подешевле，Коммерсантъ.

院于2011年和2018年做的问卷调查结果都表明,"即使没有政府的进口替代刺激措施,俄罗斯工业企业也表现出对国产机械和设备的极大需求"。而且,在西方经济制裁和俄罗斯实施进口替代期间,俄罗斯工业企业对国产机械和设备的偏好呈现明显的变化,距离2011年首次问卷调查后的七年里,俄罗斯工业企业对国产机械设备的偏好跃居第二位,2018年又有一半的俄罗斯工业企业选择购买本国制造。当然,位居首位的依然是西欧制造,即使是在卢布贬值和西方经济制裁的条件下,俄罗斯工业企业对来自西欧的机械和设备的偏好依然高达69%。与此不同的是,俄罗斯工业企业对美国和日本进口机械和设备的偏好却明显下滑,从2011年的40%降至2018年的27%,居第三位。值得注意的是,俄罗斯工业企业对从中国和印度购买机械和设备并不偏好,其比重仅占8%,与独联体国家进口处于同一水平。①

最后,俄罗斯计划购买国产机械和设备的比重与计划购买西欧进口的比重持平。根据有关俄罗斯工业企业未来的购买计划调查显示,经过西方经济制裁和进口替代,计划购买俄罗斯国产机械和设备的占比远远高于2011年,与计划购买西欧机械和设备的占比达持平,达到了65%,这是一个值得关注的现象,这表明,"投资性进口替代至少在数量上取得了成果"。当然,这也是一种不得已而为之的选择。一个事实是,俄罗斯企业无论是偏好还是计划购买,都在俄罗斯制造与中国和印度制造之间,前者的比重要远高于后者(65%:35%)。而且,计划购买与偏好之间也往往存在很大差距,例如,俄罗斯工业企业计划购买中国和印度进口的机械和设备的占比远高于其购买意愿(8%),达到了35%,这主要是因为价格更加便宜也适用。②

三、俄罗斯学术界对进口替代结果的代表性评价

前文给出了一些俄罗斯进口替代的数据,在文献综述及其他章节也提

---

①② Сергей Цухло. Импортозамещение: инвестиционные предпочтения промышленности. Экономическое развитие России, № 6, 2018.

第四章 俄罗斯进口替代的结果与评价

供了一些俄罗斯学者对其进口替代的评价,对其成功与否的认识与视角和目标定位有关,因此,不能武断地给出定性的结论。西方经济制裁以来,无论是农业生产还是加工制造业生产,俄罗斯制造的比例都明显增加,有的农产品部门更是几乎达到了全部俄罗斯制造,相应地,这些产品的进口也减少。一方面是进口替代是否发生了,而更为重要的是,另一方面在于这一进口替代是否是可持续的,而不只是在西方制裁与俄罗斯禁运条件下应对危机的短期效应。为此,这里我们将进一步列举俄罗斯较有代表性也比较权威的学术机构及学者的观点。

进口替代取得了数量的而不是质量的成果,这是俄罗斯高等经济大学2018年初的调查结论。根据这一调查,2017年65%的俄罗斯公司进行了折旧设备的更换,有几乎一半企业的设备用龄达到10～30年,超过一半的被调查企业并不认为投资能改变企业的竞争力。几乎45%被调查企业也不认为2018年俄罗斯企业的竞争力改变了。该调查报告认为:"这说明,要求购买国产设备抑制了公司的劳动生产率,设备更新并未带来现代化。"[1]

关于俄罗斯进口替代的潜在影响,俄罗斯经济与金融研究制定中心(ЦЭФИР РЭШ)的研究表明,受政府扶持部门的产出的增加会使其他经济部门的情况恶化,而且损失要大于收益,从而导致整体上GDP的下降(见表4-7)。因此他们认为,"在现有经济发展条件下实行进口替代政策并不符合其提高经济效率、发展和出口多元化的目标,而且在经济衰退的条件下这一政策只能导致已有问题的加剧"[2]。

表4-7　　　　由被保护部门的进口下降10%引致的结果

评价指标	农业	冶金	机器、设备和计算机	汽车	船舶、飞行及太空装置	全部门
产业保护关税当量	2.9	3.0	6.1	6.7	5.6	—
消费品价格指数变化(%)	0.04	0.09	0.39	0.3	0.3	1.0

---

[1] Импортозамещение или производительность: Алексей Шаповалов о том, как ведомственные приоритеты конфликтуют с государственными. Kommepcantь.

[2] Н. А. Волчкова, Н. А. Турдыева. Микроэкономика российского импортозамещения, Журнал новой экономической ассоциации. 2016(4), С. 140.

续表

评价指标	农业	冶金	机器、设备和计算机	汽车	船舶、飞行及太空装置	全部门
部门产量（%）	0.7	2.5	9.8	10.3	8.3	3.8
所有其他工业部门的产出(%)	-0.2	-0.4	-0.5	-0.2	-0.5	-2.3
GDP（%）	-0.002	-0.011	-0.023	-0.005	-0.018	-0.049
消费者福利（%）	-0.015	-0.020	-0.074	-0.041	-0.080	-0.215

资料来源：Н. А. Волчкова, Н. А. Турдыева: Микроэкономика российского импортозамещения, Журнал новой экономической ассоциации, 2016（4）.

俄罗斯经济与金融研究制定中心的研究进一步认为，一般情况下完全就业时进口替代部门的生产的扩大只能依靠从非进口替代部门吸取资源，这意味着更具有国际竞争力、效率相对更高的经济部门将因为进口替代政策而被不具有国际价格竞争力的生产所挤出，其结果必然会导致俄罗斯经济效率的整体下降。该研究通过一般均衡模型的实证研究表明，俄罗斯经济中的进口替代计划的潜在影响是 GDP 下降、未进入进口替代政策扶持的经济部门产量的下降和消费者福利的下降。进口替代部门的进口下降 10%，其产出增加 3.8%，而所有非进口替代部门的产量下降 2.3%；同时，GDP 下降 0.05%，消费者价格指数上升 1%。该研究也表明，进口在提高俄罗斯经济竞争力方面具有促进作用。实证分析清楚地表明，那些进口中间品的公司比同业，但不从事进口的公司的劳动生产率要高出 20%。俄罗斯进口中间品的比重超过 60%，因此，进口的下降将不可避免地导致进口零部件和设备的俄罗斯公司的生产率下降，这又将不可避免地对俄罗斯在世界市场上的竞争力产生负面影响。他们的研究结论还包括：有问题的不是进口的数量和结构，而是俄罗斯的出口结构。①

具体到地区层面及企业的微观层面，关于进口替代的问题更加复杂。来自托木斯克理工大学的日隆金（С. А. Жиронкин）等学者基于对克麦罗沃州基础工业部门进口替代结果的研究认为，进口替代是俄罗斯走上新工

---

① Н. А. Волчкова, Н. А. Турдыева. Микроэкономика российского импортозамещения, Журнал новой экономической ассоциации. 2016（4），С. 140.

业化发展道路的发动机,重要的是政府如何确保俄罗斯不陷入新工业化进口替代的制度陷阱,其含义是指完全依赖政府输血式进口替代缺乏可持续性。

总体来看,俄罗斯学术界对实施进口替代的必要性和紧迫性是持充分肯定的,只是对实施途径、方式及进口替代的可持续性普遍存在质疑。学者们普遍认为,俄罗斯制造业竞争力的创建与提升乃至最终根本性地解决机械、设备、技术的进口依赖,归根结底是要依靠科技创新、投资环境的改善、人力资本的提升及竞争的市场环境。近些年关于俄罗斯投资项目的实施效率问题饱受争议,也证明了靠政府大项目推进的弊端,推进容易、见效较快,但是低效、腐败、虎头蛇尾等问题十分突出。如何提高政府政策的适用性、实用性及实效性,是各国政府、各级政府面临的难题,当然这也是俄罗斯在发展中可能取得突破的关键。

第五章 俄罗斯进口替代的制约因素与数字化转型的新机遇

第一节 投资不足的发展惯性

一、俄罗斯建立投资拉动型增长的定位与潜力

与俄罗斯的再工业化及进口替代息息相关的是其投资型增长模式的建立（инвестиционный рост экономики），所谓"投资型增长"是指投资作为经济增长的"三驾马车"之一，在拉动经济增长方面占主要地位，即投资成为经济增长的主导因素。前文从产业结构的角度对俄罗斯的"去工业化"进程及再工业化的必要性进行了分析，而投资不足是解释俄罗斯去工业化的重要原因，也是研究俄罗斯经济增长模式弊端的重要视角。[①] 俄罗斯自20世纪90年代初开始经济转轨、对外开放之后，形成了出口导向型的经济增长方式，出口产品以能源原材料为主，而且趋势不断加剧，原料性产品出口占总出口的比重达到了70%。不仅如此，俄罗斯财政收入的

---

① 殷红：《俄罗斯建立投资型增长的定位、路径与难点分析》，载《俄罗斯中亚东欧研究》2012年第6期。

第五章 俄罗斯进口替代的制约因素与数字化转型的新机遇

60%、GDP 的 1/4 均来自能源原材料部门。① 由于这种经济增长方式严重依赖外部市场的需求,而且能源的不可再生性决定了这种增长方式在长期内是不可持续的,经济的长期、可持续和健康发展应主要依靠内需。内需分为投资需求和消费需求两个方面,俄罗斯的情况是经济转轨以来,特别是自 1999 年恢复增长以来,其消费增长旺盛而投资增长不足。如表 5-1 和图 5-1 所示,从 1992~2010 年,消费占 GDP 的比重从 49.9% 上升至 69.9%,直逼 70%;相应地,投资(总积累)却从 35.7% 降至 22.3%。

表 5-1　　　　俄罗斯国内生产总值的使用结构　　　　单位:%

类别	1992年	1993年	1994年	1995年	2000年	2005年	2006年	2007年	2009年	2010年
国内生产总值	100	100	100	100	100	100	100	100	100	100
最终消费	49.9	64.2	69.6	71.2	61.3	66.3	66.1	66.8	74.0	69.6
总积累	35.7	27.8	25.8	25.4	18.6	20.1	21.2	24.4	18.6	22.3
固定资产积累	24.7	21.0	22.0	21.0	16.9	17.7	18.5	21.1	21.6	21.4
净出口	14.4	8.0	4.5	3.5	20.1	13.6	12.7	8.8	7.4	8.1

资料来源:Федеральная служба государственной статистики.

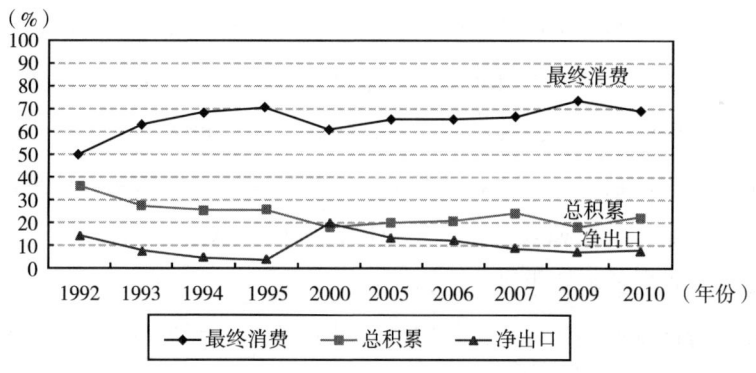

图 5-1　1992~2010 年俄罗斯经济增长的使用结构
资料来源:笔者根据《俄罗斯统计年鉴》历年数据整理。

最终消费占 GDP 份额的高或低与经济发展水平有关。一般而言,经济越发达,消费占 GDP 的比重越高,美国等消费型国家的这一比重大多超过

---

① 资料来源:笔者根据俄罗斯统计年鉴计算而得。

70%，俄罗斯的情况比较复杂。一些学者认为，俄罗斯处于后工业化发展阶段，消费理应成为拉动经济增长的主导因素，70%的占比是正常的。这一观点部分是对的。2007年，俄罗斯的人均GDP按购买力平价指数计算超过1万美元，消费在"三驾马车"中的占比升高有其合理性。[1] 与此同时，我们也应考虑俄罗斯的特殊情况，其在20世纪90年代经历了严重的经济衰退，工业生产缩减了50%~60%。[2] 经济转轨后持续的高通货膨胀率刺激了消费的增加，加上选举周期等政治因素的影响，造成俄罗斯"提前"进入消费型经济。

20世纪90年代俄罗斯经济总量下降43%，而实际投资额减少近3倍，远远超过GDP的降幅[3]，且主要是工业部门投资特别是固定资产投资的下降，1999年固定资产投资额仅相当于1990年转轨前水平的22%[4]。正如普京所言，"20世纪90年代俄罗斯经历了去工业化（деиндустриализация）的过程，经济结构遭到严重破坏"[5]。

投资严重下降的原因是多方面的。首先，俄罗斯经济转轨后持续、严重的通货膨胀和卢布不断贬值，大大刺激了消费而不利于积累。高通货膨胀带动高利率抑制了企业的投资需求。早在20世纪90年代，俄罗斯的银行贷款利率之高令企业不敢问津。企业自有资金不足，银行又不能充分发挥为企业融资的作用，而政府在"华盛顿共识"的授意下又采取了紧缩财政和货币政策，紧缩信贷、取消或减少企业补贴，这些因素都严重抑制了企业的投资需求。在私人投资严重下降的同时，政府方面由于财政赤字、资金短缺，投资或购买也极其乏力。

伴随着俄罗斯经济快速恢复增长，消费型经济有增无减。从1999年开始恢复增长至2007年，俄罗斯GDP年均增幅6.9%，到2007年经济总量

---

[1] 资料来源：2009年的俄罗斯统计年鉴。
[2] 资料来源：1992年的俄罗斯统计年鉴。
[3] Л. Григорьев. Инвестиционный процесс: накопленные проблемы и интересы. Вопросы экономики, 2008（4）.
[4] В. Лисин. Инвестиционные процессы в российской экономике. Вопросы экономики, 2004（6）. стр. 4.
[5] Путин В. В. О наших экономических задачах. Российская газета, RGRU.

第五章 俄罗斯进口替代的制约因素与数字化转型的新机遇

恢复到1990年转轨前的水平。在此期间，俄罗斯居民实际可支配收入增长近1.5倍，大大超过GDP的增幅。2000~2007年，投资年均增长仅为10%~11%，而世界多数国家的这一数值均超过20%。2000~2007年，俄罗斯固定资产投资增幅不足20%，2007年才突破了21%。即便如此，固定资产投资也仅达到1990年转轨前的57%，到2010年，仍然比1991年的水平低1/3。①

一份对俄罗斯企业进行的调查结果表明，影响经济长期处于投资不足的原因主要有四个方面：一是企业自有资金不足（占65%）；二是银行贷款利率高（占31%）；三是投资风险较大（占25%）；四是市场需求不足（占21）②。此外，税赋高也是影响投资不足的重要原因。

直接影响银行贷款利率高的原因是通货膨胀。俄罗斯经济转轨以来，通货膨胀长期处于两位数，甚至在国际金融危机后降至一位数（2010年8.8%；2011年6.1%）。由于贷款利率高（见表5-2），企业通过银行融资的可能性很有限，俄罗斯国内贷款占GDP的比重比世界平均水平低3倍，更低于其他金砖国家。③

表5-2　俄罗斯、中国年平均存款利率和贷款利率比较　　单位：%

国别	存款利率			贷款利率		
	2000年	2007年	2008年	2000年	2008年	2009年
俄罗斯	6.51	5.14	5.76	24.43	12.22	15.31
中国	2.25	4.14	2.25	5.58	5.31	5.31

资料来源：世界银行WDI数据库，转引自中国国家统计局网站统计数据。

与私人投资不足相比，政府投资乏力更是值得注意。众所周知，发达国家的政府对市场的投资相当低，一般为GDP的3%~4%，但俄罗斯比这

---

① Д. Сорокин. Воспроизводственный вектор росссийской экономики: 1999 - 2007 годы. Вопросы экономики, 2008 (4). ст. 97.

② В. Миронов. Экономический рост и конкуретоспособность промышленности: ценовые и неценовые факторы анализа. Вопросы экономики, 2006 (3). ст. 60.

③ "Россия в цифрах".

还要低，为 GDP 的 2%。① 相比之下，其他国家如亚洲新兴经济国家要高得多，为 6.6%～6.8%，甚至是达到 9.5%②。在基础设施建设方面，特别是道路、桥梁、通信等基础设施方面发展落后，反映了俄罗斯经济转轨以来政府投资不足的问题。

引进外资乏力也是影响俄罗斯长期投资不足的重要原因。对于转型国家抑或发展中国家而言，由于处于资本比较劣势的地位，因而能否吸引更多的外资特别是外国直接投资（FDI），对其经济的影响十分重要。而决定外资是否进入的无外乎是利润率和风险两个因素。利润率的高低主要取决于成本，俄罗斯尽管拥有能源原材料的比较优势，但却没有在能源动力原材料方面发挥出更高的成本竞争优势。另外，俄罗斯独立以来政治和经济环境的不确定性及其导致的潜在风险，严重影响了外资的进入。影响外资的还有不利的投资环境，诸如制度不完善、法制不健全、腐败等。在吸引外资特别是 FDI 方面，俄罗斯相对居后。2000～2009 年，俄罗斯的净 FDI 量是金砖国家中最低的，自 2010 年起有所提升，为 433 亿美元，2011 年达到 519 亿美元，在金砖国家中排名第三位，位于中国和巴西之后，超过了印度。外资结构失衡是俄罗斯吸引外资方面的另一缺陷，FDI 的 1/3 流向了燃料动力部门，而加工制造业的外国直接投资却严重不足。③

有学者认为，俄罗斯要想从原料经济向创新经济转变，实现经济的稳定和长期增长，必须将投资率从 20% 提高至 30%，同时，应重点提高非原料部门的投资率。④ 普京也经常提到，应将俄罗斯的投资率至少提高至 GDP 的 25%。⑤但是一系列因素制约着俄罗斯实现这一目标。

首当其冲的是俄罗斯经济转轨以来形成的消费型增长方式。投资与消

---

① Л. Григорьев. Инвестиционный процесс: накопленные проблемы и интересы. Вопросы экономики, 2008（4）.

② В. Лисин. Инвестиционные процессы в российской экономике. Вопросы экономики, 2004（6）. стр. 11.

③⑤ Лицом к инвестору: Владимир Путин призвал не затягивать с подготовкой к вступлению в ВТО. Российская газета от 13 марта 2012 г.

④ Набиуллина. О приоритетах долгосрочного экономического развития. Министерство экономического развитияРоссийской Федерации.

费很大程度上是对立的。由于消费占俄罗斯 GDP 的比重最大，因此当俄罗斯每逢经济危机时，就不可避免地通过量化宽松政策稳定消费乃至提高消费，因为稳消费意味着稳增长。正因如此，国际金融危机爆发后，2008年、2009 年俄罗斯反危机计划支出的绝大部分是直接或间接地用于"对居民的社会支持"。[①] 另外，俄罗斯的政治发展很大程度上受制于民意的支持率。长期以来收入的快速增长使其形成了路径依赖，收入水平只能升不能降。所以尽管俄罗斯政府之前提出工资不应超过劳动生产率，但事实上，要实现收入增长与 GDP 增长同步，难度相当大。因此，政治约束也是影响投资型增长模式建立的因素之一。

加入世界贸易组织对改善俄罗斯投资环境意义重大，"入世会促进俄罗斯经济现代化，入世将推动建立竞争的市场环境，有助于提高企业设备更新、扩大投资的积极性。不入世俄罗斯就不能实现经济现代化，如果企业感受不到现实的竞争环境，就不会将资金投入到现代化的生产中。"[②] 但是，相较于上述原因，投资环境是决定企业投资积极性及外资进入的主要条件之一，因此也是俄罗斯建立投资型增长的重要约束，更是决定俄罗斯再工业化进口替代的关键。

正如俄罗斯经济学家法茨曼（В. К. Фальцман）所指出的，俄罗斯拥有进口替代的一切资源：生产能力储备、燃料及能源、技术及合成材料、农业耕地、淡水、化肥、碳氢原料、劳动资源及广阔的科学潜力。俄罗斯最大的短板就是投资不足，其主要制约因素是贷款利率高、增长率低。

二、投资环境的影响与改善潜力

改善投资环境、扩大投资进而拉动经济增长，这一重要性显然已经被俄罗斯政府认识到了。俄罗斯政府采取了相关的改进措施，如成立知识产权法院、专利法院，以促进企业投资特别是创新投资。经过努力，俄罗斯

[①] 程伟：《世界金融危机中俄罗斯的经济表现及其反危机政策评析》，载《世界经济与政治》2010 年第 9 期。

[②] Премьер: Вступление в ВТО поможет РФ модернизировать экномику. RGRU.

成为改善投资环境进步最快的国家之一。俄罗斯政府提出，俄罗斯在投资环境排名上应向前迈出100步，即占据世界排名第20位的目标，并提出了改善投资环境的六项措施，包括成立企业权利保护全权代表、加快企业案件审理速度、从政府许可向保险责任过渡等，均是法律制度完善方面的具体措施。①进口替代离不开大规模的投资，对于长期投资不足的俄罗斯来说，如何调动和发挥国内资源是其面临的重要问题，同时，如何有效吸引外资加入俄罗斯制造本土化的进程，也是决定俄罗斯进口替代成败的关键。在面对西方经济制裁、世界经济处于低迷的外部环境下，如何吸引外资、防止资本外逃，改善投资环境在很大程度上是重要的决定因素。

UNCTAD发布的《2019年世界投资报告》显示，在全球投资低迷背景下，2018年全球外国直接投资流量总体减少近1/5。流入转型期经济体的外国直接投资下降趋势明显，其中流入俄罗斯联邦的外国直接投资减少了48.6%。在2019年6月的圣彼得堡国际经济论坛上，俄罗斯卫星通讯社援引安永咨询公司研究报道称，俄罗斯在20个最具投资吸引力的欧洲国家中排名第九。而在2016年，俄罗斯曾进入欧洲最具吸引力的国家前7名。安永的这份报告还披露了2018年俄罗斯的外商直接投资项目减少11%，其中生产领域的外商直接投资项目减少29%，但俄罗斯销售和营销领域的外商直接投资项目数量增加近1倍，所以俄罗斯仍然是具有外资吸引力的一个经济体领域。②

事实上，俄罗斯也具有吸引投资的有利条件，其竞争优势包括：政治精英的有力控制使得俄罗斯政治局面处于苏联解体以来最为稳定的阶段；俄罗斯幅员辽阔，市场容量大；作为经济大国之一，其工业改造、基础设施建设、新一轮私有化等领域为投资商提供了更多机遇；能源原材料成本价格低廉；教育水平举世公认，国民受教育程度高。俄罗斯加入WTO后，放宽了对国内外投资者的限制政策，吸引和鼓励外商和私有资金投资俄罗斯市场，近年来还推出了跨越式发展区和符拉迪沃斯托克自由港政策，为

---

① Кира Латухина и др. Сто шагов вперед: Владимир Путин поставил первый пакет мер по улучшению инвестиционного климата. Российская газета от 2 февраля 2012 г.

② ИТОГИ ПМЭФ – 2019.

第五章 俄罗斯进口替代的制约因素与数字化转型的新机遇

外资提供更便利条件。在外界国际形势发生新变化后,俄罗斯投资环境也随之发生改变。近年来,一方面,俄罗斯从经济危机的险滩中走出,其政治、经济形势正在逐渐好转。随着国际油价的回升,本国经济刺激措施初见成效,俄罗斯经济初步摆脱了衰退局面,UNCTAD 发布的数据显示,2018 年 GDP 年增长率达到 2.25%,实现低速增长。另一方面,投资数量不足仍然是阻碍俄罗斯经济发展的短板。2018 年俄罗斯联邦 FDI 流入量为 133.32 亿美元,排第 20 名,比 2017 年下降 6 名,而俄罗斯联邦在外向投资中流出 360 亿美元,这几乎是流入本国投资的 3 倍。2008~2018 年俄罗斯外商直接投资净额变化情况如表 5-3 所示(外商直接投资净额为 FDI 流入量与 FDI 流出量之差)。

表 5-3　2008~2018 年俄罗斯外商直接投资净额变化情况　　单位:亿美元

年份	俄罗斯外商直接投资净额	变化
2008	747.8291	33.84
2009	365.8310	-51.08
2010	431.6778	18.00
2011	550.8363	27.60
2012	505.8756	-8.16
2013	692.1889	36.84
2014	220.3134	-68.17
2015	68.5297	-68.89
2016	325.3890	374.81
2017	285.5744	-12.24
2018	87.8485	-69.24

资料来源:笔者根据 UNCTAD 整理得到。

表 5-3 的数据显示,2008 年金融危机发生以来俄罗斯联邦外商直接投资净额总体呈下降趋势。2016 年以来,俄罗斯新出台了一些引资优惠政策及措施。随着石油价格的上涨和俄罗斯对于危机状况的适应,其市场在逐渐恢复,外商对俄罗斯投资的积极性有所提高。但在 2018 年全球紧张的贸易氛围下,俄罗斯经济恢复趋势被打断,外商投资再次大幅下降。由此可见,俄罗斯作为一个投资潜力巨大的市场,对外国投资者有着很强的吸

引力，却又容易让人望而却步。

  由于行业和地区经济发展差异，外商投资在行业和地区的选择上具有高回报率的倾向。外资的进入与俄罗斯的经济发展和改革有着密切的关联，20世纪90年代和21世纪初期，外商直接投资主要进入的行业是生产性行业和商业、公共饮食业及建筑业、建材业等，近年来向工业、通信业、交通业发展。从总体上看，能源开采业是外商投资占比较大的行业，在最高时占比接近1/3；加工业占比有所上升，电力、批发零售业、基础设施建设近年来也备受外商青睐；金融业仍吸引了一定的外资，但是占比不大，在5%上下浮动。① 西方经济制裁以来，外国投资者在俄罗斯的投资行业分布未有较大变化，仍集中在加工业、能源开采业、批发零售业、运输和交通业等部门。

  从投资地区分布上看，外资主要进入的是市场发达、居民购买能力较高的中央地区和自然禀赋优越的原材料产地。按照俄罗斯评级机构（Эксперт PA）（RAEX）"专家"所作的投资吸引力评级，根据投资潜力和投资风险组合共分为14个评级。在针对俄罗斯地区投资潜力和风险程度的研究中，有学者研究认为，俄罗斯各地区投资环境综合排名前10位分别是：莫斯科、圣彼得堡、鄂木斯克州、莫斯科州、别尔戈罗德州、克拉斯诺达尔边疆区、鞑靼斯坦共和国、斯维尔德洛夫斯克州、利佩茨克州和罗斯托夫州，这些地区也是近年来俄罗斯吸引FDI流入量最多的地区②。俄罗斯首都莫斯科和工业发达、资源丰富的远东地区是最具投资吸引力的地方，中央区的莫斯科、圣彼得堡和莫斯科州更是集中了外资的六成以上。在科尔尼管理咨询公司（A.T. Kearney）发布的《2018全球城市报告》中，莫斯科在世界最具影响力和吸引力的前25位城市中位列第14名，在新兴城市中具有可以竞争的经济潜力，也印证了其吸引外资的实力。另外，这种投资地区分布也反映出俄罗斯外资投资分布不均的现状，地区间经济发展水平差距较大，尽管建立了经济特区，这种投资分布不均的状况

---

① 资料来源：俄罗斯评级机构（RAEX）出版的2014年度报告。
② 徐昱东：《俄罗斯各地区投资环境评价及投资区位选择分析》，载《俄罗斯研究》2015年第1期。

第五章 俄罗斯进口替代的制约因素与数字化转型的新机遇

也难以在短时间内有明显改善。

FDI 与一国投资环境是一个复杂的投资收益循环体系，外商投资与投资环境紧密联系的同时又相互制约，投资环境的改善促进了 FDI 的流入，FDI 的流入也进一步扩大了一国的经济发展空间。从表 5-4 中可以看出，2014~2018 年俄罗斯 FDI 业绩指数大部分在 1 以下徘徊，说明俄罗斯总体上吸引 FDI 能力和使用效益不足以满足经济发展所需。自金融危机发生后，俄罗斯 FDI 业绩指数总体呈下降趋势，尽管这一指标在 2013 年有所回升并再次超过 1，但这种上升态势又因遭遇西方国家的经济制裁而被打断，并且在 2018 年 FDI 的流入量再次减少近 49%，业绩指数仅为 0.5327。进一步地，与世界主要国家近 5 年 FDI 业绩指数进行比较（见表 5-4）。

表 5-4　2014~2018 年世界主要国家或地区 FDI 业绩指数

国家（地区）	2014 年	2015 年	2016 年	2017 年	2018 年
爱沙尼亚	1.4933	0.0576	1.8131	3.4544	2.8210
澳大利亚	2.3304	0.7718	1.4948	1.7190	2.7915
波黑	0.0589	0.0279	0.0268	0.0460	0.0529
波兰	44.9417	34.7602	36.8248	27.4464	37.6974
法国	0.0547	0.6863	0.3704	0.6230	0.8893
加拿大	1.9122	1.0414	0.9358	0.8152	1.5317
罗马尼亚	0.9402	0.7963	1.0523	1.3806	1.6279
美国	1.4073	1.3514	1.3646	1.2685	1.4127
日本	0.1450	0.0250	0.1430	0.1160	0.1313
新加坡	13.6056	7.1525	9.2184	12.0971	14.1215
印度	0.9913	0.7730	0.7709	0.8134	1.0301
英国	0.4710	0.4938	2.8897	2.0528	1.4958
中国	0.7195	0.4543	0.4765	0.5968	0.6767
中国香港	22.6695	20.7956	14.5228	17.5126	21.1211
俄罗斯	0.8272	0.3209	1.1505	0.8888	0.5327

资料来源：笔者根据世界银行、UNCTAD 数据整理得到。

由表 5-4 可知，西方经济制裁以来，俄罗斯引进 FDI 业绩指数在世界主要国家（地区）中排名较为靠后，与波兰、新加坡、中国香港、澳大利亚等国家（地区）相比，FDI 吸引能力明显不足。不仅与传统发达国家（地区）难以抗衡，更与爱沙尼亚、罗马尼亚等中东欧新兴国家有较大差距。

建立投资型经济增长并在此过程中推进俄罗斯加工制造业的进口替代，很大程度上取决于政府的管理和调控政策。自 2012 年普京重返克里姆林宫并发布旨在全面建设俄罗斯经济社会现代化的"五月命令"，如何完成政府提出的经济社会发展目标，特别是实现经济的较快增长和居民收入的增加，已经成为备受关注的问题。国际金融危机之后，俄罗斯虽然经历了 2010~2012 年的较快恢复性增长，但始终未能达到政府和社会所期望的增速，经济低迷成为常态。除经济增速本身受到关注外，围绕着提振经济的方案之争更受到关注，俄罗斯究竟有无办法改变其经济发展现状、能否实现快速的经济增长成为难题。这使得普京一再重申的发展计划（"五月命令"）仅停留在口号上和纸面上。

近年来，西方经济制裁及政治和军事打压还未消退，但对俄罗斯的经济和政治的消极影响已趋渐缓和，俄罗斯经济在遭受初期的危机形势之后已经适应并稳定下来。显而易见的是，俄罗斯经过一系列的调控措施已经使其经济社会发展适应了新的外部经济和政治环境，政局稳定、经济和社会秩序稳定，经济在可控条件下、按照宏观调控政策的既定目标处于稳步发展中。事实上，经济增速的目标并非不可实现，而是要看付出怎样的代价，是否要牺牲稳定的货币政策调控结果，通过扩大财政手段提振经济，是俄罗斯持续争论的焦点，而并非无计可施。

作为稳定和发展的重要举措，2020 年初以梅德韦杰夫政府辞职为标志的宪法改革或曰政治改革启动，除了必要的政府人员调整和权力机构的重新分配外，新的经济权力核心的组建及其政策应当是新一轮政治调整的最终体现，尽管还不确定哪种增长方案将是挽救俄罗斯经济的最终选择，但是建立以投资为动力、以非能源原料部门或曰以制造业复兴为核心的俄罗斯新工业化发展，是俄罗斯未来建立持续、稳定和较快增长的方向基本达成共识。

第五章　俄罗斯进口替代的制约因素与数字化转型的新机遇

2020年初，俄罗斯直接投资基金（РФПИ）与俄罗斯财政部携手准备建立数额达6千亿卢布的俄罗斯基础设施基金，用于大型投资项目的实施，其金额占预算投资的20%，这部分投资基金将以税收的渠道回收。这一基金的建立将大大增加俄罗斯公司的投资，也包括大项目的实施。自2011年至今，俄罗斯直接投资基金已投入1.7万亿卢布。据悉，2019~2024年，俄罗斯投资基础设施发展系统计划和国家项目的投入将达到25.7万亿卢布，其中2019年约为1.7万亿卢布。① 旨在完善基础设施等发展条件的俄罗斯政府投入对于改善俄罗斯投资环境、更好地吸引外资及实现非能源原料部门的进口替代，即实现俄罗斯经济现代化具有基础性的、长期性的影响。

第二节　再工业化数字转型的机遇

一、工业数字化战略目标的确定

数字化是当今世界科技创新领域的主要问题，在2019年汉诺威工业展上有一个巨大的展台，上面写着"digital or dead"，意思是"数字化或者死亡"，可见当今世界"数字化"的重要性和决定意义。广义上的数字经济是指，"数字化赋能产业升级所产生的经济效应，既包括信息通信技术（ICT）产业等数字经济核心产业，也包括利用数字工具进行的经济活动，更包括ICT产业赋能农业、工业、服务业所产生的贡献，即数字化农业、数字化工业和数字化服务业"。② 俄罗斯官方对数字经济的界定是："以电子数据作为主要生产要素进行大数据加工和分析并利用分析结果的经营方式。与传统经营方式相比，可以切实有效提高各种生产方式、技术、设

---

① Страна двигалась в противоположном направлении от целей развития（1），Реализация национальных проектов не принесла значимых результатов.
② 续继：《国内外数字经济规模测算方法总结》，载《信息通信技术政策》2019年第9期。转引自高际香：《俄罗斯数字经济发展与数字化转型》，载《欧亚经济》2020年第1期，第22页。

备、存储、销售的效率并提高商品服务的运送效率"。① 工业数字化转型是指工业部门从一种技术方式到另一种广泛利用数字和信息通信技术来提高效率和竞争力的手段过渡的过程。②

数字化意味着企业和整个经济领域向以信息技术为基础的新的企业模式、管理模式和生产方式转变的过程。俄罗斯学者认为:"考虑信息技术在全球数字化和工业 4.0 方面的发展,'创新经济'的概念在今天已经转型为'数字经济'。"③ 德国工业 4.0 的首创者、德国国家科学工程院院士克里斯托夫·梅内尔则提出,"工业 4.0 本身就是一场工业制造领域的数字化革命"④。

俄罗斯自 2007 年提出建立创新发展模式至今,不难看出,其受到内外部政治经济因素的影响和制约,很难摆脱能源原料型增长的动力及惯性。那么,数字化技术革命又能在多大程度上带动俄罗斯工业,特别是制造业竞争力的提升。换言之,俄罗斯能否利用数字工具来巩固关键工业部门的国际竞争力并创建新的工业竞争力,特别是制造业竞争力。正如世界银行俄罗斯数字经济报告中指出的,"俄罗斯数字工业发展战略应确保工业发展目标与数字化转型目标的高度统一"⑤。是否可以这样理解,数字化转型是俄罗斯当前阶段再工业化(进口替代)的重要内容,数字工业的发展目标,很大程度上应服务于俄罗斯建立制造业竞争力的长期工业发展方向,即提升制造业在经济中的比重和贡献,确保其增长趋势向更加自主、稳定和持续的多元化发展。为此,梳理俄罗斯数字工业发展政策,总结其实施

---

① О стратегии развития информационного общества в Российской Федерации на 2017 – 2030 годы. 译文引自高际香:《俄罗斯数字经济发展与数字化转型》,载《欧亚经济》2020 年第 1 期,第 22 页。

② Евразиатская экономическая комиссия, Концепция создания условий для цифровой трансформации промышленного сотрудничества в рамках Евразиатского экономического союза и цифровой трансформации промышленности государств – членов Союза от 05 декабря 2018 г.

③ Бодрунов С. Д. Четвертая индустриальная революция — пролог Нового индустриального общества второй генерации // Научные труды Вольного экономического общества России, 2017. Т. 205. № 205. С. 262 – 284.

④ [德] 罗兰·贝格、王一鸣等:《弯道超车:从德国工业 4.0 到中国制造 2025》,上海人民出版社 2015 年版。

⑤ 世界银行:《迈向数字时代的竞争——俄罗斯面对的战略挑战》。

第五章　俄罗斯进口替代的制约因素与数字化转型的新机遇

路径及主要手段，依据发展现状、结合其发展条件，对俄罗斯数字工业发展前景及其对进口替代乃至再工业化长期目标的影响做出研判，对于动态把握俄罗斯经济发展极为重要。

自 2016 年以来俄罗斯发布了十余个发展数字经济的官方文件，其中都或多或少地涉及工业数字化转型，也有专门的工业数字化转型文件。2016 年颁布的《国家技术倡议》（Национальная Технологическая Иници-атива，НТИ），是一个"为确保俄罗斯公司在世界高新技术市场占据领先地位创造条件的长期（10~15 年）系统规划"；2017 年 2 月，总统管辖的经济现代化与创新发展委员会通过了先进生产技术（Передовые производ-ственные технологии，Технет）规划，这是以跨市场和跨行业为导向、通过组建数字、智能、虚拟的未来工厂为"国家技术倡议"和高技术工业部门的市场发展提供技术支持的发展计划。① 2017 年 5 月，俄罗斯又颁布了《2017-2030 年俄罗斯联邦信息社会发展战略》，其中提出建立国家数字经济的目标，并指明了其任务及实施的内外政策。作为该战略的实施，2017 年 7 月俄罗斯通过了《俄罗斯联邦数字经济规划》（Программа "Цифр-овая экономика" РФ）② （又称《数字经济-2024》，Цифровая экономика-2024），明确了在 2024 年前，俄罗斯数字经济发展的目标是"为大规模的数字经济的发展创造必要条件"，其中，首要的目标是建立俄罗斯数字经济的经济体系，即从产业到市场、从平台到技术、从环境到服务的三个层面及建立智慧城市、数字基础设施、政府管理、信息安全四个具体内容。2018 年俄罗斯政府确定了实施《俄罗斯联邦数字经济规划》的路线图，并拨款 3 万多亿卢布用于其实施；同时，完成 2017 年通过的欧亚经济联盟数字日程成为 2018 年俄罗斯政府确立的首要任务。③

在实施数字经济发展规划的总体背景下，工业数字化转型的战略任

---

① 资料来源："Технет" НТИ 官网。
② Программа "Цифровая экономика Российской Федерации", Утверждена распоряжением Правительства Российской Федерации от 28 июля 2017 г. № 1632-р.
③ Доклад о развитии цифровой экономики в России: Конкуренция в цифровую эпоху, Стратегические вызовы для Российской Федерации, Всемирный банк, сентябрь 2018 г. Ст. xxiv.

务也随之提出。2017 年 7 月，俄罗斯启动了"工业统一数字空间规划，即《俄罗斯 4.0》"规划（Программа единого цифрового пространства промышленности России «4.0 RU»。"统一数字空间相当于一个数字生产者的交易中心，在这里系统地引入工业生产所有阶段和水平的信息技术"。①

将工业数字化转型确定为国家优先发展目标的，是 2018 年普京发布的"五月命令"（《关于俄罗斯联邦 2024 年前国家发展目标和发展的战略任务》），其中普京特别强调了"制造业数字化转型对于扩大出口"的重要性。② 在 2020 年最新版"五月命令"（《关于俄罗斯联邦 2030 年前国家发展目标和发展的战略任务》）中，"数字化转型"被确定为俄罗斯到 2030 年国家发展的五大目标之一。③ 到 2030 年俄罗斯信息技术领域的投资将提高至 2019 年的 4 倍。正如前文提到的，俄罗斯的目标是占据世界技术领先地位，为此，"俄罗斯必须运用数字工具来加强主要工业部门的竞争力"。④ 如表 5 – 5 所示。

表 5 – 5　　　　俄罗斯数字经济及工业数字化的政策内容

时间	政策名称	政策目标
2016 年 4 月	《国家技术倡议》Национальная Технологическая Инициатива, НТИ）	"为确保俄罗斯公司在世界高新技术市场占据领先地位创造条件的长期（10~15 年）系统规划"
2017 年 2 月	《国家技术倡议》"先进生产技术"规划，"Технет"，Передовые производственные технологии	以跨市场和跨行业为导向、通过组建数字、智能、虚拟的未来工厂来为"国家技术倡议"和高技术工业部门的市场发展提供技术支持的发展计划

---

① В России стартовала программа «4.0 RU».

② Указ Президента Российской Федерации от 7мая 2018 г. N 204 "О национальных целях развития Российской Федерации на период до 2024 года".

③ Указ Президента Российской Федерации от 21 июля 2020 г. N 474 "О национальных целях развития Российской Федерации на период до 2030 года".

④ Доклад о развитии цифровой экономики в России: Конкуренция в цифровую эпоху, Стратегические вызовы для Российской Федерации, Всемирный банк, сентябрь 2018 г. Ст. xxiv.

续表

时间	政策名称	政策目标
2017年5月	《2017—2030年俄罗斯信息社会发展战略》	建立俄罗斯数字经济的经济体系，使数字数据成为社会经济领域的关键生产要素；建立必要的、充分的制度和基础设施条件，消除传统经济部门和新部门及高新技术市场发展的现有障碍等
2017年7月	《俄罗斯联邦数字经济》规划（Программа "Цифровая экономика" РФ）（又称《数字经济-2024》，Цифровая экономика-2024）	明确2024年前俄罗斯数字经济发展的目标是"为大规模的数字经济的发展创造必要条件"，其中，首要的目标是建立俄罗斯数字经济的经济体系，即从产业到市场、从平台到技术、从环境到服务的三个层面及建立智慧城市、数字基础设施、政府管理、信息安全四个具体内容
2017年9月	《国家技术倡议》"先进生产技术"规划，"Технет"实施路线图计划	两个目标：一是建立确保俄罗斯向第一代及后续"未来工厂"发展的先进生产技术与企业模式相融合的主要要素体系；二是生产有全球竞争力的先进生产技术市场和高技术工业部门的新一代定制或个性化产品
2018年1月	制定《俄罗斯联邦数字经济规划》的路线图	确定了实施《俄罗斯数字经济》规划的五大方向的计划，包括数字经济的"规范管理"、研究结构和技术部门的建立、信息基础设施、信息安全、人员与教育
2018年5月	《关于俄罗斯联邦2024年前国家发展目标和发展的战略任务》（"五月命令"）	强调了"制造业数字化转型对于扩大出口"的重要性
2018年12月	《欧亚经济联盟框架内工业合作的数字化转型及其成员国工业数字化转型构想》	根据成员国实施工业数字化的国家政策，参考已有的工业一体化合作机制；制定确保工业数字化转型的战略和手段的提出建议工业合作数字化转型和工业数字化转型的基本任务：第一，建立促进工业合作发展的信息资源和机制；第二，促进工业部门的生产及管理和保障方面的数字化；第三，支持工业部门数字化平台的使用，利用生产的自动化提高劳动生产率及生产要素的使用效率；第四，通过信息系统、数字平台的使用提高生产安全性；第五，在新的组织原则和现代技术的基础上建立有前途的工业结构；第六，建立工业数字化转型的方法体系

续表

时间	政策名称	政策目标
2020年7月	《关于俄罗斯联邦2030年前国家发展目标和发展的战略任务》（2020年"五月命令"）	"数字化转型"被确定为俄罗斯到2030年国家发展的五大目标之一。到2030年俄罗斯信息技术领域的投资将提高至2019年的4倍。正如前文提到的，俄罗斯的目标是占据世界技术领先地位，为此，"俄罗斯必须运用数字工具来加强主要工业部门的竞争力。"

资料来源：Постановление о реализации национальной технической инициативы от 18 апреля 2016 года № 317.

О "дорожных картах" по направлениям программы "Цифровая экономика Российской Федерации".

Указ Президента Российской Федерации от 7мая 2018 г. N 204 "О национальных целях развития Российской Федерации на период до 2024 года".

Евразиатская экономическая комиссия, "Концепция создания условий для цифровой трансформации промышленного сотрудничества в рамках Евразиатского экономического союза и цифровой трансформации промышленности государств-членов Союза" от 05 декабря 2018 г.

Указ Президента Российской Федерации от 21 июля 2020 г. N 474 "О национальных целях развития Российской Федерации на период до 2030 года".

Доклад о развитии цифровой экономики в России："Конкуренция в цифровую эпоху, Стратегические вызовы для Российской Федерации", Всемирный банк, сентябрь 2018 г. Ст. xxiv.

笔者根据上述政府文件整理。

二、工业数字化的目标任务

俄罗斯工业数字化的终极目标是通过数字化将"俄罗斯工业提升至根本性的新水平"。① 在2017年发表的《国家技术倡议》的实施计划——"先进生产技术"规划（"Технет" НТИ）中明确指出，所谓的先进生产技术规划，是一套革命性地改变工业生产的决定，它能使工业生产更加有效、自动化，可以使其从设计到回收的所有阶段的产品流通都能数字化。这一文件明确了俄罗斯工业数字化的发展目标主要有两个：一是形成一系列关键能力，确保整合先进生产技术和作为"未来工厂"的商业模式的传播；二是建立新一代高技术工业部门的定制及个性化产品的国际竞争力。其具体发展目标主要是基于俄罗斯工业50强在全球"未来工厂"服务供

---

① В. России стартовала программа "4.0", Сообщает пресс-служба Минпромторга.

第五章 俄罗斯进口替代的制约因素与数字化转型的新机遇

给中的份额及俄罗斯全球制造业指数中的排名,以及先进产品的出口规模、先进生产工艺的研发专家数量等考虑而制定的。① 发展目标的期限为 2017~2035 年,具体目标分为三个阶段。

第一阶段(2017~2019 年),建立初级基础设施及首批实验室,实施准备完善并具有工业投产前景的试点项目。建立第一代"未来工厂",明确保证下一代"未来工厂"发展的研发方向;完善标准化和认证的制度条件;建立由汽车制造、发动机制造、飞机制造、直升机制造、造船和军舰制造、能源、运输及农业机械制造等高技术工业领域的大中小企业组成的项目联合体;人才培养。

第二阶段(2020~2025 年),确保俄罗斯企业在高技术工业领域和未来市场中(信息通信市场)的全球竞争力的新技术解决方案的开发、测试和集成;建设用于数字化、智能化和虚拟化的工厂发展的世界级基础能力的实验室的基础设施、质检中心和教育中心;建设先进生产技术的计量保障的基础设施;产品出口全球市场;建设第二代"未来工厂";实施新的认证和标准化方法。

第三阶段(2026~2035 年及之后),为未来的高科技产业和市场复制、定制技术解决方案;建立第三代"未来工厂";创建"未来工厂"(数字、"智能"、虚拟)的全球分布式网络;扩大高科技产品在全球市场的占有率。

与其他国家一样(见表 5-6),俄罗斯在工业数字化转型战略文件中,也明确了其工业数字化转型的主要任务,包括以下五个方面。

表 5-6　　　　各国数字工业发展战略:中国、德国和美国

分类	中国:中国制造 2025	德国:工业 4.0	美国:工业互联网财团
任务	成为高质量、高技术产品生产的世界强国和自给自足	通过使用数字化的新技术提高质量、降低成品、提高效率	创建用于物联网实施、制定全球发展标准、分享先进经验及加强对新的安全保障的方法的信心的开放的"沙箱"

---

① План мероприятий ("дорожная карта") "Технет" (передовые производственные технологии) Национальной технологической инициативы.

续表

分类	中国：中国制造2025	德国：工业4.0	美国：工业互联网财团
产业方向	十大个优先行业，占工业生产的近40%，包括机器人技术、航空航天工业、海上机械制造、IT、能源及生物医学	跨行业专注于通过增强互连性和将数字创新嵌入供应链和企业模式来实现企业模式转型	通信、数据处理、生产及其他数字技术涵盖的领域
制度结构	由中国国务院领导，到2025年具有一定的目标	开放性倡议，通过相关方对话的方式实现。各部门协调参与者的行为、帮助融资并根据标准确定指标等	是成员开放的财团，包括跨国公司、与科研机构和政府合作
资金来源	总计投资3千亿美元用于实施《中国制造2025》。规划框架下为中国企业扩大研发数量、提高竞争力和获得国外技术采取贷款优惠	政企合作模式。德国政府拨款2亿欧元用于"工业4.0"技术，联邦教育和科学研究部及联邦经济和能源部共同拨款2亿欧元用于研究和规划。产业伙伴提供自然贡献和资金	财团—非商业组织。"试验和测试基金"向政府和私人部门投资，以及其他国家政府和企业投资

资料来源：Доклад о развитии цифровой экономики России. Конкуренция в цифровую эпоху, Стратегические вызовы для Российской Федерации, Всемирный банк, сентябрь 2018.

第一，创造、发展和推广保证俄罗斯企业在全球市场中优先地位的先进技术、产品和服务（2017～2019年）；在数字设计和建模、新材料、工业传感技术和工业互联网等方面优先建立伙伴关系—联合中心（依托一流大学、著名企业等建立国家科学中心、工程中心）；推出"未来工厂"技术的测试基础设施（包括大学和生产的实验室）。

第二，完善法律法规，消除先进技术使用的障碍并建立其应用的激励机制。为此，诸多之前的发展政策都需要调整，诸如《工业发展及其竞争力提升》《2013－2025年航空工业发展》《2013－2030年造船及油田开发技术发展》《2016－2025年俄罗斯联邦太空规划》《2013－2025年电子工业和无线电电子工业发展》，在上述工业发展计划中将"未来工厂"的先进生产技术应用到现有的及重建的生产链中。俄罗斯工业贸易部制定的进口替代产业计划，是通过组建项目财团并建立国家逆向工程网络中心对该计划实施的参与。

第三，完善教育体系以保证人才培养的动态需要。

第四，俄罗斯先进技术的国内及国际市场推广。

第五，组织—技术及研究分析支持。

此外，俄罗斯也明确了 2017~2021 年每年直至各季度需要启动和投产的大项目，这些项目的实施是确保俄罗斯企业在国际市场占据优先地位的先进技术、产品及服务的形成、发展和推广。例如，2017 年第一季度的项目是汽车制造虚拟实验场启动、实验数字化认证中心；第二季度的项目是由"土星"公司、圣彼得堡大学、莫斯科大学斯科尔科沃研究院、斯科尔科沃基金、创新促进基金等参与的旨在建立先进生产技术领域的新技术决定或能力的加速系统启动；第三季度的项目是建立克服俄罗斯工业、机器人技术等方面的发展障碍的项目实施伙伴关系，建立人工智能系统的行政实验室等。

三、工业数字化转型的实施路径

第一，国家战略为导向、政企 PPP 项目方式推进。所谓公私合作（Public-Private-Partnership，PPP）是指政府与私人企业以特许权协议为基础形成的一种伙伴合作关系，PPP 项目一般是指基础设施等具有公共物品性质的物品和服务项目。PPP 模式将部分政府责任以特许经营权方式转移给社会主体（企业），政府与社会主体建立起"利益共享、风险共担、全程合作"的共同体关系，政府的财政负担减轻，社会主体的投资风险减小。PPP 模式比较适用于公益性较强的废弃物处理或其中的某一环节，如有害废弃物处理和生活垃圾的焚烧处理与填埋处置环节。这种模式需要合理地选择合作项目和考虑政府参与的形式、程序、渠道、范围与程度，这是值得探讨且令人困扰的问题。这一政企合作模式近些年成为俄罗斯提高政府项目实施效率的手段之一。

可持续的创新体系需要政府、私营部门和科学与教育界之间的密切协调。政府部门不仅应支持基础研究并刺激俄罗斯建立世界一流的研发部门，还应实施鼓励研发成果商业转化的政策，而私营部门应着重于市场准入战略和新商业模式的开发,应当继续发展刺激创新的有效监管框架,尤其要重视知识产权保护和专利监管。

为了加速俄罗斯企业的数字化转型,政策应集中在发展一个响应迅速的国内市场上,该市场认识到数字化转型的过程和结果的重要性。这些措施包括改善营商环境的具体步骤,以及旨在扩大内需的具体市场开发计划,特别是通过刺激大型国有重要企业的数字化转型。在市场上,建立公众对数字经济信心的举措也很重要。决策者还应关注如何使用数字技术减少区域和市政不平等,并使落后的地区能够从国家数字经济计划中获得收益,并在当地进行有效调整。这里的策略应集中在开发数字技能、培训管理人员、建立公私伙伴关系、创建创新集群、开发本地市场和融资机制上。应特别注意远程数字基础设施的发展及农村地区,以及提高农村人口对数字服务优势的认识。2019年,俄罗斯100所大学启动了"20.35大学"人工智能技术培训计划,通过该项目计划,大学生和高校人员等将更加了解人工智能的作用和用途,这一项目将提供在线学习班培训机会,推行密集的全日制教育模块,有100多所大学加入了该项目。"20.35大学"项目总干事瓦西里·特列季亚科夫表示,"该项目的任务是让所有大学生和高校工作人员,了解人工智能如何改变活动领域,以及可以基于人工智能创造出哪些解决方案"。他还说,每个专家都应该具备使用人工智能技术的技能,"这将使他在自己的活动领域变得成功和高效"。俄罗斯高等经济大学副校长谢尔盖·罗辛表示,自2017年以来,高等经济大学一直在实施一项名为"数据文化"(Data Culture)的项目,根据该项目,所有本科生都会掌握数字技能,学习如何使用数据。①

数字化工业转型是系统工程,离不开经济社会的数字基础和总体发展水平。这样的系统工程的设计和启动方式首先依靠政府自上而下的推动,当然行业管理部门、地方政府的中间环节也是关键。

第二,依托数字化平台为试点。数字化平台是俄罗斯启动、展示及推

---

① 《如何驾驭人工智能?俄罗斯100所大学启动培训计划》,中国新闻网,2019年9月2日。

广数字工业的主要渠道。工业统一数字空间规划"俄罗斯4.0"（4.0RU）可以看作是俄罗斯工业数字化转型的主要平台，工业统一数字空间规划"工业4.0"和"数字经济"自动化公司，其注册人为俄罗斯联邦及数字领域的16家主要企业。工业统一数字空间规划"俄罗斯4.0"是一个俄罗斯工业贸易部监督的、有俄罗斯四家大公司：最大的有"磨"机床制造公司、卡巴斯基实验室、伊泰码 ИТЭЛМА 物流公司及西门子公司。① 也可以理解为这是一个俄罗斯实现工业数字化发展的平台，"其目标是为俄罗斯工业的数字化转型建立基础"。② 这一系统仿佛是一个"生产商的交易所"，在这里完成从数字零件的设计、产品的选择、最优生产方案的设计以及制成品的订购等一系列环节。其特殊性在于，"俄罗斯4.0"系统下产品的最终价值的计算在设计阶段就可以完成。4.0 RU 系统帮助订货商确定最优产能、生产时间、合理的物流等，同时确保缩减新产品进入市场的耗时，从而提高了生产的灵活性及产品质量，最终有助于俄罗斯工业水平的提升。由于"俄罗斯4.0"系统下形成了完全透明的产品生命周期，使得从设计到供货乃至系统服务进行管理成为可能。俄罗斯工业贸易部不仅是管理这些先进项目在俄罗斯的实施，而且也负责数字生产、数字工厂等问题的咨询业务，以此促进俄罗斯物联网的发展。为推动这一工作的发展，俄罗斯工业贸易部成立了数字工业处。

建立统一数字空间的基础是在工业的各个层面和水平上引入信息技术。统一工业数字空间的实施不仅关系到生产设备与统一网络的连接，而且决定了建立工业产业链各个环节间相互关系的过程和模式的转型。其主要工具是电子贸易平台，包括生产者和物流供应商的交易所。确保参与过程连续性的必要前提是标准化和相应的规制的调节，包括交换电子设计文档的标准的可用性以及用于生产的电子技术规范的统一形式。

第三，以大公司数字化平台项目为实施支点。俄罗斯推动工业化数字化转型的实施路径是"自上而下"以知名企业的数字化转型为支撑。例

---

① экономика в деталях.

② Г. Колодняя цифровая экономика: особенности развития в россии//Экономист, 2018, № 4 Информационные технологии и экономический рост.

如，俄罗斯天然气工业公司建立数字工业化平台项目。①

第四，依托欧亚经济联盟，产生集聚和联动效应。欧亚经济联盟是俄罗斯实施进口替代、工业数字化转型在内的俄罗斯再工业化的重要平台，也是实现俄罗斯上述目标的重要渠道。本书认为，欧亚经济联盟框架内的经济融合与合作也是俄罗斯实现上述目标成功与否的关键，世界经济范围内已经形成了几大区域一体化中心（或曰产业链、价值链或是供应链），包括以德国为核心的欧洲（欧盟）价值链，以美国为核心的北美价值链，以中国和日本为核心的亚洲地区。在此世界经济发展背景下，俄罗斯的世界经济影响力在于以其为核心的欧亚经济联盟内的产业链、供应链的建立与发展及其与世界其他区域一体化组织的联系及合作。

数字化转型带来的经济社会变化是革命性的，其长期影响带有不确定性。一方面，借助高科技有可能实现生产方式及经济增长的突破；另一方面，也有可能因此加剧原有的差距和畸形。俄罗斯在现有国家政治经济发展模式固化的前提下，其经济增长与发展政策的惯性很难发生实质性的改变，历史进程表明，受地缘政治的制约发展惯性还会加剧。那么，数字化转型对俄罗斯的再工业化进口替代，换言之对其制造业的复兴是否意味着新机遇？

数字转型也好，再工业化进口替代也好，根本因素还是科技进步。尽管俄罗斯在基础科学、人力资源方面传统上具有优势，但产能转化水平低也是历史发展中的痼疾。影响其科技进步的因素是多方面的，我们可以从中小企业比重及研发投入两个方面管窥一豹。众所周知，中小企业是创新的主体，2019 年俄罗斯中小企业的占比仅为 22%，而发达国家超过 50%～60%，欧盟 28 个成员方中小企业的平均比重为 57%。普京提出到 2025 年将俄罗斯中小企业的比重从 22% 提高至 40% 的目标，但是 2020 年受新冠疫情的影响，俄罗斯中小企业又减少了 24.68 万家。② 从企业创新积极性看，俄罗斯经济转轨以来，从事研发的企业数量及研发人员数量呈逐年下

---

① Доклад о развитии цифровой экономики в России. Конкуренция в цифровую эпоху, Стратегические вызовы для Российской Федерации, Всемирный банк, сентябрь 2018 г. Ст. 73.

② Крутое пике малого бизнеса. Статистика за август – 2020. Дэек, 11 августа 2020.

第五章　俄罗斯进口替代的制约因素与数字化转型的新机遇

降的趋势：从事研发的企业的数量从1992年的4555家降至2018年的3950家，研发人员从1992年的153.26万人降至2018年的68.26万人，降幅超过一半。① 2010～2017年进行技术创新的企业占比呈逐年下降的趋势，2010年占13.3%，2014年占11.6%，2017年占10.1%。从研发投入看，2010～2017年信息通信技术企业内部研发投入在俄罗斯全部企业内部研发投入所占比重呈现缓慢增长之后出现极速下降，从2015年的3.7%降至2017年的2.5%。②

从前文看到，无论是农用机械还是石油、天然气开采与加工机械，俄罗斯制造的竞争力归根结底在于科技创新的动力与水平，俄罗斯在基础科学、人力资本等方面具有传统的比较优势，在数字化转型阶段俄罗斯能否充分发挥这些优势、建立有效的激励制度也许是今后决定俄罗斯新工业化，或曰创新型进口替代能否取得成效并推动俄罗斯经济结构转型的又一关键因素。毋庸置疑的是，决定资源配置和激励机制的是制度，"没有制度创新，科技创新就无从依附"③。

---

① Федеральная служба государственной статистики.
② Г. И. Абдрахманова, К. О. Вишневский, Л. М. Гохберг и др. Цифровая экономика. краткий статистический сборник 2019. М.：НИУ ВШЭ. 2019. С：84 – 85. 转引自高际香：《俄罗斯数字经济发展与数字化转型》，载《欧亚经济》2020年第1期，第22页。
③ 李克强：《没有制度创新，科技创新就无从依附》，新华网，2015年1月4日。

第六章 欧亚经济联盟框架内的俄罗斯进口替代

第一节 欧亚经济联盟中俄罗斯的经济主导地位

一、俄罗斯是构建欧亚经济联盟的主导者

于2015年成立的欧亚经济联盟是以俄罗斯为核心的苏联空间区域经济一体化组织,现有五个成员国分别是俄罗斯、白俄罗斯、哈萨克斯坦、亚美尼亚、吉尔吉斯斯坦,总人口1.843亿人,占世界人口总数的2.4%。其中,经济活动人口9430万人,占世界总经济活动人口的2.8%;联盟GDP为1.967万亿美元,占世界GDP总量的3.2%。①

俄罗斯无疑是欧亚经济联盟构建的主导者。2011年10月5日,普京在《消息报》撰文《欧亚大陆新一体化——未来诞生于今日》,明确提出"欧亚联盟"计划,希望欧亚国家发展为与欧盟一样成熟的区域合作组织。② 这是普京在2012年竞选总统时提出的纲领性倡议,学术界一般将其视为俄罗斯6~12年的长期对外合作战略。从中可以看出普京整合欧亚空间的意志与决心。仅以"欧亚联盟"这个称呼看,普京最初的蓝图似乎是

---

① 资料来源:欧亚经济联盟官方网站。
② В. Путин. Новый интеграционный проект для Евразия-будущее, которое рождается сегодня. Известия. 2011-10-05.

第六章　欧亚经济联盟框架内的俄罗斯进口替代

希望超越单纯经济一体化，走向欧亚空间的经济政治完全一体化。由此，产生了两种截然不同的观点：一是认为普京意在提高欧亚地区经济发展，努力推动"后苏联空间"经济一体化；二是认为普京在"后苏联空间"推广俄罗斯领导权，实质上无异于重新恢复俄罗斯在此地区的控制力和领导权。总体上，俄罗斯中亚学者大多持前一观点，多年来始终在为经济合作而呼吁；而欧美学者基本持后一观点，不仅对与欧亚经济联盟开展合作持消极态度，更是将普京计划评价为俄罗斯激进性地缘政治行为。[①]

这两种带有根本不同的争论，一定程度上也影响了当时"关税同盟"另外两个成员国白俄罗斯和哈萨克斯坦的态度。其中，哈萨克斯坦总统纳扎尔巴耶夫态度较为鲜明，他在2008年国际金融危机后提倡以区域一体化对抗经济衰退，哈萨克斯坦对经济合作抱有浓厚兴趣，但在地区政治结盟上却十分谨慎。相比之下，白俄罗斯与俄罗斯之间的关系已经超越经济合作范围，两国更像是"超一体化"的结盟模式。这些国家间关系微妙权衡的结果，最终得到了妥协式调和。2015年，当这个区域一体化正式施行时，名称中已经悄然增加了"经济"一词，自此"欧亚经济联盟"正式以经济合作为核心任务，从而登上世界舞台。2015年1月和5月，欧亚经济联盟先后接纳亚美尼亚和吉尔吉斯斯坦为新成员国。

显然，不能忽略"欧亚联盟"计划与"欧亚经济联盟"施行所处的两个不同的国际背景。在普京提议时，世界正遭遇由发达国家向发展中国家和新兴经济体蔓延的金融危机后续影响，欧亚一体化属于顺势而为的地区合作。那么，这一以俄罗斯为核心的区域经济一体化组织，能在俄罗斯进口替代的发展中发挥怎样的作用呢？欧亚经济联盟与西方经济制裁及俄罗斯实施进口替代几乎同一时间发生，它们之间的相互作用与影响不言而喻。可以说，长期来看，欧亚经济联盟应是俄罗斯经济增速和结构优化进而扩大其世界经济影响力的主要渠道，在西方经济制裁条件下，它也必然是俄罗斯对抗西方封锁、缓解其国内经济危机及实施进口替代的主要阵地。进口替代和区

[①] 王志远：《俄罗斯进口替代与欧亚经济联盟发展的协同关系》，载《新疆财经》2020年第4期。

域一体化这两个分属不同方向的经济学词汇，它同时存在于俄罗斯的国家决策之中，彼此紧密关联，而欧亚经济联盟成立后事实上俄罗斯在其中主导构建的经济合作机制也为其进口替代的再工业化建立了基础和条件。

二、联盟中俄罗斯的主导性经济地位

俄罗斯在欧亚经济联盟 GDP 总量中的占比处于绝对主导地位，表 6-1 显示的是 2014~2020 年（1~9 月）欧亚经济联盟及各成员国 GDP 值，除 2015 年，所有年份里俄罗斯的 GDP 比重超过 86%。

表 6-1　　　2014~2020 年欧亚经济联盟成员国 GDP 变化　　单位：十万亿美元

联盟成员方	2014 年	2015 年	2016 年	2017 年	2018 年	2019 年	2020 年*
欧亚经济联盟	2400.4	1626.7	1481.9	1815.3	1933.0	1967.2	1252.6
亚美尼亚	11.6	10.6	10.5	11.5	12.5	13.7	8.8
白俄罗斯	78.5	55.3	47.5	54.7	60.0	63.2	44.1
哈萨克斯坦	221.4	184.4	137.3	166.8	179.3	181.8	109.7
吉尔吉斯斯坦	7.5	6.7	6.8	7.7	8.3	8.5	5.3
俄罗斯	2081.4	1369.5	1279.8	1574.5	1673.0	1700.1	1084.7
俄罗斯的 GDP 比重（%）	86.7	84.2	86.4	86.7	86.5	86.4	86.6

注：*2020 年为 1~9 月数据。
资料来源：根据欧亚经济联盟 GDP 值计算（现价计算），欧亚经济联盟官网。

工业产值和农业产值中，俄罗斯的主导性地位依然突出，以 2020 年 1~11 月数据为例，欧亚经济联盟工业总产值为 9289.6 亿美元，其中俄罗斯的工业总产值为 8205.7 亿美元，占比为 88.3%[1]。农业方面，2020 年 1~9 月，欧亚经济联盟农业总产值为 816.8 亿美元，其中俄罗斯的农业产值为 602.6 亿美元，占 73.8%[2]。

从贸易的角度看，俄罗斯的主导地位既体现在联盟内部贸易中，也体现在联盟对外贸易中。欧亚经济联盟内部，2020 年 1~10 月联盟成员国间贸易总额（以出口计算）为 441 亿美元，其中俄罗斯出口 272.4 亿美元，

---

[1][2]　资料来源：欧亚经济联盟官网。

第六章 欧亚经济联盟框架内的俄罗斯进口替代

占 61.80%，其次为白俄罗斯、哈萨克斯坦、亚美尼亚、吉尔吉斯斯坦（见图 6-1）；从进口来看，俄罗斯贡献了其中的近 1/3（见图 6-2～图 6-5、表 6-2 和表 6-3）。

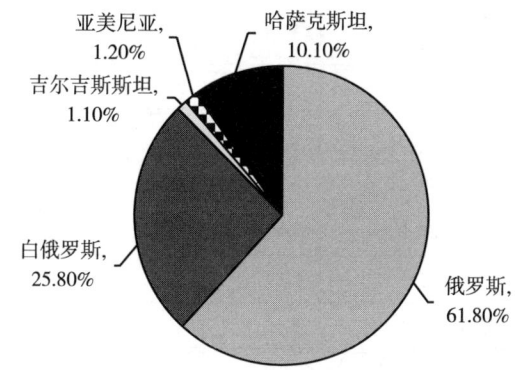

图 6-1 2020 年 1～10 月欧亚经济联盟内部各成员国贸易额占比（按出口计算）

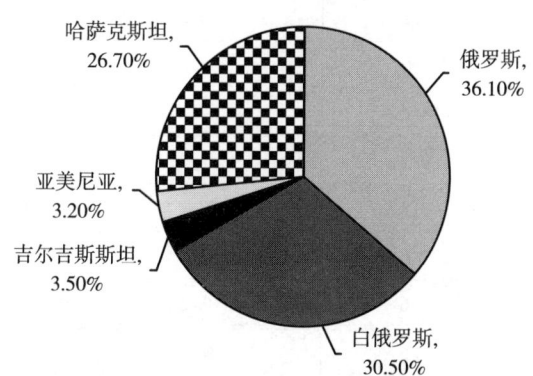

图 6-2 欧亚经济联盟各成员国相互贸易的结构（按进口计算）

资料来源：Аналитический обзор 25 декабря 2020 г.

表 6-2   2020 年 1～10 月欧亚经济联盟内部贸易

联盟成员国	出口额（百万美元）	相当于 2019 年 1～10 月的百分比（%）	比重（%）	
欧亚经济联盟	44093.2	88.4	100	
亚美尼亚	543.6	89.4	1.2	100
白俄罗斯	14.8	114.7		2.7

续表

联盟成员国	出口额（百万美元）	相当于2019年1~10月的百分比（%）	比重（%）	
哈萨克斯坦	4.6	112.4		0.9
吉尔吉斯斯坦	1.3	46.1		0.2
俄罗斯	522.9	88.9		96.2
白俄罗斯	11391.6	95.0	25.8	100
亚美尼亚	49.2	116.0		0.4
哈萨克斯坦	606.7	95.8		5.3
吉尔吉斯斯坦	57.2	113.3		0.5
俄罗斯	10678.2	94.8		93.8
哈萨克斯坦	4459.8	86.9	10.1	100
亚美尼亚	8.2	2.3倍		0.2
白俄罗斯	54.5	62.5		1.2
吉尔吉斯斯坦	452.1	90.2		10.1
俄罗斯	3945.0	86.9		88.5
吉尔吉斯斯坦	458.7	87.2	1.1	100
亚美尼亚	0.2	3.2倍		0
白俄罗斯	8.3	78.3		1.8
哈萨克斯坦	247.6	86.3		54.0
俄罗斯	202.6	88.5		44.2
俄罗斯	27239.5	86.1	61.8	100
亚美尼亚	1367.0	120.0		5.0
白俄罗斯	13361.4	75.4		49.0
哈萨克斯坦	11318.3	98.6		41.6
吉尔吉斯斯坦	1192.8	92.1		4.4

资料来源：Аналитический обзор 25 декабря 2020 г.

对外贸易方面，联盟内俄罗斯的主导地位更加明显，2020年1~10月，联盟对外贸易中俄罗斯的占比赶到82.80%，其次为哈萨克斯坦、白俄罗斯、亚美尼亚、吉尔吉斯斯坦（见图6-3）。

第六章 欧亚经济联盟框架内的俄罗斯进口替代

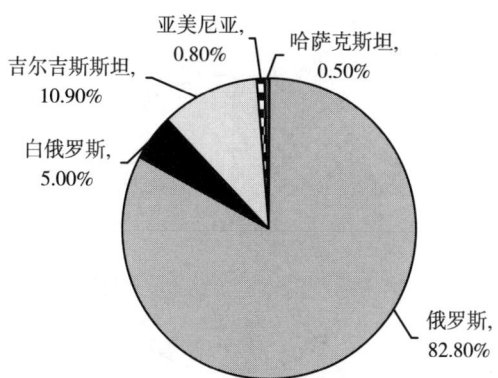

图 6-3　2020 年 1~10 月欧亚经济联盟对外贸易总额中各成员国的占比

资料来源：Аналитический обзор 25 декабря 2020 г.

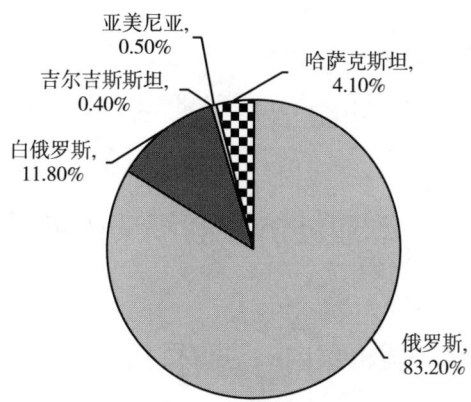

图 6-4　出口中各成员国的占比

资料来源：Аналитический обзор 25 декабря 2020 г.

表 6-3　　各成员国与第三方贸易额的比重及联盟内贸易额的比重　　单位：%

联盟成员国	与第三方贸易额的比重	联盟内贸易比重
欧亚经济联盟	85.2	14.8
亚美尼亚	66.2	33.8
白俄罗斯	50.6	49.4
哈萨克斯坦	77.4	22.6
吉尔吉斯斯坦	58.0	42.0
俄罗斯	90.7	9.3

资料来源：Аналитический обзор 25 декабря 2020 г.

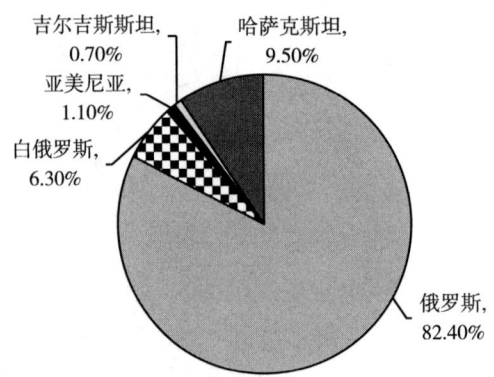

图 6-5　进口中各成员国的占比

资料来源：Аналитический обзор 25 декабря 2020 г.

俄罗斯在欧亚经济联盟中的绝对主导性地位也体现在投资、金融及其他经济方面，例如，2020 年 1~9 月联盟总投资为 1973.7 亿美元，其中，俄罗斯投资为 1673.1 亿美元，占比达 84.8%，不在此逐一说明。①

第二节　欧亚经济联盟框架内的进口替代

一、欧亚经济联盟框架内的进口替代

2015 年欧亚经济联盟正式运行，俄罗斯作为核心国家在其中发挥着重要作用。截至 2020 年，欧亚经济联盟发展没有受到美欧制裁的直接影响，但由于主导国俄罗斯施行进行替代，所有成员国也伴随式地展开进口替代。2017 年，欧亚经济委员会专门为参加俄罗斯进口替代编制了企业名单，共覆盖了机床、照明、化工、电力等 17 个行业，产品清单里囊括了飞机航空座椅、医用纱布生产等 62 种产品。② 此举意味着欧亚经济联盟主动

---

① 《Аналитический обзор 25 декабря 2020 г》.
② Перечень предприятий союза для участия в программе импортозамещения в России включает станкоинструментальную, легкую, химическую отрасли, энергетическое машиностроение и другие.

第六章　欧亚经济联盟框架内的俄罗斯进口替代

融入俄罗斯进口替代战略中，尽管这是以企业为主体参与的进口替代，但实质上已经相当于欧亚经济联盟成员国完全赞同与俄罗斯一同开展进口替代战略。①

2015年以来，俄罗斯特别重视欧亚经济联盟内部的经贸关系。在俄罗斯国家统计局对外贸易数据中，对贸易伙伴有着清楚的对象国划分，体现在独联体（Содружество независимых государств-СНГ）、欧亚经济共同体（Евразийского экономического сообщества-ЕврАзЭС）、欧亚经济联盟（Евразийского экономического союза-ЕАЭС）三个不同层面，其中欧亚经济联盟运行之后统计数据不再包括欧亚经济共同体，具体数据如表6-4所示。

表6-4　2008~2017年俄罗斯对外贸易的对象国结构　　单位：亿美元

范围	类别	2008年	2009年	2010年	2011年	2012年	2013年	2014年	2015年	2016年	2017年
所有国家	出口	4676	3017	3971	5167	5247	5260	4974	3435	2857	3578
	进口	2671	1673	2289	3058	3173	3153	2871	1829	1824	2275
独联体国家	出口	697	468	596	794	793	739	642	451	380	481
	进口	366	218	317	448	449	390	333	212	198	249
欧亚经济共同体	出口	389	274	304	409	431	408	369			
	进口	176	110	150	215	241	204	203			
欧亚经济联盟	出口								286	259	337
	进口								141	139	178

注：欧亚经济共同体成员国包括俄罗斯、白俄罗斯、哈萨克斯坦、吉尔吉斯斯坦、塔吉克斯坦，2015年之后俄罗斯不再统计与该组织进出口数据，由欧亚经济联盟成员国代替。事实上，两个组织成员国大体相同，后者仅多了亚美尼亚而少了塔吉克斯坦。

资料来源：俄罗斯联邦统计局网站．Экспорт и импорт Российской Федерации（по данным таможенной статистики）．

从表6-4可以看到，尽管俄罗斯宣称未来构建区域深度一体化合作组织，但俄罗斯与欧亚经济联盟成员国对外贸易规模尚未达到对外贸易总额的10%。欧亚经济联盟发展方向与俄罗斯高度相关，在这次进口替代中更是如此，成员国全部表现出进口下降，并且幅度和时间也与俄罗斯大体吻

---

① 王志远：《俄罗斯进口替代与欧亚经济联盟发展的协同关系》，载《新疆财经》2020年第4期。

合。由于统计口径变换，关于 2014~2015 年俄罗斯与欧亚经济联盟成员国对外贸易只能做简单估计，这样更容易对进口替代前后情形进行比较分析。在表 6-1 中，欧亚经济共同体成员中的塔吉克斯坦，在经济规模与对外贸易方面都明显低于亚美尼亚。由于这两个国家是欧亚经济共同体和欧亚经济联盟的区别所在，因此可以认为欧亚经济联盟对外贸易规模理应大于欧亚经济共同体。然而，在俄罗斯联邦统计局调整对外贸易数据口径后，俄罗斯在组织内出口从 369 亿美元下降为 286 亿美元，出口从 203 亿美元下降到 141 亿美元。[①] 由此可以初步判断，俄罗斯没有通过欧亚经济联盟范围内开展进口产品的第三国贸易，美欧经济制裁而限制出口到俄罗斯的技术与设备，欧亚经济联盟其他成员国不仅无法提供给俄罗斯，更不可能通过转口贸易代替俄罗斯从外部进口。这说明，尽管美欧制裁没有将欧亚经济联盟成员国列入制裁范围，但也不允许这些成员国帮助俄罗斯采购关键技术设备。通俗地讲，就是欧盟在制裁俄罗斯时，也关闭了经第三国进口、再出口到俄罗斯的途径，其中对欧亚经济联盟成员国更是格外关注。也就是说，俄罗斯不可能依靠欧亚经济联盟完成对欧美国家的进口替代，因此俄罗斯在寻求扩大对外贸易伙伴方面，必然更多地依靠联盟外部国家，而不是欧亚经济联盟内部本身。

2015 年初，欧亚经济联盟正式运行之时，俄罗斯同时也遭遇美欧经济制裁，原本希望继续吸引独联体国家来扩大联盟规模，在经济下滑中也不得不暂时搁置。同年 5 月，吉尔吉斯斯坦正式加入欧亚经济联盟后，至今也没有再正式扩充成员国，仅增加了观察员国。不过，这五个国家已经占据整个独联体经济份额的 85%，其中俄罗斯贡献了相当多权重，在该组织对整个欧亚地区影响力已经很大，俄罗斯初步实现"后苏联空间"经济合作整合任务。此外，欧亚经济联盟成员国总人数达到 1.838 亿人，领土面积总和近 2000 万平方千米，占世界土地面积 14%，[②] 事实上已经在世界经济中具备了举足轻重的地位。

但是，由于俄罗斯所主导的欧亚经济联盟呈现出较为特殊态势，发展

---

①② Аналитический обзор 25 декабря 2020 г.

方向同时受到两个相互矛盾的力量牵引。一方面，美欧没有对俄罗斯之外展开经济制裁，欧亚经济联盟其他成员国无须随着俄罗斯一起施行进口替代；另一方面，其他四个成员国在对外合作方面，却实实在在地跟随俄罗斯调整了发展方向。这两种情况有不同的含义：前者意味着欧亚经济联盟五个成员国之间已经形成一体化经济，俄罗斯作为其中最大的成员国遭受经济制裁，也必然会引起其他成员国产生进口替代；后者则意味着欧亚经济联盟仅是俄罗斯主导下的区域合作组织，而且合作基础与其说是经济因素，莫不如说是俄罗斯主导权所产生的地缘政治因素。为了评估这两个方面究竟哪个在起决定性作用，我们需要引入整个欧亚经济联盟成员国数据，以分析该组织经济一体化水平。

第一，讨论五个成员国各自价格水平的浮动情况。考虑欧亚经济共同体已经实现区域一体化，商品在组织内无关税壁垒，可以将国内通货膨胀换算为美元价格变动情况，以统一口径来比较国家间物价水平。设 t 年国内价格水平为 P_t，当年汇率为 E_t（直接标价法），则此两项数据在前一年分别为 P_{t-1} 和 E_{t-1}。那么，按美元价格比较的物价水平变动应当是：$(P_t/E_t)/(P_{t-1}/E_{t-1}) = (P_t/P_{t-1})/(E_t/E_{t-1})$。事实上，这个公式也就是国内通货膨胀率与货币汇率贬值率之比。据此，测算亚美尼亚、白俄罗斯、哈萨克斯坦、吉尔吉斯斯坦、俄罗斯五国的美元价格通货膨胀率如表 6-5 所示。

表 6-5　　2014~2019 年欧亚经济联盟成员国美元价格通货膨胀率　　单位：%

类别	国家	2014 年	2015 年	2016 年	2017 年	2018 年	2019 年
通货膨胀	亚美尼亚	104.6	99.9	98.9	102.6	101.8	100.7
	白俄罗斯	116.2	112.0	110.6	104.6	105.6	104.7
	哈萨克斯坦	107.4	113.6	108.5	107.1	105.3	105.4
	吉尔吉斯斯坦	110.5	103.4	99.5	103.7	100.5	103.1
	俄罗斯	111.4	112.9	105.4	102.5	104.3	103.0
汇率波动	亚美尼亚	101.5	114.9	100.5	100.5	100.5	99.0
	白俄罗斯	114.4	158.4	123.0	96.6	105.6	102.4
	哈萨克斯坦	117.8	123.7	154.3	95.3	105.7	111.0
	吉尔吉斯斯坦	110.8	120.1	108.5	98.4	100.0	101.4
	俄罗斯	119.3	159.8	110.3	87.2	107.2	103.5

续表

类别	国家	2014 年	2015 年	2016 年	2017 年	2018 年	2019 年
比值	亚美尼亚	103.1	86.9	98.4	102.1	101.3	101.7
	白俄罗斯	101.6	70.7	89.9	108.3	100.0	102.3
	哈萨克斯坦	91.2	91.8	70.3	112.4	99.6	94.9
	吉尔吉斯斯坦	99.7	86.1	91.7	105.4	100.5	101.6
	俄罗斯	93.4	70.7	95.6	117.5	97.3	99.5

资料来源：独联体统计网站. Индексы потребительских цен, в % к декабрю предыдущего года; Курс национальной валюты（средневзвешенный）, темпы роста в % к соответствующему периоду предыдущего года.

表6-5清楚地显示，2014～2019年欧亚经济联盟成员国几乎都出现了相似现象——通货膨胀低于汇率贬值的幅度，只不过时间上略有错位而已。这说明，五个成员国都可以利用本币贬值施行进口替代。相比较而言，哈萨克斯坦、吉尔吉斯斯坦的波动走势更接近俄罗斯，而亚美尼亚和白俄罗斯则略有不同，这说明在经济周期方面俄罗斯与中亚国家更为接近。

这种不约而同的进口替代，充分说明欧亚经济联盟本身处于经济一体化之中，当俄罗斯发生进口替代时，在经济深度融合条件下，其他小国也必然出现进口替代现象。

第二，评估欧亚经济联盟成员国进口替代的效果。考虑俄罗斯进口替代主要发生在农业和工业领域，对于欧亚经济联盟其他成员国来说，进口替代主要效果也应当出现在农业和工业领域（见表6-6）。

表6-6　　2014～2019年欧亚经济联盟进口替代效果评估　　单位：亿美元

国家	类别	2014 年	2015 年	2016 年	2017 年	2018 年	2019 年
亚美尼亚	工业	31.0	28.1	29.7	34.4	35.8	43.8
	农业	23.6	19.8	18.3	18.8	18.4	17.7
白俄罗斯	工业	651.4	454.3	397.0	482.0	539.5	543.4
	农业	125.7	83.3	77.5	93.4	92.4	99.9
哈萨克斯坦	工业	1032.0	673.1	542.4	695.1	800.0	760.4
	农业	175.4	149.2	107.7	124.9	129.8	136.3

第六章 欧亚经济联盟框架内的俄罗斯进口替代

续表

国家	类别	2014年	2015年	2016年	2017年	2018年	2019年
吉尔吉斯斯坦	工业	31.2	28.1	29.4	33.6	36.4	39.9
	农业	36.4	30.5	28.2	30.3	29.7	31.5
俄罗斯	工业	11432.4	8271.8	7589.7	9806.8	11045.4	10773.2
	农业	1061.6	790.4	764.2	876.0	855.3	912.7

资料来源：独联体统计网站．Продукция промышленность；Продукция сельского хозяйство（в текущих ценах）；Курс национальной валюты．

亚美尼亚进口替代发生在工业领域，而农业则出现产出下降。前者得益于汇率贬值效应，后者则是由于俄罗斯农业产出增长，在一定程度上代替了亚美尼亚农业进口替代，也就是在欧亚经济联盟内部调剂了农产品余缺。相比之下，白俄罗斯工业发展明显受到影响，这与该国地理位置有一定关系。通常情况下，俄罗斯从欧洲进口设备大多需要经过白俄罗斯，因此其工业发展同样依赖于欧洲进口。当美欧制裁启动后，2016年白俄罗斯工业产出与2014年相比，降幅达到50%以上，此后工业逐渐增长，才开始表现为进口替代。在欧亚经济联盟成员国中，哈萨克斯坦产业结构与俄罗斯最为相似，在这次进口替代中，其工业、农业走势也与俄罗斯最为接近。吉尔吉斯斯坦本身属于经济较为落后的农业国，在进口替代中是欧亚经济联盟中唯一工业产出超过2014年水平的国家，农业产出则表现为小幅度波动。这是因为，该国工业基础落后，本身很少涉及西方国家先进技术设备，受外部影响相对较小，而在俄罗斯施行进口替代时，又可以带动吉尔吉斯斯坦工业增长。俄罗斯是欧亚经济联盟中最大的经济体，工业总产值相当于第二位哈萨克斯坦的10倍，农业总产值则相当于其6倍[1]。按照美元汇率，俄罗斯工农业总产出已经恢复到接近2014年水平。但是，这仅是总量水平，结构方面如前文分析，仍然受关键技术设备的瓶颈约束。

从欧亚经济联盟成员国工业、农业整体发展形势看，经济一体化趋势非常明显，经济波动周期也大体相同，均表现为2015年大幅度下降，2016

---

[1] Продукция промышленность；Продукция сельского хозяйство（в текущих ценах）；Курс национальной валюты．

年达到低谷，2017~2019年缓慢增长。这说明，欧亚经济联盟成员国的进口替代，无论在空间上，还是在时间上，都具有相似性或一致性。事实上，整个欧亚经济联盟进口替代的效果，也正是从2017年开始显现。2018年，欧亚经济委员会工业政策部副主任亚历山大·格托夫斯基在"2018年进口替代论坛"上表示，2017年欧亚经济联盟工业进口占整个工业品市场份额比重，下降了3个百分点，而各国本国工业品市场份额同时都在增加。①

可以看到，这个刚刚正式运行五年的区域合作组织，已经形成了真实的经济一体化，这一点毋庸置疑，否则不可能在进口替代中表现出如此协同。但是，也不应由此过于高估欧亚经济联盟的区域合作机制，毕竟这种整体性主要依靠"一大四小"的独特结构，这与欧盟或东盟等其他地区合作组织结构完全不同。俄罗斯是欧亚经济联盟最大的国家，在国土面积、人口、经济总量、金融市场、对外贸易等方面都占据绝对优势，在一定程度上单凭自己就可以决定欧亚经济联盟的整体走向，而无须过度依赖区域合作机制。由此，必然在联盟内部会形成差异性，即与俄罗斯经济越是接近的国家，在这次进口替代中表现出越强的协同性，而稍远的国家则会出现一定不同。

二、欧亚经济联盟进口替代的差异性②

在欧亚经济联盟范围内，成员国进口替代表现出趋同性，由此可以证明内部经济一体化程度。但并非可以忽略成员国差异性，而单纯讨论欧亚经济联盟的整体性，特别是白俄罗斯、哈萨克斯坦、亚美尼亚、吉尔吉斯斯坦四个国家之间的不同。这是因为，在"一大多小"成员国结构中，讨论俄罗斯与其他国家的区别，本身缺乏理论和现实意义。同时，在讨论成员国进口替代差异性方面时，应当更多地从与俄罗斯关系视角出发，这样

---

① Импортозамещение в ЕАЭС демонстрирует уверенный рост, Евразийская экономическая комиссия.
② 殷红、周宇杰：《欧亚经济联盟视域下的俄罗斯工业数字化转型》，载《俄罗斯经济发展研究（2020-2021）》2021年第148期。

第六章　欧亚经济联盟框架内的俄罗斯进口替代

分析不仅更具可参照性，还有利于全面清楚地评估俄罗斯进口替代与欧亚经济联盟发展方向的协同关系。

第一，白俄罗斯"补充型"进口替代。2019年，白俄罗斯官方发布本国"进口替代政策"，具体分三个步骤：第一步，在进口替代清单列上"七种产品"，计划实现国内生产进口替代产品1.87亿美元，其中只有0.26亿美元产品用于国内投资或消费，其余1.51亿美元用于出口；第二步，与上述进口替代清单商品相关的上游国家科技产品，计划增产5491万美元，其中4612万美元科技产品用于出口；第三步，进口替代清单之外的三种商品，计划总产值为685万美元，其中包括680万美元出口产品。[①] 白俄罗斯这个计划上提出"七种商品"，此称谓并非该国发明，而是来自俄罗斯进口产品目录。因为，在俄罗斯全部进口商品中，有七种商品从美国进口比重超高，甚至在美国制裁俄罗斯之后，这七种商品进口比重仍然居高不下，个别产品从美国进口比重接近50%，很可能是未来美国继续制裁俄罗斯最为有力的潜在政策工具，自然也是俄罗斯开展进口替代的重点领域。因此，俄罗斯国内媒体将其统称为"七种商品"，分别是（括号内为2017年从美国进口比重）：（1）海关代码为SS（秘密商品）的军事和军工两用商品（53%）；（2）医疗器械设备（16.6%）；（3）包括拐杖、绷带等在内的各种人造矫形器（20%）；（4）实验室试剂（27%）；（5）化学反应促进剂和催化剂（39%）；（6）航空工业的涡轮喷气发动机（30%）；（7）艺术品和古董（47%）。[②]

可以看到，白俄罗斯所施行的进口替代计划，本身蕴含着出口计划，而且占据其中绝大部分。显然，白俄罗斯所谓的进口替代计划，主要产品并非用于国内而是出口。如果从可能的出口国来看，只能是在欧亚经济联盟内部，甚至大部分是出口到俄罗斯。这部分产品与俄罗斯进口替代总规模相比，无疑是杯水车薪，但却充分显示两国建立"俄白联盟国家"的经济合作动力。在这次欧亚经济联盟进口替代中，白俄罗斯不仅扮演好区域

---

① План мероприятий по импортозамещению Минского райисполкома на 2019 год.
② Семь товаров из США, которые занимают лидирующие позиции в структуре импорта России, LIVEJOURNAL.

合作一体化之内的成员国角色,还将本国进口替代完全融入俄罗斯整体经济计划之中。

由此,可以将白俄罗斯进口替代界定为"补充型",相当于代替俄罗斯很小部分的进口替代,由此形成"俄白联盟"范围内非常紧密的经济关系。这种合作关系,事实上已经超越了欧亚经济联盟框架,甚至如果将白俄罗斯对俄罗斯出口看作是"补充",两国经济已经非常接近完全一体化。唯一不足之处在于,白俄罗斯与俄罗斯之间尚未使用单一共同货币。尽管白俄罗斯多年呼吁在欧亚经济联盟范围内统一使用卢布结算,但此举仍然处于倡议阶段,俄白两国之间贸易也仍然需要外汇兑换。

第二,哈萨克斯坦"自主型"进口替代。近年来,哈萨克斯坦进口替代显示出立足于自身长期的经济发展,甚至在进口替代方面具有主动性和积极性。在哈萨克斯坦具体替代产品方面,与俄罗斯相比有着自身特点,从两国进口产品上看,表现为总量比例相似、产品结构不同:其一,在进口产品中,化学品占哈萨克斯坦进口总额的80%,2018年这部分产品下降2%,拉低了哈萨克斯坦工业品进口总量,这使得在总量比例上观察时,哈萨克斯坦进口替代与俄罗斯表现为相似或相近;其二,在2018年哈萨克斯坦其他进口产品方面却明显不同,特别是机械设备、木材、纺织品、塑料、运输工具等都明显上涨,而这些产品在俄罗斯进口中都表现为下降。[①]

上述现象说明,哈萨克斯坦与俄罗斯进口替代存在结构不同。然而,稍加分析还可以发现,两国进口替代不仅有着表象上的不同,而且在本质层面也存在着根本性差异。在进口替代方面,哈萨克斯坦与俄罗斯最大的不同在于,哈萨克斯坦没有直接采用以国内产品代替国外产品的计划,而是坚持与所有贸易伙伴增加合作,在国家支持和补贴领域,国内生产份额有所增长,而在直接与欧洲国家进口产品相竞争领域,进口产品所占份额并没有被大幅度替代。对此,可以找到很有代表性的两方面不同范例:其一,2013年哈萨克斯坦进口铁路型材20万吨,2016年开始尝试国内自主

---

① Импортозамешение в Казахстане 2018: товарооборот импорт и производители. KazDATA INSIDER-Текущая ситуация на рынках Казахстана. В цифрах, KazDATA INSIDER.

生产，2017年该产品进口份额已经从100%下降到12.6%；其二，2016年哈萨克斯坦卫生纸进口份额下降到21.5%，本地生产也有所增加，但2017年进口卫生纸份额迅速提高到38%，糖类生产也有类似情况，2016年进口下降到7.31万吨、国内生产提高到31.47万吨，一年之后进口份额就上升到41.3%。①

之所以认为这两个方面具有代表性，是因为其中蕴含着哈萨克斯坦进口替代的根本特点。从第一个例子可以看到，哈萨克斯坦启动进口替代时间明显早于俄罗斯，而且采取了先进口、再替代的方法，不是像俄罗斯那般进口产品下降，再以国内生产代替。恰恰是哈萨克斯坦这种合作式的进口替代，才打通某些关键技术环节，在国家产业支持政策的推动下，实现了自主生产和进口替代。这种模式与"亚洲四小龙"技术引进再创新的思路完全一致，但却与欧亚经济联盟进口替代明显不同。如果这样看，哈萨克斯坦在进口铁路型材产品时，已经开启了进口替代模式，而这个时间应当是2013年。也就是说，哈萨克斯坦某些产品的进口替代，并非跟随俄罗斯和欧亚经济联盟的步伐，而是根据自身市场需求和产业特点，独立自主并有所侧重地展开。从第二个例子卫生纸和糖类这两种产品进口替代过程来看，哈萨克斯坦应当是与整个欧亚经济联盟同步，但效果却不尽如人意。这说明，在资源禀赋和比较优势方面，哈萨克斯坦进口这两种产品更符合贸易规律和市场机制，即便是国内生产暂时代替了进口产品，最终也必须面对来自国外产品在质量和价格等方面的竞争。从更深层次上看，也说明哈萨克斯坦在进口替代方面没有刻意压制进口，也没有以高额关税和出口补贴保护全部的本国产业，而是更多地顺应市场机制和价值规律。②

由此，可以将哈萨克斯坦进口替代定义为"自主型"进口替代。这样，哈萨克斯坦进口替代在大多数领域，特别是一般消费品领域，均可采取顺其自然的办法。而在国内亟待发展的关键行业，才会采取政府补贴或

---

① Алексей Никоноров. Особенности национального импортозамещения в Казяхстане, Казақ редакциясы.
② 王志远：《俄罗斯进口替代与欧亚经济联盟发展的协同关系》，载《新疆财经》2020年第3期。

限制进口等措施,有所选择地开展进口替代。例如,2019年哈萨克斯坦依据"保护国内市场、发展国民经济"原则,宣布政府公共采购项目中不得进口国外汽车、变压器和电缆,此措施显然是推动这些领域完成进口替代,政府采购禁止进口未来也会逐步向工业、家具业和建筑材料等行业覆盖,而且机械工程类企业还可以根据"2019~2024年机械工程产业发展蓝图"向政府申请税收减免。① 需要注意的是,哈萨克斯坦在选择保护国内产业、推动进口替代方面,显然不是基于美欧制裁、俄罗斯进口替代等方面确定的产品目录,这更能说明该国进口替代的自主性特点。

第三,亚美尼亚"依附型"进口替代。亚美尼亚地处黑海北岸,西部与土耳其相连,东部和南部紧邻阿塞拜疆和格鲁吉亚,地理上没有与俄罗斯比邻的边境线。作为欧亚地区的农业国家,亚美尼亚经济发展相对落后,在工业和能源等方面同时依赖于欧洲国家和俄罗斯。在欧亚经济联盟启动进口替代后,亚美尼亚也需要紧跟欧亚经济联盟的整体步伐展开进口替代,但受到很多自身条件的限制,进口替代无法真正带动国内生产。首先,进口替代需要国内较为成熟的市场经济体制,这样才能在减少进口的同时,激励国内企业提高产量。其次,如果国内生产无法填补进口下降的"缺口",必然造成相关产品价格上涨,反而会推高国内企业的生产成本。最后,如果进口替代产品为食品和农产品,而这部分产品国内又无法补充,进口下降还会直接影响居民生活水平。这三个条件看似平常,其实对于经济本身捉襟见肘的亚美尼亚来说,很难完成进口替代。因此,亚美尼亚政府在进口替代方面动作最为缓慢,2017年1月政府才宣布尝试进口替代政策。② 与此同时,亚美尼亚经济学界就提出不能效仿俄罗斯进口替代模式,因为亚美尼亚不具备相应的经济条件,特别是在某些农产品方面,亚美尼亚很难依靠国内生产代替进口产品,况且国内有1/3生活在贫困线以下的居民,本身就无法克服食品价格上涨所造成影响。③

---

① Зачем в Казахстане усиливают режим импортозамещения, Дмитрий Покидаев.
② Армения-переходит на импортозамещение, Дмитрий Покидаев.
③ Экономисты скептически оценили перспективы импортозамещения в Армении. РИА "Фактор новости".

第六章　欧亚经济联盟框架内的俄罗斯进口替代

事实上，近年来亚美尼亚最为重要的任务，是如何填补欧洲进口产品下降"缺口"，而不是如何取而代之。因此，较为稳妥的办法是增加从俄罗斯进口的产品，代替原欧洲进口的产品。但是，这不仅会更加强化亚美尼亚对俄罗斯经济的依赖性，甚至使本国经济完全依附于俄罗斯，所谓进口替代也只能称为"依附型"。

第四，吉尔吉斯斯坦"出口导向型"。吉尔吉斯斯坦产业结构单一，对俄罗斯、中国、乌克兰乃至整个中亚国家都有较强的进口依赖，但从欧洲进口比重不高。因此，在欧亚经济联盟进口替代中，吉尔吉斯斯坦情形最为特殊。若论替代，吉尔吉斯斯坦不像其他国家那样有确定的替代对象，而若论对进口的依赖性，该国却又是欧亚经济联盟中最需要开展进口替代的国家。事实上，由于吉尔吉斯斯坦属于传统农业国，加之工业基础薄弱，对外部世界有着刚性需求，根本不可能开展进口替代。

不过，受俄罗斯和整个欧亚经济联盟影响，吉尔吉斯斯坦经济也出现衰退。为了克服经济外部影响，吉尔吉斯斯坦选择了"出口导向型"战略。如果将其归入欧亚经济联盟整体进口替代行列之中，也未尝不可。这种"出口导向型"模式，并非替代了某种具体的进口产品，而出口是以出口为导向，增加国内产业产值，从而在国民经济产出结构上提高国内生产比重。对此，吉尔吉斯斯坦经济学家给出了国际经验依据：东南亚进口替代之所以成功，恰恰在于替代进口的同时，也施行出口导向型战略；而拉丁美洲国家仅仅采取进口替代，最终导致国内物价上涨、投资下降，进口替代战略随之陷入困境[1]。相对地，吉尔吉斯斯坦国内市场容量小，无法在进口替代中实现规模经济，大多数商品都不具备替代进口商品的优势，因此开展"出口导向型"战略是理性选择。

对于吉尔吉斯斯坦来说，既然国内生产无法代替进口产品，就应当更彻底地融入国际经济合作之中，扩大吉尔吉斯斯坦与贸易伙伴的产业分工广度和深度。在这方面，吉尔吉斯斯坦具有丰富的经验，该国 1998 年就已

---

[1] Ж. Имантурова. К вопросу импортозамещения в Кыргызстане. НАЦИОНАЛЬНАЯ СТРАТЕГИЯ УСТОЙЧИВОГО РАЗВИТИЯ КЫРГЫЗСКОЙ РЕСПУБЛИКИ.

经加入世界贸易组织（WTO），不仅是欧亚经济联盟中最早加入WTO的成员国，也是独联体国家中最早入世的国家。在二十多年中，吉尔吉斯斯坦努力推动国内产业融入全球化，加之该国矿产资源丰富，在采矿业、制造业和旅游业均具有一定的国际竞争实力，但由于倾向于重点领域优先发展，该国产业结构单一问题却由此而更加突出。

2016年以来，在欧亚经济联盟成员国纷纷开展进口替代时，吉尔吉斯斯坦走出完全不同于其他国家的发展模式，以"出口导向型"代替了"进口替代"。为此，吉尔吉斯斯坦专门制定鼓励出口的五项政府支持：建立出口促进机构、优先发展优势产业、扩大出口对象国范围、提高出口产品质量、予以对外贸易金融支持。[①] 吉尔吉斯斯坦的政策导向，在欧亚经济联盟内可谓是"独树一帜"，但却并不违背整个联盟的初衷。毕竟，进口替代本质上并非单纯压低进口走向封闭经济，而是努力提高国内产业竞争能力，从而融入全球分工体系。从这个意义看，出口导向与进口替代都是同一价值取向下的不同表现而已。更何况，从大多数国家的经验来看，这两者也很难"泾渭分明"地界定清楚，通常是"进口替代"同时也有"出口导向"，区别仅仅是更侧重于哪个方面而已。

本章节详细分析了俄罗斯进口替代与欧亚经济联盟发展路径的协同关系，从中得出肯定的观点——该联盟在这次进口替代中表现出整体性特点。但是，也不能忽略欧亚经济联盟成员国的差异性特征，特别是对于白俄罗斯、哈萨克斯坦、亚美尼亚、吉尔吉斯斯坦这四个成员国来说，在进口替代展开过程中，他们表现出各自不同的特征。这两方面说明，欧亚经济联盟作为以俄罗斯为核心的区域合作组织，在运行五年来已经表现出经济一体化趋势，其中主要由最大成员国俄罗斯的拉动，因而才使成员国之间表现为整体性和协同性。但是，成员国在面对世界市场所产生的内在差异性，更是未来讨论欧亚经济联盟发展方向所必须关注的环节。

---

① Правительство Кыргызстана сделало ставку на импортозамещение. Предупреждение, Среда, 19 июля 2017.

第三节　欧亚经济联盟一体化对俄罗斯进口替代的意义

俄罗斯进口替代不仅是在其国内实施，同时，欧亚经济联盟也是其进口替代的重要平台。在制裁与反制裁条件下，欧亚经济联盟的重要意义凸显，毋庸置疑的是，在西方与俄罗斯相互实行禁运的情况下推进联盟内合作有助于俄罗斯进口替代的实施和完成。首先，联盟成员国拥有巨大的人力和自然资源潜力，丰富了俄罗斯实现包括进口替代在内的经济现代化的要素条件，联盟内其他成员国的自然出生率普遍好于俄罗斯，劳动适龄人口的比例也高于俄罗斯，在一定程度上弥补了俄罗斯劳动资源的短缺。事实上，一直以来，独联体国家与俄罗斯之间的移民（劳务）始终保持了俄罗斯净流入、其他国家净流出的趋势，成为俄罗斯经济增长的重要因素。当然，联盟成员国经济现代化所需要的高科技人力资源存在严重短缺，教育和科学研究领域的一体化合作是联盟未来要加强合作的重要领域，联盟已经出台了一些相应的制度和措施，如建立"联盟统一教育空间"等，旨在实现联盟国家高技术人才的培养以为经济现代化提供人力资本。其次，处于欧盟和亚太地区之间，欧亚经济联盟国家具有得天独厚的地理位置优势，特别是在中国提出"一带一路"倡议背景下，该地区的世界竞争力进一步增强，地缘政治经济优势进一步凸显，这些国家也成为了该地区乃至世界的交通—物流通道。最后，随着欧亚经济联盟的成立，该地区正在成为新的世界经济增长极，未来可能成为世界经济增长的发动机及源泉。欧亚经济联盟发展目标分两步走：第一步是形成联盟单一市场，为联盟成员国商品和服务交换提供可靠平台；第二步是在单一市场支撑下推进联盟商品和服务的出口竞争力。

欧亚经济联盟的成立为各成员国经济发展带来了收益，如白俄罗斯，其主要出口产品——机械制造及肉和奶制品，因缺乏国际竞争力只能出口到俄罗斯及其他独联体国家；哈萨克斯坦同样如此。俄罗斯同样是欧亚经济联盟成立的受益者。近年来，俄罗斯食品、冶金、化工、飞机制造、铁路机械制造、造船、造纸、光纤和网络设备等生产都在增加，这一方面是俄罗斯政策扶持、俄罗斯企业发展的结果；另一方面，欧亚经济联盟框架下机械制造企业的产业合作也发挥了不可或缺的重要作用。在制裁与反制裁条件下，欧亚经济联盟的一体化促进了俄罗斯产品向联盟国家的出口，刺激了俄罗斯的经济增长。同时，如来自白俄罗斯的食品也弥补了制裁导致的食品、农业原料的短缺，为俄罗斯农业进口替代的实现提供了重要条件。

从表6-7和表6-8可以看出，俄罗斯实施进口替代政策期间（西方经济制裁后），俄罗斯向欧亚经济联盟国家的进出口均出现增长，而且出口结构中加工品的比重提高，矿产品的比重从2010年的50.7%降至2015年的43.4%，之后持续下降。绝对值方面，俄罗斯对独联体国家的总出口额从2010年的596.01亿美元降至2015年的450.92亿美元，降幅达24.3%，同期，俄罗斯对欧亚经济联盟国家的出口从2010年的304.35亿美元降至285.64亿美元[1]，降幅为6.1%；2016年俄罗斯对独联体国家出口降幅为15.8%，对欧亚经济联盟国家出口下降9.2%，2017年俄罗斯对独联体国家出口回升，增幅到26.9%，对欧亚经济联盟国家出口增幅达30.3%。2018年趋势发生变化，俄罗斯对独联体国家出口增幅为14.0%，对欧亚经济联盟国家出口增幅为12.5%。进口方面同样如此，2010~2015年，俄罗斯从独联体国家进口降幅为33.2%，从欧亚经济联盟国家进口降幅6%；2016年从独联体国家进口下降6.7%，从欧亚经济联盟进口下降0.01%；2017年俄罗斯从独联体国家进口增加26.3%，从欧亚经济联盟国家进口则增加27.6%；进口方面同样在2018年出现逆转，俄罗斯从独联体国家进口增幅超过从欧亚经济联盟国家进口增幅。

---

[1] Аналитический обзор 25 декабря 2020 г.

表6-7　2010年、2015~2018年俄罗斯向欧亚经济联盟国家进出口的产品结构

单位：%

产品项目	出口					进口				
	2010年	2015年	2016年	2017年	2018年	2010年	2015年	2016年	2017年	2018年
总比例	100	100	100	100	100	100	100	100	100	100
食品、农业原料（不包括针织原料）	4.6	8.5	9.6	8.8	8.6	19.4	26.1	17.9	25.7	25.8
矿产品	50.7	43.4	37.9	37.6	38.4	10.4	19.6	11.7	12.6	12.3
化工品，橡胶	8.1	10.6	12.4	12.6	11.7	8.9	14.2	13.3	12.1	13.0
皮革原料、毛皮及其制品	0.1	0.2	0.2	0.2	0.2	0.1	0.2	0.2	0.3	0.3
原木、纸浆-纸张制品	3.0	2.8	3.2	3.1	3.1	3.2	1.7	2.0	1.9	2.0
纺织品、针织制品及鞋	0.9	1.9	2.0	1.9	2.0	5.7	4.3	6.0	5.4	6.0
金属、宝石及其制品	9.6	12.3	12.8	13.6	13.7	14.1	11.4	12.1	16.1	15.1
机器、设备及运输机械	11.6	16.0	16.9	17.6	18.3	28.7	18.5	22.7	22.0	21.6
其他	4.6	4.3	5.0	4.6	4.0	19.4	4.0	4.1	3.9	3.9

注：2010年为独联体数据，在此作为参照。

资料来源：Федеральная служба государственной статистики.

表6-8　2010年、2015~2018年俄罗斯对独联体国家进出口的产品结构

单位：%

产品项目	出口					进口				
	2010年	2015年	2016年	2017年	2018年	2010年	2015年	2016年	2017年	2018年
总比例	100	100	100	100	100	100	100	100	100	100
食品、农业原料（不包括针织原料）	4.6	9.5	11.1	10.1	9.2	19.4	20.9	23.4	22.5	22.4
矿产品	50.7	40.8	34.3	34.8	37.8	10.4	16.3	9.8	11.0	10.8
化工品，橡胶	8.1	13.5	15.4	14.8	12.7	8.9	14.8	14.2	13.4	14.7
皮革原料、毛皮及其制品	0.1	0.2	0.2	0.1	0.1	0.1	0.1	0.2	0.2	0.2

续表

产品项目	出口					进口				
	2010年	2015年	2016年	2017年	2018年	2010年	2015年	2016年	2017年	2018年
原木、纸浆-纸张制品	3.0	3.8	4.4	4.3	3.4	3.2	3.3	3.1	2.4	2.4
纺织品、针织制品及鞋	0.9	1.4	1.8	1.7	1.6	5.7	5.6	7.7	7.1	7.4
金属、宝石及其制品	9.6	11.3	12.2	12.7	13.1	14.1	13.8	14.5	17.6	18.0
机器、设备及运输机械	11.6	16.4	17.1	17.5	17.9	28.7	20.3	23.4	22.0	20.5
其他	4.6	3.2	3.5	3.9	3.2	19.4	4.9	3.7	3.7	3.5

资料来源：Федеральная служба государственной статистики.

上述趋势表明，在欧亚经济联盟成立与俄罗斯大规模实施进口替代期间，欧亚经济联盟与俄罗斯进出口的增幅均大于整个独联体，而同期，俄罗斯与独联体内第一大贸易伙伴乌克兰的进出口均出现大幅下降，出口从2010年的231.48亿美元降至2015年的92.95亿美元，降幅近60%，之后持续下降，2018年才出现回升，同比增加19.9%；进口从2010～2015年同样下降59.6%，之后持续下降，2018年尽管同比增加11.2%，但仅达到54.62亿美元，而2010年俄罗斯从乌克兰的进口额为140.47亿美元。[①]可见，欧亚经济联盟成为了俄罗斯出口和进口的主要对象，而且，农产品、化工品、针织品、冶金及机械制造产品出口均明显上升，与俄罗斯上述产品的生产趋势保持了高度一致，可以说，欧亚经济联盟国家成为了俄罗斯出口导向进口替代的重要方向，也是其得以实施和实现的重要支撑。

尽管如此，俄罗斯学者的实证分析表明，在欧亚经济联盟五个国家中，其他四个国家的进口替代总效应中一体化的贡献率均大于俄罗斯。也就是说，俄罗斯通过欧亚经济联盟推动进口替代的效果最差。其中，吉尔吉斯斯坦一体化对进口替代的贡献率为33%，白俄罗斯为26.9%，哈萨克

---

① Аналитический обзор 25 декабря 2020 г.

第六章 欧亚经济联盟框架内的俄罗斯进口替代

斯坦为 17.7%，亚美尼亚为 16.6%，而俄罗斯仅为 3.1%。①

事实如此，对于俄罗斯而言，欧亚经济联盟一体化可以起缓解制裁下的危机，但却难以满足俄罗斯长期发展的需要，依托科技进步实现创新型进口替代是俄罗斯的根本目标，从教育基础、人力资源、科技创新潜力、企业经营环境、市场制度完善等各方面看，欧亚经济联盟的拉动作用都十分有限，而且还有可能使俄罗斯陷入全球供应链的"低端锁定"。

自欧亚经济联盟成立以来，俄罗斯在极力推动联盟的区域与跨区域一体化合作，这也是俄罗斯提升其区域的乃至全球产业链、供应链的渠道之一。自 2016 年以来，欧亚经济联盟已与越南、伊朗、塞尔维亚、新加坡签署了自贸协定；目前正在与埃及、以色列和印度就自贸协定进行磋商谈判，但其贸易及投资拉动效应均很有限。以贸易为例，2017 年欧亚经济联盟与越南贸易额增长 36.7%；2018 年继续增长 12.8%，达到 67 亿美元，其中出口 27 亿美元，进口 40 亿美元，逆差 13 亿美元；2019 年大幅下降后 2020 年前七个月出口增长 19.4%，为 8.88 亿美元。②

自 2018 年起，欧亚经济与第三方国家贸易总额呈下降趋势，2019 年为 7358 亿美元（比 2018 年下降了 2.4%），2020 年前七个月贸易总额为 3420 亿美元（2019 年同期为 4140 亿美元），同比下降 17.4%。③另外，与欧亚经济联盟签署自贸协定的伊朗目前还没加入 WTO，一体化制度磋商及协调还在进行中，关税下调幅度较大，个别产品的关税需下调 82%，一体化的道路尚远。受到能源原料型经济模式的限制，俄罗斯至今没有加入 CPTPP、RCEP 的明确计划，当世界主要经济体都在积极构建新的贸易投资规则以获取区域价值链乃至全球价值链有利地位的时候，对于俄罗斯来说，最现实的可能是不断扩大以欧亚经济联盟为核心的经济融合。作为区域产业链、供应链的核心国家，俄罗斯的经济增长与结构是关键。欧亚经济联盟要想成为世界经济中举足轻重的一极，主要取决于俄罗斯经济的规

---

① Александр Апокин, Андрей Гнидченко, Екатерина Сабельникова, Потенциал импортозамещения и выгоды от экономической интеграции: дезагрегированные оценки, Экономическая политика, № 2, 2017, Ст. 60.

②③ "Цифры и факты 2020", Евразийский экономический союз.

模体量及产业驱动能力，它不仅要成为地区的增长源，还应是技术、资本、生产网络的枢纽和支点，并以此链接、整合所在区域其他国家的边缘生产能力，进而达到辐射和覆盖区域与全球的生产及与消费的能力。可见，俄罗斯创新型进口替代的关键在于其内部的资源整合，根本上，在于建立具有创新性驱动力的制度及机制。

第七章 进口替代背景下的俄欧贸易关系

第一节 俄欧贸易规模的变化

俄罗斯在西方经济制裁下实施进口替代后，其对外贸易关系的变化及其影响备受关注。制裁主要打击的是俄罗斯与欧盟之间的经济联系。来自俄罗斯的石油、天然气和其他原料与来自欧盟的技术和设备构成了它们之间最大的资金和资源流动，欧盟是俄罗斯最大贸易伙伴，占俄罗斯出口和进口的约43%；俄罗斯是欧盟第四大贸易伙伴，俄欧贸易额占欧盟贸易额的5.5%（美国是第一大贸易伙伴，占17.8%）。俄欧之间的资金和资源流动是最大的，欧盟从俄罗斯进口的石油占其进口总额的31%、天然气占37%、煤炭占1/3；奥地利、保加利亚、立陶宛、波兰、罗马尼亚、斯洛伐克、爱沙尼亚从俄罗斯进口的燃料的占比高达75%~100%；德国从俄罗斯进口的石油占25%~50%，天然气的比重占50%~75%。[①]

欧洲是俄罗斯技术现代化的主要中心，也是俄罗斯进口的主要来源地，从欧盟进口的机械和设备的比重为43%[②]。因此，西方经济制裁与俄罗斯进口替代对俄欧经贸关系的影响应是最直接和明显的。

[①②] Бьешь по другому-наказываешь себя, RGRu.

一、俄欧贸易规模大幅缩减

数据显示，2014年俄欧贸易总额骤降，由2013年的3753.94亿美元下降到2016年的2003.317亿美元，降幅达47%（见表7-1）。其中，2014年下降8.8%，2015年下降41.0%，2016年下降0.9%；同期，俄罗斯对外贸易总额由2013年的8422.11亿美元降至2016年的4677.527亿美元，降幅达44.5%，其中，2014年下降6.9%，2015年下降32.9%，2016年下降11.2%。2015年是欧盟对俄罗斯实施制裁及俄罗斯实施反制裁效果显现的主要年份，这一年俄欧贸易额降幅超过俄罗斯外贸总额的降幅达8个百分点，可见受制裁与反制裁的影响，俄欧贸易严重拖累了俄罗斯外贸的总体发展，是导致俄罗斯外贸骤降的主要原因。[①]

表7-1　　　　　　　2001~2016年俄罗斯与欧盟贸易动态

年份	俄欧贸易额（亿美元）	俄罗斯总贸易额（亿美元）	比重（%）	俄罗斯向EU出口（亿美元）	俄罗斯从EU进口（亿美元）	出口/进口（亿美元）
2001	728.4772	1417.338	51.40	543.83644	184.64075	2.95
2002	771.7677	1528.69	50.49	552.10817	219.65951	2.51
2003	971.3563	1910.017	50.86	703.16221	268.19407	2.62
2004	1293.201	2571.694	50.29	949.16435	344.03635	2.76
2005	1832.457	3401.589	53.87	1391.48975	440.96727	3.16
2006	2394.101	4393.617	54.49	1778.2456	615.85561	2.89
2007	2558.894	5519.924	46.36	1687.37265	871.5214	1.94
2008	3839.354	7350.452	52.23	2674.68891	1164.6655	2.30
2009	2384.303	4726.226	50.45	1597.8486	786.45406	2.03
2010	2781.07	6259.792	44.43	1846.70734	934.36221	1.98
2011	3541.802	8230.841	43.03	2305.44102	1236.36145	1.86
2012	3784.291	8409.593	45.00	2457.09745	1327.19318	1.85
2013	3753.94	8422.11	44.57	2412.46056	1341.47944	1.80

---

① 殷红、高祥红、刘菲：《西方经济制裁背景下的俄欧贸易关系》，载《俄罗斯东欧中亚研究》2018年第5期。

第七章 进口替代背景下的俄欧贸易关系

续表

年份	俄欧贸易额（亿美元）	俄罗斯总贸易额（亿美元）	比重（%）	俄罗斯向EU出口（亿美元）	俄罗斯从EU进口（亿美元）	出口/进口（亿美元）
2014	3424.623	7844.823	43.65	2244.09107	1180.53219	1.90
2015	2022.028	5266.896	38.39	1367.79878	654.22941	2.09
2016	2003.317	4677.527	42.83	1306.17192	697.14479	1.87

注：比重是根据俄欧贸易额占俄总贸易额计算得出的，最后一列出口/进口是俄罗斯向欧盟出口额与俄罗斯从欧盟进口额的比值。

资料来源：UNCTAD数据库。

在俄欧贸易中，俄罗斯始终呈顺差，历年俄罗斯对欧盟的出口与进口比值均大于1（见表7-2）。2013~2016年俄罗斯对欧盟出口下降45.9%，其中，2014年下降7.0%，2015年下降39.0%，2016年下降4.5%；2013~2016年俄罗斯从欧盟进口下降48.0%，其中，2014年下降12.0%，2015年下降44.6%，2016年下降3.8%。同样，制裁与反制裁后果最明显的2015年，俄罗斯对欧盟出口及俄罗斯从欧盟进口都大幅下降，进口下降幅度超过出口降幅近6个百分点，俄罗斯对欧盟贸易顺差加大。

表7-2　2001~2016年俄罗斯与欧盟各成员国进出口加总情况　单位：亿美元

国家	俄欧贸易总额	俄罗斯进口总额	俄罗斯出口总额	总出口/总进口
奥地利	506.4698	333.1162	173.3536	0.52
比利时	1093.60996	405.37498	688.23498	1.70
保加利亚	426.45086	69.07123	357.37963	5.17
克罗地亚	168.55679	33.51499	135.0418	4.03
塞浦路斯	384.67975	5.40588	379.27387	70.16
捷克共和国	964.86438	418.73495	546.12943	1.30
丹麦	409.17715	206.58805	202.5891	0.98
爱沙尼亚	411.30509	81.91348	329.39161	4.02
芬兰	1962.04503	598.18636	1363.85867	2.28
法国	2141.72672	1140.62264	1001.10408	0.88
德国	6597.28461	3562.71964	3034.56497	0.85
希腊	458.37911	53.31342	405.06569	7.60

续表

国家	俄欧贸易总额	俄罗斯进口总额	俄罗斯出口总额	总出口/总进口
匈牙利	1055.57263	328.57239	727.00024	2.21
爱尔兰	178.10327	118.19846	59.90481	0.51
意大利	4627.44031	1268.8088	3358.63151	2.65
拉脱维亚	823.76426	70.70056	753.0637	10.65
立陶宛	640.73328	115.99756	524.73572	4.52
卢森堡	25.26213	18.37171	6.89042	0.38
马耳他	202.90954	5.33476	197.57478	37.04
荷兰	6824.70116	548.02224	6276.67892	11.45
波兰	2631.87312	714.2446	1917.62852	2.68
葡萄牙	124.94446	46.63044	78.31402	1.68
罗马尼亚	456.43172	148.47823	307.95349	2.07
斯洛伐克	862.20971	272.99493	589.21478	2.16
斯洛文尼亚	155.97638	128.24249	27.73389	0.22
西班牙	969.28908	423.2522	546.03688	1.29
瑞典	875.98596	397.47539	478.51057	1.20
英国	2105.23575	753.41061	1351.82514	1.79
EU28	38084.98201	12267.29719	25817.68482	2.10

资料来源：笔者根据 UNCTAD 数据库整理得到。

自 2016 年第三季度起，俄欧贸易进入回升趋势，但与西方经济制裁之前相比仍有很大差距（见图 7-1）。

二、俄欧贸易份额的变化

受经济制裁与反制裁的影响，俄欧贸易占俄罗斯外贸总额的比重持续下降，2013 年这一数值为 49.4%，2014 年降至 48.2%，2015 年为 44.8%，2016 年继续下降至 42.8%。2014~2016 年，俄罗斯对外贸易均为负增长，而俄欧贸易的降幅均超过俄罗斯外贸总额的降幅，因此俄欧贸易的比重

第七章 进口替代背景下的俄欧贸易关系

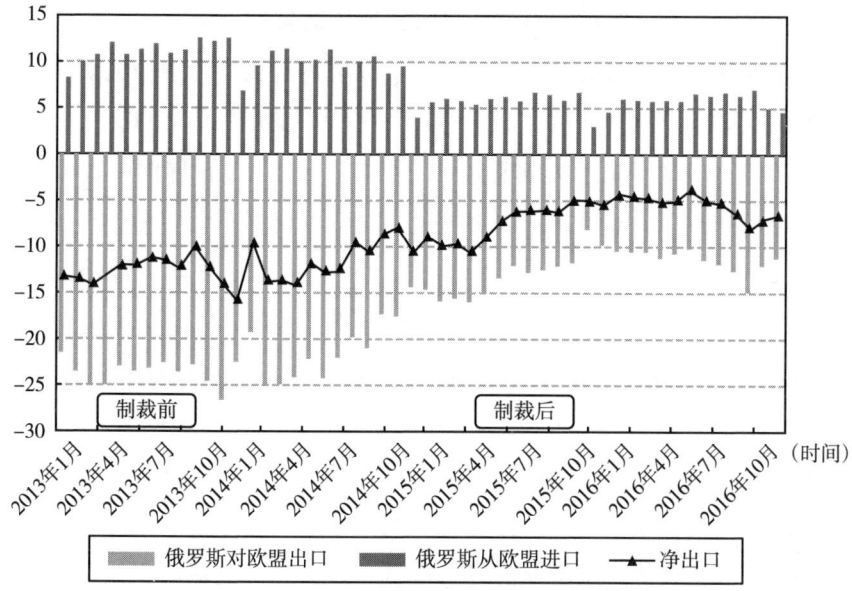

图 7-1 西方经济制裁前后俄欧贸易额的变化

注：具体数值如表 7-1 所示。
资料来源：IMF 数据库。

持续下降。①

但是，进入 2017 年，随着俄罗斯总体形势趋好，俄欧贸易形势明显回升。2017 年 1~5 月俄罗斯外贸额环比增幅超过 20%，俄欧贸易额环比超过 30%，因而俄欧贸易的比重有所回升，为 44.6%，较西方经济制裁之前的近 50% 仍有差距。②

---

① 资料来源：笔者根据俄罗斯联邦统计署 Доклад "Социально-экономическое положение России" 2014 年、2015 年、2016 年及 2017 年 1~5 月数据统计得出。

② 以上数据均来自俄罗斯联邦统计署 Доклад "Социально-экономическое положение России" 2014 年、2015 年、2016 年及 2017 年 1~5 月。关于俄欧贸易份额，即便是俄罗斯联邦统计署，因统计方法不同，其数值也存在不同版本，例如在 Доклад "Социально-экономическое положение России" 中是按照出口加进口的贸易总额计算的，而在俄罗斯统计年鉴（Российский статистический ежегодник）里却是按照出口额计算的；再如 UNCTAD（联合国贸易和发展会议）数据库，其数值与俄罗斯联邦统计署的数据的差别则更大了，根据他们的统计，在欧盟内部，对俄罗斯贸易第一大贸易伙伴国为荷兰，其比重超过 19%，德国、意大利、波兰、法国、英国、芬兰与俄罗斯的贸易比重依次约为 15.5% ±1%、12% ±0.5%、6% ±0.5%、5%、5% ±0.5% 和 4.8%，而根据俄罗斯联邦统计署的数据，2015 年之后德国为欧盟内部对俄罗斯第一大贸易伙伴。关于俄欧贸易份额部分，本书采用了俄罗斯联邦统计署的数据。

受经济制裁与反制裁的影响,欧盟国家中对俄罗斯第一大贸易伙伴的排名发生变化,2015年德国超过荷兰成为欧盟内对俄罗斯第一大贸易伙伴国。德国在21世纪初始终为对俄罗斯第一大贸易伙伴国,2009年被荷兰追平,2010~2013年荷兰为欧盟内对俄罗斯第一大贸易伙伴国,直至2014年西方经济制裁后,德国重新成为欧盟内对俄罗斯第一大贸易伙伴国,其次为荷兰、意大利、法国、波兰、英国、芬兰。[①] 法国在西方经济制裁后对俄罗斯贸易的份额从2.2%上升至2016年的2.8%,原因是2016年在俄欧贸易总额下降15%的情况下,俄法贸易额却增长了14.1%,体现了经济合作产生的积极影响。

此外,欧盟内一些国家因对俄罗斯实施经济制裁的态度不同也导致其对俄罗斯贸易份额发生变化。像波兰、英国、瑞典、芬兰、立陶宛等国家坚决主张并积极实施对俄罗斯的经济制裁,因而经济制裁与反制裁后,这些国家在俄欧贸易中的份额呈现下降趋势。但是,贸易份额有所增加的国家也不在少数,除了前述的法国外,还有奥地利、比利时、克罗地亚、捷克、丹麦、爱沙尼亚、爱尔兰、拉脱维亚、卢森堡、马耳他、斯洛文尼亚、西班牙及德国,其中,德国、比利时和拉脱维亚的份额的增幅超过1个百分点。[②]

除了上述变化外,欧盟内对俄罗斯贸易两极分化的结构没有改变,德国、荷兰、意大利、波兰、法国、英国、芬兰这7个国家与俄罗斯的贸易额在俄欧贸易总额中所占比重超过70%,而相当一部分国家,如克罗地亚、斯洛文尼亚、葡萄牙、马其他、爱尔兰、卢森堡的合计占比还不足1%,其他国家居中。[③]

---

① 笔者根据UNCTAD(联合国贸易和发展会议)数据库的数据整理。
② 2014~2015年奥地利对俄罗斯贸易总额从7.69亿美元升至11.63亿美元,保加利亚从14.63亿美元升至18.89亿美元,罗马尼亚从14.61亿美元升至16.79亿美元。资料来源:俄罗斯联邦统计署《2016年俄罗斯统计年鉴》。
③ 笔者根据UNCTAD数据库整理得到。

第二节 俄欧贸易品结构的变化

一、俄欧贸易结构失衡依然显著

依照《国际贸易标准分类》第 4 次修订版（SITC. Rev4），本书将贸易商品分为 0~9 共 10 类（见表 7-3）。在 10 类标准分类下，又可将其归结为初级产品和工业制品两大类，其中初级产品可视为资源密集型产品（具体包括 SITC0—SITC4）；工业制品又可分为资本和技术密集型产品（SITC5、SITC7 和 SITC9）和劳动密集型产品（SITC6 和 SITC8），[①]本书按照这种由大到小、由面到点的方式观察经济制裁前后俄欧贸易商品结构的变化。

表 7-3　《国际贸易标准分类》第 4 次修订（SITC. Rev4）分类计划

类别代码	分类描述	特殊说明
SITC-0	食品和活动	SITC0~SITC4 属于初级产品，可视为资源密集型产品
SITC-1	饮料及烟草	
SITC-2	非食用原料（不包括燃料）	
SITC-3	矿物燃料、润滑油及有关原料	
SITC-4	动植物油、脂和蜡	
SITC-5	未另列明的化学品和有关产品	SITC-5、SITC-7、SITC-9 属于工业制品，可视为资本和技术密集型产品
SITC-6	主要按原料分类的制成品	
SITC-7	机械及运输设备	
SITC-8	杂项制品	SITC-6、SITC-8 属于工业制品，可视为劳动密集型产品
SITC-9	SITC 未另分类的其他商品和交易	

---

① 尚宇红：《2001~2011 年中国与中东欧国家货物贸易结构分析》，载《俄罗斯中亚东欧市场》2013 年第 2 期。

2007～2016年，俄欧贸易中资源密集型产品（S0～S4）的占比达57.41%（见图7-2），资本、技术密集型产品（S5、S7、S9）占28.04%，劳动密集型产品（S6、S8）占14.55%，可见，俄欧贸易中资源密集型产品占据主要地位。资源密集型产品中，矿物燃料、润滑油及有关原料（SITC3）又占到89.54%，动植物油、脂和蜡仅占到0.5%，因此，资源密集型产品中，矿物燃料等原料又是俄欧贸易的重中之重。根据BP Statistical Review of World Energy网站公布的数据，2015年俄罗斯原油出口的62.24%、石油相关产品的59.24%送往欧洲，在欧洲石油进口量的占比分别是32.48%和48.33%。同年，俄罗斯向欧盟天然气管道输送量占总输送量的63.97%，以德国、意大利、比利时进口量最多，而欧洲天然气进口中约39.81%是来自俄罗斯。①

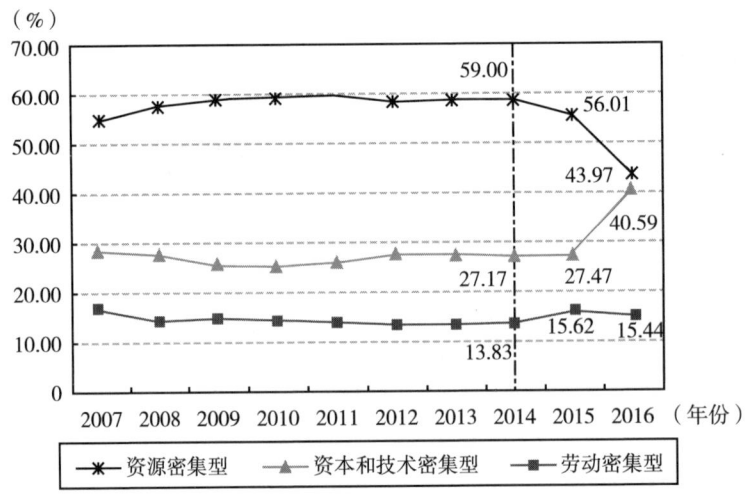

图7-2　2007～2016年俄罗斯与欧盟货物贸易商品结构趋势
资料来源：笔者根据UNCTAD数据库整理得到。

此外，从三大分类法来看，2007～2016年俄罗斯出口欧盟的资源密集型产品明显顺差，而资本和技术密集型产品明显逆差，劳动密集型产品的进出口基本持平。具体地，从10小类分法看，俄罗斯资源密集型产品的顺

---

① 资料来源：BP Statistical Review of world energy（2007-2014），"Natural Gas：Trade Movements"。

第七章 进口替代背景下的俄欧贸易关系

差得益于 S2 与 S3 产品（包括非食用原料和矿物原料，不包括燃料）的顺差，其他的 S0、S1、S4（食品类原料）三类均为逆差。资本和技术密集型产品的逆差是因为 S5 和 S7（化工产品和机械设备）的逆差。劳动密集型产品中 S6（按原料分类的制成品）是顺差，而 S8（杂项制品）是逆差。这清楚地表明，俄欧贸易中欧盟对俄罗斯能源（主要是石油和天然气）的严重依赖，而俄罗斯则严重依赖来自欧盟的技术和资本密集型产品的进口（见表 7-4）。

表 7-4　　　　　　　　　　2014 年俄欧贸易结构

商品名称	进口（出口）金额（亿美元）	占比（%）
出口共计	2590.517	100
矿产燃料，石油及其制品，沥青	2153.319	83.1
黑色金属	55.823	2.2
天然珍珠或养殖珍珠、宝石或半宝石；贵金属、金属、镀金贵金属等	42.161	1.6
铜及其制品	40.568	1.6
镍及其制品	39.224	1.5
其他	259.422	10.0
进口共计	1184.869	100
核反应堆、锅炉、设备及机械装置	258.522	21.8
地面运输工具及其配件，不包括铁路运输工具或有轨电车车厢	146.146	12.3
电动车、设备及其配件；录音设备及制音仪器、录制仪器、电视成像及声音处理设备及其配件	124.599	10.5
医药产品	96.705	8.2
塑料及其制品	55.345	4.7
工具及光学仪器、摄影、录像设备、测量、监控、精密仪器、医疗或外科用仪器	35.536	3.0
精油、树脂油；香水、化妆或洗漱用品	28.363	2.4
黑色金属制品	28.558	2.4
纸张、纸板及其制品	23.378	2.0
其他化学品	21.029	1.8
飞行器、太空仪器及其配件	21.428	1.8

续表

商品名称	进口（出口）金额（亿美元）	占比（%）
酒、无酒精饮料及醋	20.296	1.7
鞣制提取物或染料；单宁酸及其制品、涂料、颜料及其他染料、油漆	18.072	1.5
其他	306.897	27.4

资料来源：Федеральная таможенная служба. Таможенная статистика внешней торгов-ли. Режим доступа, 2022 - 02 - 28.

二、三大类贸易品比重发生改变

经济制裁及俄罗斯实施进口替代后，俄欧贸易中三大类贸易品的结构发生改变，体现在以下三个方面。

第一，资源密集型商品的比重大幅下滑。从图 7 - 2、图 7 - 3 可看到，资源密集型产品比重在 2014 年经济制裁后下滑，特别是在 2015～2016 年下滑幅度较大，于 2016 年下降到 50% 以下的水平。在资源密集型产品中，SITC - 3 类（包括矿物燃料、润滑油及有关原料）商品比重下滑幅度较为

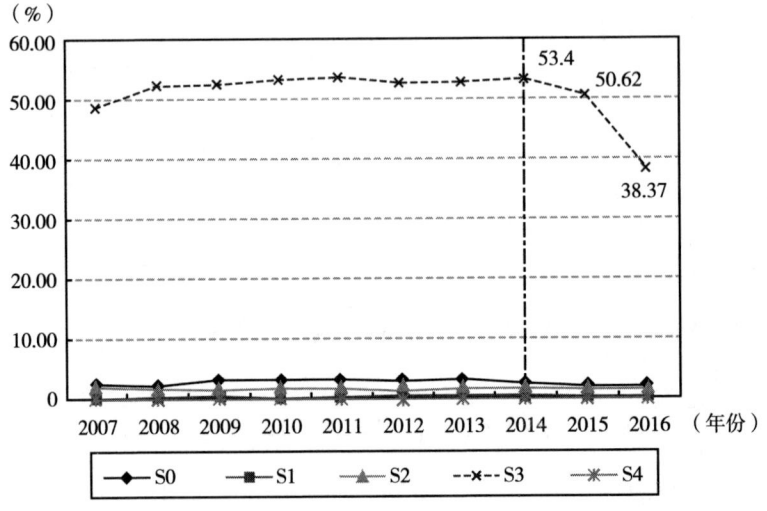

图 7 - 3　资源密集型商品（S0～S4）占比变化

资料来源：笔者根据 UNCTAD 数据库整理得到。

明显,从 2015 年的 50.62% 滑落到 2016 年的 38.37%;其他四类商品变动幅度较小。SITC-3 类商品的占比骤降不难理解,俄罗斯对欧盟部分国家实施了天然气出口禁令等反制裁举措,直接影响了俄欧贸易中的能源贸易量,尤其是天然气的输送量。

在俄欧贸易中,SITC-0 类商品(食品)的贸易额也严重下降,2013~2016 年,食品类商品贸易额下降了 61.2%(分别为 126.59 亿美元、101.74 亿美元、48.85 亿美元和 49.11 亿美元)。图 7-5 很难看出 SITC-0 类商品(食品)比重的变化,实际上此类商品的比重自 2014 年开始也出现了下滑,2013~2016 年,其占比分别是 3.37%、2.97%、2.42% 和 2.45,可见,经济制裁与反制裁后,SITC-0 类商品(食品)的绝对量及相对量均下降了。

因为资源密集型产品在俄欧贸易中的比重过半,而资源密集型产品主要来自俄罗斯一方,因此,在制裁与反制裁中,俄罗斯方面实施的反制裁措施对俄欧贸易乃至俄罗斯对外贸易的总体影响甚大。当然,不能简单地由此认为,俄罗斯实施的反制裁对俄欧贸易的破坏力超过欧盟实施对俄罗斯的制裁,资源密集型的初级产品的禁运与资本技术密集型加工品的限制,哪个对经济的影响更大,需要看这些产品在不同国家经济中的地位、影响及是否存在可替代产品等。但是,从量上看,俄罗斯方面的反制裁措施对俄欧贸易的影响更加集中、直接而明显。

第二,资本和技术密集型商品的比重有所增加。在资本技术密集型产品领域,欧盟是顺差国,换言之,欧盟对俄罗斯出口产品以资本和技术密集型为主。众所周知,以欧盟为主导的西方经济制裁的主要措施是在技术和设备上对俄罗斯实施禁运和限运,因此,这部分产品在西方经济制裁后出现下降是意料之中的。2014~2016 年欧盟对俄罗斯第 7 类产品,即机械及运输设备的出口额从 2014 年的 606.85 亿美元降至 2016 年的 309.01 亿美元,两年时间里下降了近一半;第 5 类商品化学类有关产品的贸易额也从 2014 年的 318.41 亿美元降至 2016 年的 220 亿美元左右,下降了近 1/3。[①] 但

---

① 资料来源:笔者根据 UNCTAD 数据库整理得出。

是，由于资本和技术密集型商品的降幅不敌资源密集型产品的跌幅，结果以机械和运输设备为主的第 7 类产品在俄欧贸易中的比重反而增加，由 2014 年的 27.17% 升至 2016 年的 40.59%，与资源密集型产品的 43.97% 几乎持平（见图 7-2 和图 7-3）。

第三，劳动密集型商品的比重小幅上升。2014～2016 年，俄欧贸易中劳动密集型产品的占比出现了小幅上升。特别是第 6 类产品（按原料分类的制成品）的贸易额明显增加，第 8 类产品（杂项制品）的占比也有微弱上升的趋势，这应该是资源密集型产品与资本和技术密集型产品均大幅下降的结果。从整个俄欧贸易商品结构的分析来看也可知道，劳动密集型产品在俄欧贸易中的占比最小，但也是俄欧贸易不可忽视的一部分，占比基本维持在 15% 以上。

三、俄欧贸易商品结构变化的分段式比较

为进一步分析俄欧贸易商品结构变化的特点，本书设定了分段式比较，如表 7-5 所示[①]。从表 7-5 第二、第四列"占比"一栏可见，制裁后 S0、S3、S7 这三类商品的占比都出现了不同程度的下降。从表 7-5 第三列"出口/进口"一栏也可看到，S0、S3、S7 这三类商品的（出口/进口）值都不同程度地上涨了，这与美欧制裁及俄罗斯反制裁内容关系很大。其中 S0 是食品及活动物，俄罗斯反制裁措施中对部分严重依赖农产品出口的欧盟成员方实施了食品进口禁令，减少了从欧盟的进口量，从而使 S0 这类商品的（出口/进口）值增大。S3 是矿物燃料、润滑油及有关原料，俄罗斯反制裁内容其中一项是对波兰、斯洛伐克和罗马尼亚天然气供应量分别减少 24%、10% 和 5%，俄罗斯 S3 产品的出口量会减少；而 S7 是机械及运输设备，由于欧盟禁止向俄罗斯出口能源开采设备、微型先进

---

① 分段式比较是为了反映西方经济制裁后各种商品结构情况，因此分段式比较（一）将 2007～2016 年分为了 2007～2013 年和 2014～2016 年两段；分段式比较（二）是将 2007～2016 年分为了 2007～2014 年和 2015～2016 年两段，分段式（二）设定的目的是方便观察经济制裁这一政策性制度措施所产生的经济效果的滞后性。

第七章 进口替代背景下的俄欧贸易关系

材料和电子元件和军工武器等产品,势必会降低俄罗斯 S7 类产品的进口量,其(出口/进口)值势必增大。

表 7-5 制裁前后俄欧货物贸易商品结构的分段式比较

项目	分段式比较(一)				分段式比较(二)			
	占比(%)		出口/进口		占比(%)		出口/进口	
	制裁前	制裁后	制裁前	制裁后	制裁前	制裁后	制裁前	制裁后
	2007~2013	2014~2016	2007~2013	2014~2016	2007~2014	2015~2016	2007~2014	2015~2016
S0	3.20	2.70	0.1	0.32	3.15	2.43	0.11	0.44
S1	0.60	0.70	0.04	0.07	0.65	0.73	0.05	0.08
S2	2.00	2.00	3.16	2.76	1.98	2.15	3.11	2.74
S3	52.40	48.60	205.49	207.38	52.51	44.52	204.79	214.84
S4	0.30	0.20	0.58	0.58	0.30	0.17	0.58	0.57
S5	8.50	10.20	0.27	0.3	8.61	11.00	0.28	0.30
S6	11.20	11.50	1.69	1.82	11.08	12.56	1.67	2.00
S7	17.40	16.70	0.06	0.12	17.47	15.87	0.06	0.14
S8	3.20	3.90	0.08	0.1	3.25	3.42	0.08	0.13
S9	1.10	3.90	7.22	10.1	1.00	7.13	7.38	9.92

资料来源:笔者根据 UNCTAD 数据库整理得到。

虽然分段比较区间仅相差 1 年,但将分段式比较(一)和分段式比较(二)作比较也可看到些许差异。从第二、第四列"占比"栏来看,S0、S3、S7 这三类商品的占比变化幅度都有不同程度的增加。分段式比较(一)中 S0 比重下滑了约 16 个百分点,而分段式比较(二)中却下滑了约 23 个百分点;同理 S3 比重在分段式比较(一)、分段式比较(二)表中分别下滑了约 7 个和 15 个百分点;而 S7 的比重在分段式比较(一)、分段式比较(二)表中分别下滑了约 4 个和 9 个百分点。由第三、第五列"出口/进口"一栏也得出相同结果。这种现象是西方对俄罗斯经济制裁及俄罗斯反制裁所产生的经济滞后效应的充分体现,这个结论有待进一步观察和考证。

总体来看,俄欧贸易具有总量庞大、贸易商品种类较为集中、贸易往来不均衡、贸易结构严重失衡等特点,其中俄罗斯向欧盟的出口集中在以石油、天然气为主的能源方面，而欧盟向俄罗斯出口则以生产资料、机械设备等资本及技术密集型产品为主。然而，不管是西方对俄罗斯的经济制裁还是俄罗斯的反制裁措施都试图切割俄欧贸易的"动脉"，以此达到经济制裁与反制裁的目的。西方经济制裁背景下的俄欧"贸易战"严重破坏了俄欧贸易的规模，表面上的结构升级，即资源密集型商品比重的下降和资本技术密集型商品比重的增加，也只是因为二者绝对量的降幅的差异造成的逆向结果。上述分析也充分显示了俄罗斯方面实施的反制裁措施对俄欧贸易的整体影响甚大，尽管这很大程度上是旨在促进进口替代目标的实现。

第三节 俄欧贸易关联性的变化

贸易依赖度、互补性及竞争性三个指标既可以反映双边贸易关系的特点，也可以从中观察双边贸易发展的潜力及趋势，对这三个指标的测算，是全面掌握西方经济制裁后俄欧贸易关系变化的重要渠道。

一、贸易依赖度出现转折

贸易依赖度是度量双边贸易关系紧密程度的指标，其公式如下：

$$TCD_{ij} = (X_{ij}/X_i)/(M_j/M_w) \qquad (7-1)$$

其中，TCD_{ij} 表示 i 国对 j 国的贸易依赖度；X_{ij} 表示 i 国对 j 国的出口额；X_i 表示 i 国的出口总额；M_j 表示 j 国的进口总额；M_w 表示世界进口总额。

贸易依赖度衡量标准是以 1 为临界点，$TCD_{ij}>1$ 表明 i、j 两国贸易联系较紧密，i 国对 j 国的贸易依赖比较强；反之，表示 i 国对 j 国贸易依赖性小。当 $TCD_{ij}>TCD_{ji}$ 时，则表明 i 国对 j 国的贸易依赖程度比 j 国对 i 国的高，反之同理。图 7-4 显示了西方经济制裁前后俄欧贸易依赖度的变化。

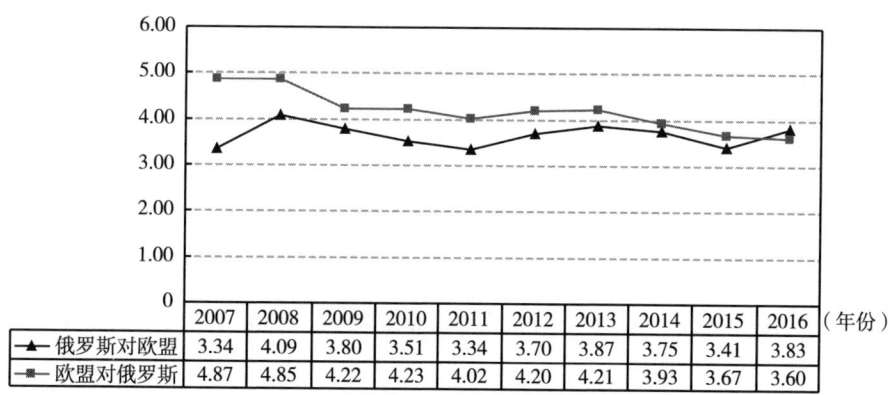

图 7-4　2007～2016 年俄罗斯与欧盟的贸易依赖度指标值
资料来源：笔者根据 UNCTAD 数据库整理。

首先，俄欧贸易依赖度相当高，无论是俄罗斯对欧盟还是欧盟对俄罗斯的依赖度指数均大于 3。2008 年之前，欧盟对俄罗斯贸易依赖度明显高于俄罗斯对欧盟贸易依赖度，自 2009 年起，俄欧贸易依赖度的差距不断收缩，其中欧盟对俄罗斯贸易依赖度在逐渐下降，而俄罗斯对欧盟的贸易依赖度有所上升。西方经济制裁与俄罗斯实施进口替代后，2015 年俄罗斯对欧盟的贸易依赖度与欧盟对俄罗斯的贸易依赖度均明显下降。之后，俄罗斯对欧盟的贸易依赖度迅速反弹，从 3.41 升至 3.83，从而超越欧盟对俄罗斯的贸易依赖度，扭转了之前近十年欧盟对俄罗斯贸易依赖度超过俄罗斯对欧盟贸易依赖度的发展趋势。尽管西方经济制裁与俄罗斯的反制裁在其中发挥了作用，但图 7-4 显示，这一趋势始于国际金融危机，这是一个值得关注并深入研究的现象。

二、贸易互补性减弱

贸易互补性指数是用于衡量贸易的互补程度和贸易关系的紧密程度，该指数考虑了贸易国家出口比较优势和进口比较劣势两方面因素。当一国集中出口的产品正好是另一国集中进口的产品时，说明两国贸易互补性指数较大；相反同理。其计算公式如下：

$$C_{ij}^{xi} = \sum C_{ijk}^{xi}(X_w^k/X_w) = \sum [(RCA_{xi}^k \cdot RCA_{mj}^k)(X_w^k/X_w)]$$
(7-2)

其中，$C_{ij}^{xi} = RCA_{xi}^k \cdot RCA_{mj}^k$ 为 i 国出口与 j 国进口间在产品 k 上的贸易互补指数；RCA_{xi}^k 表示用出口来衡量 i 国在商品 k 上的显性比较优势；RCA_{mj}^k 则表示用进口来衡量 j 国在商品 k 上的显性比较劣势，具体的计算公式如下：

$$RCA_{xi}^k = (X_i^k/X_i)/(X_w^k/X_w) \text{ 和 } RCA_{mj}^k = (M_j^k/M_j)/(X_w^k/X_w)$$
(7-3)

其中，X_i^k 为 i 国 k 商品出口额，X_w^k 为世界 k 产品出口额；X_i 分为 i 国的出口总额，X_w 为世界出口总额；M_j^k 为 j 国 k 产品进口额；M_j 为 j 国所有商品进口总额。

俄欧的综合贸易互补性指数 C_{ij} 是以俄罗斯各类商品的显性比较优势指数和欧盟各类商品的显性比较劣势指数来衡量的，以此为基础计算出综合指数 C_{ij}^{xi}、C_{ij}^{mj}，指标数值以 1 为分界点，数值越大，说明出口国同进口国的互补性要高于其他市场的平均水平，两国贸易关系比较紧密、互补性高；反之说明两国双边贸易互补性较弱。

无论是以俄罗斯为出口国还是以欧盟为出口国，综合贸易互补性指数均大于 1，说明俄欧贸易互补性较为显著。其中，以俄罗斯为出口国的综合互补性明显强于以欧盟为出口国的互补性，这说明俄罗斯对欧盟的出口和进口依赖要明显强于欧盟对俄罗斯的出口和进口依赖。此外，不同贸易商品的互补性存在差异，从初级产品来看，俄罗斯具有明显的出口比较优势，而从劳动、资本和技术密集型产品来看，欧盟则具有明显的出口比较优势。

西方经济制裁后俄欧贸易互补性出现明显变化，表 7-6 显示，2014 年以来俄欧贸易互补性指数呈下降态势，尤其是以俄罗斯为出口国的综合互补性指数下降较为明显。

表 7-6　西方经济制裁前后俄欧贸易互补性指数对比

国家分类	产品分类	2010 年	2011 年	2012 年	2013 年	2014 年	2015 年	2016 年
以俄罗斯为出口国	初级产品	3.97	3.50	4.01	3.92	3.88	4.46	3.12
	劳动密集型产品	0.47	0.41	0.45	0.46	0.48	0.57	0.51
	资本和技术密集型产品	0.29	0.30	0.20	0.20	0.20	0.24	0.52
	综合贸易互补性指数	1.23	1.21	1.27	1.27	1.22	1.21	0.98
以欧盟为出口国	初级产品	0.39	0.30	0.34	0.34	0.37	0.54	0.63
	劳动密集型产品	0.88	0.82	0.94	0.98	0.92	0.81	0.72
	资本和技术密集型产品	1.45	1.70	1.53	1.51	1.49	1.30	1.27
	综合贸易互补性指数	1.05	1.10	1.07	1.07	1.06	1.02	1.01

注：产品分类按照《国际贸易标准分类》第 4 版（SITC, Rev.4），初级产品包括 SITC0~SITC4，劳动密集型产品包括 SITC6 和 SITC8；资本和技术密集型产品包括 SITC5、SITC7、SITC9 三类。
资料来源：笔者根据 UNCTAD 数据库整理。

三、贸易竞争性加强

产业内贸易指数是衡量两国贸易水平的指标，一方面，产业内贸易指数高意味着两国贸易的水平较高；另一方面，该指标也一定程度上反映两国贸易关系的竞争性。本书选取格鲁布尔（Grubel）和劳埃德（Lloyd）提出的、被认为是迄今为止最具科学性也最为权威的产业内贸易指数（G-L 指数）来进行分析，其计算公式如下：

$$GL_{ij}^k = 1 - \frac{|X_{ij}^k - M_{ij}^k|}{(X_{ij}^k + M_{ij}^k)} \quad (7-4)$$

$$GL_{ij} = \sum GL_{ij}^k \times \left[\frac{X_{ij}^k + M_{ij}^k}{\sum (X_{ij}^k + M_{ij}^k)}\right] \quad (7-5)$$

其中，GL_{ij}^k 表示 i、j 两国间 k 类商品的产业内贸易指数；GL_{ij} 表示 i、j 国间综合产业内贸易指数；X_{ij}^k、M_{ij}^k 分别表示为 i 国对 j 国 k 类商品的出口额和进口额。当 $0 < GL_{ij}^k < 1$ 时，GL_{ij}^k 越趋于 1，则说明两国间产业内贸易程度

越高；若 $GL_{ij}^k = 0$，则说明两国间 k 类商品不存在产业内贸易；若 $GL_{ij}^k = 1$，则说明两国间 k 类商品存在产业内贸易，其进出口额相等。

通过表 7-7 的数据分析，俄欧产业内贸易的特点可归结为以下三点。

表 7-7　　　　　　　　制裁前后俄欧产业内贸易指数对比

产品分类	2010 年	2011 年	2012 年	2013 年	2014 年	2015 年	2016 年
SITC0	0.11	0.18	0.24	0.22	0.36	0.58	0.65
SITC1	0.02	0.08	0.08	0.09	0.11	0.14	0.14
SITC2	0.49	0.51	0.56	0.58	0.53	0.53	0.54
SITC3	0.01	0.01	0.01	0.01	0.01	0.01	0.01
SITC4	0.58	0.62	0.82	0.90	0.74	0.79	0.67
SITC5	0.39	0.43	0.43	0.42	0.47	0.51	0.41
SITC6	0.75	0.77	0.73	0.78	0.77	0.63	0.71
SITC7	0.13	0.08	0.09	0.12	0.18	0.32	0.16
SITC8	0.14	0.11	0.15	0.13	0.14	0.25	0.20
SITC9	0.09	0.04	0.30	0.57	0.00	0.02	0.18
综合 GL 指数	0.17	0.16	0.17	0.17	0.19	0.23	0.22

资料来源：笔者根据 UNCTAD 数据库整理。

第一，从表 7-7 来看，俄欧产业内贸易指数均显著小于 1，贸易形式以产业间贸易为主。当然，这也很大程度上表明了俄欧贸易还处于较低水平，其主要原因是俄罗斯过度依赖能源原料出口的单一型经济增长模式，其出口的产品以能源类的原材料为主，而高附加值的加工产品的出口明显不足。

第二，从产品类别来看，GL 指数值在 0~1 范围内呈不均匀分布，俄欧产业内贸易因产品类别不同而存有差异。其中，S3 类（矿物燃料、润滑油及有关原料）GL 指数一直接近于 0，说明在俄欧贸易中 S3 类产品的差异性较小、贸易互补性较强，近乎不存在产业内贸易；S4 类（动植物油、脂和蜡）、S6 类（主要按原料分类的制成品）的 GL 指数值明显大于 0.5，说明俄欧贸易中在 S4 和 S6 两类产品领域存在一定竞争性，存在产业内贸易。其他类别产品的 GL 指数值大于 0 而小于 0.5，说明俄欧贸易中这些产品的互补性强于竞争性，存在小范围产业内贸易。

第七章　进口替代背景下的俄欧贸易关系

第三，从西方经济制裁前后来看，除部分商品（S3类）外，其他类别产品的 GL 指数值和综合 GL 指数值都呈现显著上升的趋势。首先，西方经济制裁后 S0、S1、S7 类（食品和活动物、饮料及烟草、机械及运输设备）产品的俄欧 GL 指数存在明显的递增趋势；其次，其他类别产品 GL 指数的变化并不显著。但俄欧贸易的综合 GL 指数在制裁前后却出现了明显的上升趋势。S0、S1、S7 类产品 GL 值的变化是经济制裁与反制裁措施的重要体现。

以上本书集中分析了 2014～2016 年俄欧贸易规模、贸易结构及贸易关联性三个方面的变化，这是西方经济制裁与俄罗斯进口替代政策实施的关键年份，因此该变化也具有重要的代表意义。研究表明，无论从俄欧贸易规模还是从俄欧贸易结构看，西方对俄罗斯的经济制裁与俄罗斯的反制裁对俄欧贸易均产生了重大影响。首先，俄欧贸易的规模严重下降，且其降幅要超过俄罗斯外贸总额的降幅，因而俄欧贸易占俄罗斯外贸的份额缩小了。其次，俄欧贸易商品的结构发生了变化，资源密集型商品的比重明显下降，资本和技术密集型商品的比重有所上升，这是因为两者绝对值都下降的同时，前者的降幅超过后者而产生此消彼长的结果。最后，在西方经济制裁与俄罗斯反制裁后，俄欧贸易的依赖度及互补性明显减弱，其中，俄罗斯对欧盟的贸易依赖度超越欧盟对俄罗斯的贸易依赖度。与此同时，俄欧的贸易竞争性有所增强。

俄欧经济合作的重要基础是 1997 年签署的《伙伴及合作协定》。一方面，欧盟作为对俄罗斯实施经济制裁的主导者与重要参与者，制定了金融和贸易方面针对俄罗斯的限制措施；另一方面，俄罗斯旨在实现制造业本土化的进口替代政策也是俄欧关系发生改变的重要原因。[1]

经历了 2014～2016 年的大幅衰退，2017～2018 年俄欧贸易有所回升，俄罗斯向欧盟出口增加了 16.7%，主要源于能源供应增加。但 2019 年重新回落，2019 年俄罗斯从欧盟贸易伙伴的第三位降至第四位，位于美国、英国、中国之后。2020 年上半年继续下降，贸易额仅为 878 亿美元，比

---

[1] European Union External Action.

2019 年同期减少了 24.7%。其中，俄罗斯从欧盟进口为 378 亿美元，下降 8.5%，俄罗斯向欧盟出口为 500 亿美元，下降 33.6%，俄罗斯退到欧盟第五大贸易伙伴，落后于瑞士。①

投资方面，欧盟是俄罗斯最大的 FDI 来源国，2018 年来自欧盟的 FDI 累积为 2352 亿美元，占俄罗斯总累积 FDI 的 64.7%，而 2014 年这一比重为 73%。2018 年俄罗斯吸引 FDI 共减少了 88 亿美元，是 2017 年的 2 倍。②

即便如此，欧盟于俄罗斯而言依然是最重要的贸易伙伴。截至 2019 年，俄欧贸易总额为 1546.04 亿美元，占俄罗斯总贸易额的 41.9%，而 2010 年俄欧贸易额为 1650.14 亿美元，占俄罗斯对外贸易总额的 48.9%。③ 无论是俄罗斯对于欧盟而言，还是欧盟对于俄罗斯而言都是不可或缺的。从前文数字可以看出，俄罗斯的进口替代政策尽管取得成效，但无法根本上改变对欧盟在机器、设备及其配件乃至技术的进口依赖，而欧盟对俄罗斯的能源依赖更是不可替代。欧盟国家中对俄罗斯能源的进口依赖度为：波兰 91%，保加利亚 90%，匈牙利 86%，拉脱维亚 72%，芬兰 76%，立陶宛 92%，捷克 73%，斯洛伐克 98%。天然气的依赖程度更高，其中，匈牙利、保加利亚、波罗的海国家对俄罗斯天然气的进口依赖达到 75% ~ 100%，立陶宛、保加利亚几乎达到 100% 依赖从俄罗斯进口；波兰、奥地利为 50% ~ 75%；德国、意大利为 25% ~ 50%，法国和荷兰低于 25%。④

俄罗斯与欧盟之间，围绕着能源问题、反对派纳瓦利内问题纷争不断，俄罗斯的内政外交与欧洲有着千丝万缕的联系，时而对立、时而合作，不曾停止。针对俄罗斯的经济制裁与俄罗斯的反制裁硝烟未尽，俄罗斯的进口替代也有必要成为长期持续发展战略，连俄罗斯最大国有公司俄罗斯天然气工业公司都成立了进口替代处，但俄罗斯对欧盟的进口依赖在相当长时期内是无法被替代的，不仅俄罗斯不能，恐怕其他国家也无法根本性替代。同时，俄罗斯更需要欧盟这个最大的能源原料需求市场。

---

①② European Union External Action.
③④ данные ФТС России.

第八章 进口替代背景下的中俄贸易关系

第一节 中国在俄罗斯对外贸易中的地位发生改变

一、中俄货物贸易规模、份额及地位的变化

2010年至今，中国作为俄罗斯第一大贸易伙伴（自2017年起成为进出口第一大伙伴国），在其进出口中的份额不断增加，截至2019年已达到22.2%和13.4%。[①] 作为俄罗斯最紧密的贸易伙伴，中俄经贸关系的发展毋庸置疑地受到了西方经济制裁与进口替代战略的直接和间接影响。同时，它一定程度上也反作用于俄罗斯对西方经济制裁的应对及其进口替代进程的推进。通过中俄经贸发展这一第三方视角，有助于更全面地了解西方经济制裁及进口替代的结果与影响，也有助于以此对其发展前景作出预判。

自2014年西方对俄罗斯实施经济制裁及俄罗斯大规模实施进口替代至今，中俄经贸关系发生了明显改变，至少从贸易规模上可以看出，中国很大程度上替代了之前的欧盟国家，包括荷兰、德国、意大利。表8-1为2013~2019年西方经济制裁和进口替代期间中俄货物贸易的发展动态，其变化主要体现在以下三个方面。

---

① 资料来源：笔者根据商务部国别报告数据整理得出。

表8-1　　　　　　2012~2019年中国对俄罗斯货物贸易动态

年份	贸易额（亿美元）	增长率（%）	出口（亿美元）	增长率（%）	份额	排名	进口（亿美元）	增长率（%）	份额	排名	贸易顺差/逆差（亿美元）
2012	750.9	3.8	510.4	12.3	17.6	1	240.5	-10.5	6.8	4	269.9
2013	683.3	-0.9	516.9	1.3	18.0	1	166.4	-30.8	5.7	6	350.5
2014	884.0	29.4	508.9	-1.6	17.8	1	375.1	125.4	7.6	2	133.8
2015	635.5	-28.1	349.5	-31.3	19.2	1	286.1	-23.7	8.3	2	63.4
2016	661.1	4.0	380.9	9.0	20.9	1	280.2	-2.0	9.8	2	100.7
2017	869.6	31.5	480.4	26.1	21.2	1	389.2	38.9	10.9	1	91.2
2018	1082.8	24.5	522.0	8.6	22.0	1	560.8	41.4	12.5	1	-38.7
2019	1106.5	2.2	541.2	3.4	22.2	1	565.3	0.9	13.4	1	-24.1

资料来源：笔者根据商务部官网国别报告数据整理得出。

第一，中俄双边货物贸易额持续扩大。尽管中俄贸易额未达到两国领导人确定的目标（2015年1000亿美元、2020年2000亿美元），但是对俄罗斯而言，中俄贸易相对于其他国家，除了2015年有下降之外（按俄罗斯出口计算，降幅为23.7%，低于俄罗斯出口总体降幅31.0%，更小于俄罗斯与其他主要伙伴国贸易额的降幅：与荷兰下降40%，与德国下降31.7%，与意大利下降37.6%），其他年份均较快增长。特别是2016年，俄罗斯出口整体下降16.8%、进口下降0.2%的情况下，对中国出口下降2.0%、进口则增长9.0%；2018年中俄贸易额最终突破1000亿美元大关。①

第二，中国在俄罗斯货物贸易中的份额持续增加，进出口均跃居第一位。按照俄罗斯从中国进口额计算，自2010年起，中国已经连续9年成为俄罗斯第一大贸易伙伴。不仅如此，中国在俄罗斯对外贸易中的份额持续增加，特别是2014年西方经济制裁、俄罗斯进口替代之后，在俄罗斯的进口总额中的比重从2014年的17.8%上升至2019年的22.2%（见表8-1）。从俄罗斯出口看，中国的份额与地位也持续提升，2014年跃居第二位，并于2017年跃居第一位，其份额也从之前的一位数增加至两位数，2019年达到13.4%。

第三，中国对俄罗斯从贸易顺差转为逆差。2010~2017年俄罗斯对中

---

① 资料来源：笔者根据商务部国别报告数据整理得出。

第八章 进口替代背景下的中俄贸易关系

国的贸易一直呈逆差（见表8-1），中国是俄罗斯第一大逆差来源国，2013年俄罗斯对中国贸易逆差达到最大值350.5亿美元，之后受西方经济制裁与俄罗斯反制裁及进口替代的综合影响，俄罗斯对中国出口贸易增速开始超过进口增速，贸易差额逐渐收窄。自2018年起，中俄贸易差额出现逆转，中国从俄罗斯进口开始超过出口、俄罗斯对中国出口超过进口，对中国贸易顺差达到38.7亿美元，2019年为24.1亿美元。

二、中俄货物贸易结构的变化

西方经济制裁及俄罗斯反制裁乃至进口替代，不仅影响了中俄贸易的规模与份额，也改变了中俄贸易品的结构。表8-2是根据俄罗斯联邦统计署的《俄罗斯数据》及《俄罗斯贸易》两个统计年鉴数据整理的结果，表8-3是根据中国商务部《国别报告》网站中数据整理的结果，《国别报告》的数据来自俄罗斯海关。虽然数据都是来自俄罗斯官方，但是俄罗斯联邦统计署与俄罗斯海关数据间有出入且部分出入较大，为此，本书分别给出两组数据，以此观察中俄在此期间贸易品结构的变化，或许可以更全面地了解其变化的特点。

表8-2　　　　2014~2018年中俄主要贸易额及比重的变化

类别	商品名称	2014年贸易额（亿美元）	比重（%）	2015年贸易额（亿美元）	比重（%）	2016年贸易额（亿美元）	比重（%）	2017年贸易额（亿美元）	比重（%）	2018年贸易额（亿美元）	比重（%）
	总额	374.9		286.0		280.1		389.2		560.2	
	能源燃料	277.6	74.0	189.1	66.1	178.6	63.8	252.6	64.9	412.3	73.6
中国从俄罗斯进口	圆木及其制品、木炭	25.4	6.8	22.2	7.8	25.9	9.2	32.7	8.4	35.2	6.3
	核反应堆、锅炉设备及机械装置与零件	13.7	3.7	15.0	5.2	12.1	4.3	15.6	4.0	15.1	2.7
	鱼类及其他水产品	9.2	2.5	9.8	3.4	10.3	3.7	10.9	2.8	14.9	2.7

续表

类别	商品名称	2014年贸易额（亿美元）	比重（%）	2015年贸易额（亿美元）	比重（%）	2016年贸易额（亿美元）	比重（%）	2017年贸易额（亿美元）	比重（%）	2018年贸易额（亿美元）	比重（%）
中国向俄罗斯出口	总额	537.7		349.5		380.2		480.6		522.3	
	机电产品、设备及其配件	124.8	23.2	87.9	25.2	90.6	23.8	118.3	24.6	143.8	27.5
	核反应堆、锅炉、设备及机械装置，以及其配件	109.7	20.4	82.2	23.5	110.7	29.1	136.4	28.4	120.8	23.1
	地面运输装置（不包括火车及有轨电车车厢）；及其零配件	22.1	4.1	11.5	3.3	11.9	3.1	16.8	3.5	19.2	3.7
	鞋等			13.1	2.4	11.7	3.1	16.5	3.4	18.1	3.5

资料来源：笔者根据俄罗斯联邦统计署《俄罗斯贸易2019年和2020年》（Торговля в России 2019 & 2020）、《俄罗斯数据》（Россия в цифрах）数据整理得到。

即使是同样来自俄罗斯的数据，不同统计部门的数据之间也有出入，且出入较大。表8-3为中国商务部《国别报告》的数据，尽管此数据来自俄罗斯海关总署，但与表8-2俄罗斯联邦统计署的数据之间存在很大差别。

总结西方经济制裁及俄罗斯实施进口替代至今，中俄货物贸易结构总体变化趋势如下。

第一，俄罗斯向中国出口仍以能源燃料为主，西方经济制裁和俄罗斯进口替代之后，其出口不断增加，比重起初呈下降趋势，但在2017年有所回升，2018年达到高点，主要原因是期间能源价格下跌所致。根据俄罗斯联邦统计署网站的数据显示，其间平均比重为68.5%，根据俄罗斯海关总署的数据计算为71.3%。表8-2显示，2014～2018年能源燃料在中国从俄罗斯进口的货物总额中占比分别为74.0%、66.1%、63.8%、64.9%、73.6%；表8-3显示，2014～2018年，中国从俄罗斯进口的矿产（主要为能源燃料）的比重为：77.0%、69.0%、66.7%、67.8%、76.2%。

第八章 进口替代背景下的中俄贸易关系

表8-3 中俄进出口额及其份额

类别	项目分类	2012年		2013年		2014年		2015年		2016年		2017年		2018年	
		贸易额(亿美元)	份额(%)	贸易额(亿美元)	份额(%)	贸易额(亿美元)	份额(%)	贸易额(亿美元)	份额(%)	贸易额(亿美元)	份额(%)	贸易额(亿美元)	份额(%)	贸易额(亿美元)	份额(%)
中国从俄罗斯进口	进口总额	240.5		166.4		375.1		286.1		280.2		389.2		560.8	
	矿产品(主要为能源燃料)	177.0	73.6	86.1	51.7	288.9	77.0	197.3	69.0	187.0	66.7	263.9	67.8	427.1	76.2
	化工产品	22.7	9.4	22.3	13.4	25.1	6.7	22.2	7.8	25.9	9.2	32.7	8.4		
	木及其制品	25.9	10.8	15.8	9.5	14.7	3.9	15.6	5.5	13.9	5.0	21.9	5.6		
中国向俄罗斯出口	出口总额	510.4		516.9		508.9		349.5		380.9		480.4		522.0	
	机电产品	212.4	41.6	235.0	45.5	234.7	46.1	170.5	48.8	201.7	53.0	254.5	53.0	264.5	50.7
	纺织品及其原料	41.2	8.1	51.6	10.0	49.2	9.7	31.1	8.9	30.6	8.0	35.7	7.4		
	贱金属及其制品	38.8	7.6	40.9	7.9	39.2	7.8	25.6	7.3	25.6	6.7	34.1	7.0		

注:其中份额为作者根据该报告的贸易额计算整理而得,因为该《国别报告》中的份额与按贸易额计算的份额存在不符。
资料来源:中国商务部官网《国别报告》(2012~2019年)。

事实上，中国从俄罗斯进口能源燃料增加的趋势始于国际金融危机之后，俄罗斯战略"向东看"及"能源换贷款"合作体现在中俄贸易中，就使俄罗斯对中国出口能源燃料明显增加；2015年受能源价格下跌的影响，贸易额虽然从之前的277.6亿美元降至189.1美元，降幅达32.9%，但实际出口数量是增加的（见图8-1）。

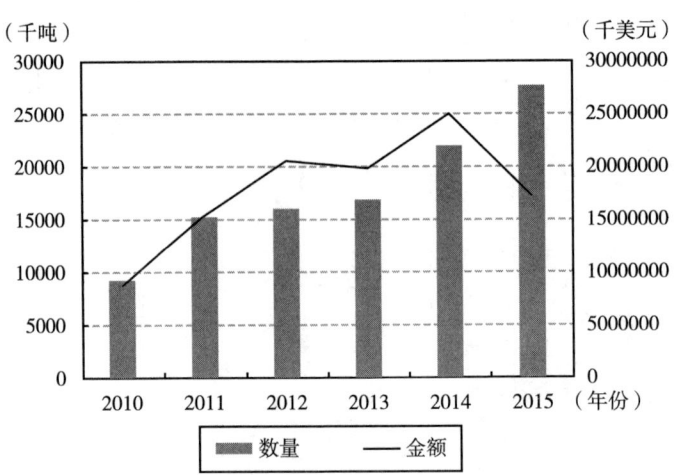

图8-1　2010～2015年俄罗斯向中国出口原油数量及金额
资料来源：笔者根据俄罗斯联邦海关总署数据整理（Федеральная таможенная служба РФ）。

根据俄罗斯联邦统计署网站的数据显示，截至2018年，能源燃料在俄罗斯对中国出口中的份额已增至73.6%的高点。俄罗斯对中国能源出口的趋势完全符合俄罗斯对外能源出口的总趋势，而且，多数年份里，其占比要小于俄罗斯的其他主要贸易伙伴及世界主要经济体。以2018年为例，俄罗斯出口主要贸易伙伴（包括主要经济体）中，能源燃料的比重为：荷兰85%（第二大贸易伙伴）、德国85%（第三大贸易伙伴）、韩国80%、英国77.9%、日本76.1%，均明显高于中国的73.6%。①

第二，俄罗斯从中国进口商品中，机电产品始终居于首位，其比重有所增加，但幅度不大。同样，这一趋势与俄罗斯进口的总体趋势一致，机电产品、运输设备和化工产品是俄罗斯进口的前三大类商品。根据俄罗斯

---

① 资料来源：笔者根据 Россия в цифрах 数据整理而得。

第八章 进口替代背景下的中俄贸易关系

联邦统计署网站数据，2014~2018年，中国对俄罗斯出口的机电产品的占比为23.2%、25.2%、23.8%、24.6%、27.5%。而中国商务部《国别报告》即俄罗斯海关总署的数据分别为46.1%、48.8%、53.0%、53.0%、50.7%。① 总体看，自2014年之后机电产品的比重有上升的趋势。

三、服务贸易地位的变化

服务贸易包括：运输、加工服务、旅游、技术维修和维护、建筑、保险、非国家养老基金服务、金融服务、通信、计算机及信息服务、知识产权使用及其他。② 表8-4显示的是2010~2018年俄罗斯与主要贸易伙伴国家的服务贸易额及其比重。

表8-4　　2010~2018年俄罗斯与主要贸易伙伴国服务贸易额及其占比

分类	国家	2010年 贸易额（亿美元）	比重（%）	2014年 贸易额（亿美元）	比重（%）	2015年 贸易额（亿美元）	比重（%）	2016年 贸易额（亿美元）	比重（%）	2017年 贸易额（亿美元）	比重（%）	2018年 贸易额（亿美元）	比重（%）
出口	中国	10.8	2.2	15.0	2.3	15.5	3.0	19.6	3.9	23.9	4.1	31.2	4.8
	德国	31.8	6.5	41.7	6.3	27.0	5.2	26.5	5.2	29.7	5.1	32.3	5.0
	英国	41.1	8.4	45.4	6.9	32.1	6.2	28.2	5.6	29.7	5.1	32.3	5.0
	美国	38.6	7.8	36.8	5.6	27.8	5.4	33.9	6.7	35.5	6.2	43.3	6.7
	法国	10.3	2.1	15.3	2.3	16.0	3.1	19.2	3.8	29.7	5.1	24.6	3.8
	瑞士	34.0	6.9	34.4	5.2	30.5	5.9	32.5	6.4	39.2	6.8	40.8	6.3
	土耳其	17.1	3.5	29.6	4.5	23.4	4.5	11.3	2.2	49.2	5.5	65.7	6.9
进口	中国	14.0	1.9	20.5	1.7	17.6	2.0	20.2	2.7	23.8	2.7	27.4	2.9
	德国	48.3	6.4	75.2	6.2	55.9	6.3	48.0	6.5	53.4	6.0	57.1	6.0
	英国	43.8	5.8	62.5	5.2	51.7	5.8	39.9	5.4	43.3	4.9	41.9	4.4
	法国	20.1	2.7	47.5	3.9	40.4	4.6	37.8	5.1	49.2	5.5	46.8	4.9
	美国	39.3	5.2	66.1	5.5	49.2	5.6	40.1	5.4	40.9	4.6	40.1	4.2
	瑞士	22.1	2.9	32.0	2.6	26.6	3.0	25.6	3.4	29.7	3.3	34.8	3.7
	荷兰	24.1	3.2	34.8	2.9	24.6	2.8	21.9	2.9	26.8	3.0	27.1	2.9
	土耳其	48.8	6.5	97.2	8.0	66.4	7.5	21.7	2.9	49.2	5.5	65.7	6.9

资料来源：Торговля в России 2017.

---

① Торговля в России 2017.
② Торговля в России 2019.

表 8-4 显示，西方经济制裁（及实施进口替代）之后，俄罗斯服务贸易进出口结构出现明显的从西方国家向中国的转移，中国的份额大幅增加。首先，俄罗斯对中国服务贸易出口的比重，从 2010 年的 2.2% 升至 2018 年的 4.8%，翻了一番，中国的排名也从 2010 年的第六位提升至 2018 年的第五位（2015~2016 年降至第七位，但份额增加了）。同期，俄罗斯从中国进口服务贸易的比重同样明显增加，从 2010 年的 1.9% 升至 2018 年的 2.9%，增加了 1 个百分点，排名也从 2010 年的第 11 位升至 2018 年的第七位。俄罗斯与西方国家的服务贸易额及其份额则呈明显下降趋势，例如，美国的出口比重从 2010 年的 7.8% 降至 2018 年的 6.7%，英国的降幅最大，出口比重从 2010 年的 8.4% 降至 2018 年的 5.0%，德国从 6.5% 降至 5.0%；进口比重中，美国从 5.2% 降至 4.2%，英国从 5.8% 降至 4.4%，德国从 6.4% 降至 6.0%，荷兰从 3.2% 降至 2.9%；法国、土耳其在其服务贸易进出口中的份额均有所上升。

第二节 新冠疫情下的俄罗斯外贸发展

一、俄罗斯近几年外贸形势

2020 年前九个月俄罗斯贸易总额为 4045 亿美元，降幅达 36.5%，俄罗斯出口总额为 2408 亿美元，比 2019 年同期下降 22.6%，主要是由于能源原料（能源、金属、化工、圆木）价格下跌 36.5% 所致（为 1302 亿美元）；非能源原料部门出口不同，小幅上涨了 1.8%（见图 8-2），主要是由于黄金出口增加，如果去掉黄金则下降了 8%，总额为 1106 亿美元。

进口方面，2020 年前三个季度进口额降幅不大，为 6.9%，核计 1637 亿美元[①]，考虑新冠疫情的影响，这一降幅并不大。

---

① Мониторинг экономической ситуации в России：Тенденции и вызовы социально-экономического развития, 2020. № 29(131). Декабрь.

第八章 进口替代背景下的中俄贸易关系

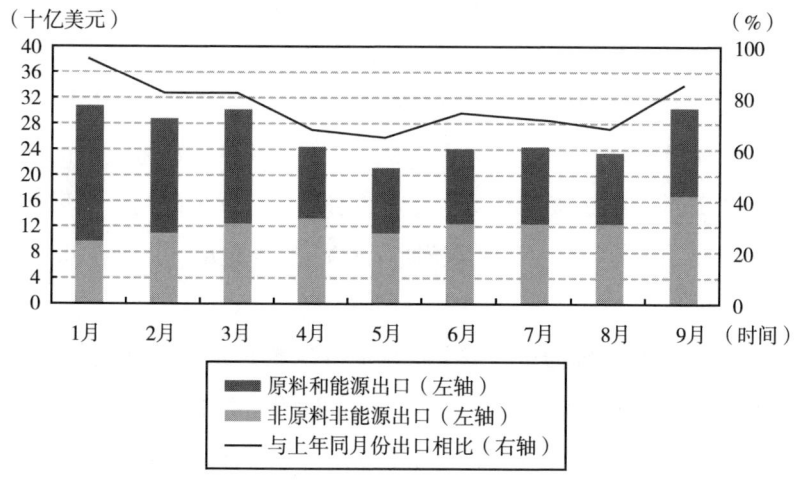

图 8-2　2020 年 1~9 月俄罗斯货物出口动态

资料来源：Мониторинг экономической ситуации в России: Тенденции и вызовы социаль-но-экономического развития, 2020. No 29 (131). Декабрь.

总结 2020 年前九个月俄罗斯外贸变化，其主要趋势有如下两点。

第一，能源原料一边倒的历史趋势发生改变，能源原料部门与非能源原料部门的比重为 54%∶46%，而且，能源原料部门出口总额仅为 2013 年的 45%，即下降了 55%，而非能源原料部门的出口额则相当于 2013 年的 107%，即增加了 7%。食品和农业原料的出口逆势增长，谷物出口增加了 9%，食品及农业原料整体增长了 19.9%，实际出口量增加了 16%；矿产品实际出口数量下降 25%；化工品，包括胺、橡胶和化肥出口价格下跌，但出口数量增长 7%，因此，其出口额降幅不大，为 12.4%；宝石和金属出口增加了，占非能源原料出口的比重为 18%。进口的趋势基本稳定，相当于 2013 年的 70%~76%。[1]

第二，俄罗斯对外贸易额的分布进一步改变。2020 年前九个月欧盟在贸易额中的比重继续下降，其主要原因是能源比重高、价格大幅下跌，降幅达 29.2%；亚太经合组织的贸易份额有所增加，主要是由于俄罗斯与中

---

[1] Мониторинг экономической ситуации в России: Тенденции и вызовы социально-экономического развития, 2020. No 29(131). Декабрь.

国贸易额的稳定增长：近七年来，俄罗斯与欧盟的贸易份额减少了 11%，而与中国则增加了 9%（见表 8-5）。逆势增长的还有越南和美国以及独联体中的欧亚经济联盟国家。越南在俄罗斯贸易额中的比重自 2014 年以来持续增加，从 0.5 增至 1%，翻了一番；美国在俄罗斯贸易额中的比重整体趋势是上升的，当然服务贸易中美国的份额是持续下降的；独联体国家中降幅最大的自然是乌克兰，在俄罗斯贸易额中的比重从 2013 年的 4.7% 降至 1.7%~1.8%。①

俄罗斯权威评级机构——俄罗斯国家评级机构根据其调查结果提出，"俄罗斯未能实现其主要产品、包括受到制裁的产品的进口替代，只是供货方从欧洲的变成了其他国家的企业。因此，该评级机构的专家认为，整体看实现的不是替代，而是将相同的'禁止品'、主要是欧洲的再出口而已"。② 从独联体国家范围看，这一转移的方向主要是白俄罗斯，成为了食品及农产品的主要进口来源地；其他产品的转移方向主要是中国、越南及拉丁美洲国家。

表 8-5　　2013~2020 年俄罗斯与主要贸易伙伴贸易额的地理结构　　　单位：%

国家或地区	在俄罗斯贸易中的比重								与 2019 年同比
	2013 年	2014 年	2015 年	2016 年	2017 年	2018 年	2019 年	2020 年（1~9 月）	
欧盟	49.6	48.1	44.8	42.8	42.1	42.7	41.7	38.7	-2.90
乌克兰	4.7	3.5	2.8	2.2	2.2	2.2	1.7	1.8	-0.05
土耳其	3.9	4.0	4.4	3.4	3.8	3.7	3.9	3.7	-0.34
挪威	0.3	0.3	0.3	0.3	0.2	0.2	0.5	0.3	-0.27
瑞士	1.4	0.9	0.9	1.1	1.0	1.1	1.0	1.0	-0.01
亚太经济组织	24.8	26.9	28.1	29.9	30.4	31.0	31.8	34.3	2.21
其中：中国	10.5	11.3	12.1	14.1	14.9	15.7	16.6	18.4	1.98
美国	3.3	3.7	4.0	4.3	4.0	3.6	3.9	4.4	0.40
日本	3.9	3.9	4.1	3.4	3.1	3.1	3.0	3.0	-0.21

---

① Мониторинг экономической ситуации в России: Тенденции и вызовы социально - экономического развития, 2020. № 29 (131). Декабрь.

② "Санкционка" оказалась незаменимой Коммерсантъ.

续表

国家或地区	在俄罗斯贸易中的比重								与2019年同比
	2013年	2014年	2015年	2016年	2017年	2018年	2019年	2020年（1~9月）	
韩国	3.0	3.5	3.4	3.2	3.3	3.6	3.7	3.4	-0.49
越南	0.5	0.5	0.7	0.8	0.9	0.9	0.7	1.0	0.27
独联体	13.4	12.3	12.5	12.3	12.5	11.7	12.1	13.0	0.78
其中，欧亚经济联盟	7.4	7.2	7.9	8.5	8.8	8.1	8.6	9.0	0.34
其中，亚美尼亚	0.2	0.2	0.2	0.3	0.3	0.3	0.4	0.4	0.06
白俄罗斯	4.1	4.1	4.5	5.1	5.2	4.9	5.0	5.0	-0.14
哈萨克斯坦	2.8	2.7	2.9	2.8	3.0	2.6	2.9	3.4	0.41
吉尔吉斯斯坦	0.3	0.2	0.3	0.3	0.3	0.3	0.3	0.3	0.02

资料来源：Мониторинг экономической ситуации в России：Тенденции и вызовы социально-экономического развития, 2020. № 29（131）. Декабрь.

二、俄罗斯对外贸易发展前景

据俄罗斯盖达尔经济政策研究院预测，2020年俄罗斯出口同比下降23%，其中能源原料出口下降37%，非能源原料出口与2019年相同，为1550亿美元。该研究院专家认为，在新冠疫情条件下，俄罗斯的产业链没有受到破坏，而且非能源原料部门在悄然变化，其进口在减少，但是，"到2024年俄罗斯非能源原料出口额达到2500亿美元"的目标实现的可能性不大。非能源原料出口的增加来自食品和贵金属的出口价格上涨，弥补了机械和设备出口的减少。[①]

造成俄罗斯对外贸易结构变化的除了制裁与反制裁外，还有俄罗斯出口的能源等大宗商品价格的下跌，由于低油价其出口额减少，也是由于低油价、卢布贬值，进口因此减少。而近几年围绕着俄罗斯能源和谷物的出口调控政策即源于此。

---

① Мониторинг экономической ситуации в России：Тенденции и вызовы социально-экономического развития, 2020. № 29(131). Декабрь.

自 2020 年开始俄罗斯对谷物和能源出口采取了不同的调控政策，先是开始实行谷物出口实行配额制和弹性关税政策。俄罗斯 PRIME 通讯社 2021 年 1 月 15 日报道，俄罗斯经济发展部部长列舍特尼科夫对外表示，当日关税和非关税调节与外贸保护措施分委会会议已批准调整谷物出口关税配额。一是提高谷物出口关税，自当年 3 月 1 日起将配额内小麦出口关税从每吨 25 欧元提至 50 欧元，自 3 月 15 日起对玉米和大麦分别征收每吨 25 欧元和 10 欧元的出口关税。此前俄罗斯政府于 12 月底宣布，自 2021 年 2 月 15 日~6 月 30 日对小麦、黑麦、大麦和玉米实施 1750 万吨的出口配额，配额内小麦出口关税为每吨 25 欧元，其他作物免征关税出口。配额外小麦、黑麦、大麦和玉米的关税税率为报关价格的 50%（每吨不少于 100 欧元）。二是制定谷物出口关税常态化机制。目前，俄罗斯政府内部已基本商定谷物出口关税常态化机制，将于近期与农业生产企业共同探讨做出最终决定。俄罗斯政府表示，将始终保护国内市场和消费者，不打算在 2021 年 7 月 1 日以后取消谷物出口关税。建立出口关税浮动机制的目的是提高谷物市场稳定性，以便种植企业和出口商可随时据其调整经营策略，这一举措将保障俄罗斯国内市场谷物供应，促进生产发展。[1]

此前 2020 年 4 月 28 日，俄罗斯还自 2010 年以来首次暂停对全球市场的谷物出口。根据俄罗斯农业部数据，2020 年 4 月 1 日至 6 月 30 日的粮食出口非关税配额到 4 月 26 日为止已全部提前完成，因此，"根据俄罗斯联邦政府的法令，在谷物配额框架内小麦、梅斯林（小麦和黑麦混合物）、黑麦、大麦和玉米对欧亚经济联盟非成员国的出口完成后，暂停至 2020 年 7 月 1 日"。暂停出口有助于满足俄罗斯国内对谷物及其加工产品的需求。俄罗斯农业部表示，这些限制不会影响国家计划的实施，以及 2020 年出口指标。[2]

在谷物国际市场价格上涨的条件下，俄罗斯采取了限制出口的调控政策，由此俄罗斯学者认为，俄罗斯政府对石油部门和粮食部门采取了不同的政策：前者取消出口关税，并得到几十亿卢布的财政补贴，以刺激其出

---

[1][2] Нефтяникам-компенсации, аграриям-повышенные пошлины, Независимая.

口；后者提高出口关税，以此抑制其出口，但却没有补贴。对此言论俄罗斯总统普京表示，在世界谷物价格上涨的情况下对其给予补贴不合适，"如果我们在世界市场占据一席之地，并且我们清楚这种我们国内同样消费面包制品的谷物价格在上涨，那我们还要继续为出口给予补贴吗？好吧，价格涨了，但是补贴是为什么，扩大出口吗？"普京指出，"同样的情形也发生在石油问题上，石油部门的代表抱怨，在世界市场价格上涨的条件下我们应该按新价格出售石油，因此不会带来亏损。那亏损什么呢？是没捞够超额利润吧？这倒是，但是亏损谈不上，谷物也是这个问题"。①

不仅如此，俄罗斯自2021年1月起还提高了葵花籽和油菜籽的出口关税，关税提高至30%，但每吨不少于165欧元。② 此外，俄罗斯政府承诺将会把出口关税收入返还给生产者。经济发展部部长列舍特尼科夫承诺，关税收入将返还给地方用于转移支付给生产企业。③ 俄罗斯谷物联盟总裁阿尔卡基·兹拉切夫斯基（Аркадий Злочевский）认为，这一关税措施比之前的还要糟糕，"过去是临时措施，生产企业还可以忍受一个季节，但是现行关税则打破了所有幻想"④。这是对生产基础的摧毁，特别是对优质产品，这样国内几乎没有销路，而由于新关税又会丧失其在国际市场的竞争力。之前他还表示，限制出口，政府实际上造成消费者恐慌并刺激价格飙升，要知道提高关税将导致生产的停滞，造成行业新的风险而且也不能解决国内市场农产品价格的上涨问题。

根据农业市场行情研究院的专家测算，仅因为小麦、玉米和大麦出口关税的浮动造成的国内农工综合体的损失就超过15.5亿美元。该院院长强调，这一预测结果是根据预计收成和均价得出的，小麦按每吨250美元的价格计算，这一价格看起来是合理的，收成按770万吨计算，行业损失差不多是13.3亿美元，大麦按215美元、1950万吨收成计算，损失是9500万美元，玉米按225美元价格计算，损失为1.26亿美元。⑤

自2021年1月1日起石油出口关税下降3.3美元，为每吨38.7美元。

---

①②③④⑤ Нефтяникам-компенсации, аграриям-повышенные пошлины, Независимая.

预计到 2025 年石油出口将是零关税①。同时 НДПИ（开采税）将提高，自 2021 年 2 月起石油加工企业开始收到财政支付。一些人士认为，俄罗斯只有石油部门在出口受到损失时可以获得财政补贴，而其他行业没有这样的待遇。这只能说明石油天然气部门的院外能量之大，它决定着俄罗斯的对内外政策。俄罗斯"Альпари"分析中心主任（Александр Разуваев）认为，俄罗斯现行政策的目标只有一个，确保东西伯利亚地区和北极新油田的开发，而谷物的调节目标只有两个：一是补充财政；二是抑制面包价格的上涨。

第三节　中俄经济合作前景

一、俄罗斯经济发展前景

经过前文分析，我们大致了解了中俄贸易合作的现状及其在俄罗斯对外贸易中的地位。对于中俄贸易合作，无论是俄罗斯学者还是中国学者，普遍认为其水平有待提高。本书认为，中俄贸易额很大程度上取决于俄罗斯的经济规模与经济结构，从此看，中俄贸易合作目前是与俄罗斯的经济总量、贸易总量相匹配的，可以说是已经达到了应有的规模。主要依据是中俄贸易在俄罗斯对外贸易中的比重已经达到了其历史最高点，继续扩大其比重未必合理，也未必是好事。至于中俄贸易结构虽不尽如人意，但总体上与俄罗斯进出口结构完全吻合，而且往往要优于其平均水平。以 2017 年为例，俄罗斯机械、设备和运输工具的进口比例为 48.6%，而俄罗斯从中国进口的机械、设备和化工的比重超过 50%，2018 年同样高于其平均值②。

中俄贸易结构根本上还是取决于两国自身的发生模式与经济结构，特别是俄罗斯的经济增长模式与经济结构，内在地决定了中俄贸易的短板效

---

① Нефтяникам-компенсации，аграриям-повышенные пошлины，Независимая.

② Мониторинг экономической ситуации в России：Тенденции и вызовы социально-экономического развития，2020. № 29（131）. Декабрь.

应。因此，中俄贸易发展前景既取决于俄罗斯这块短板（从经济总量、经济结构乃至制造业技术水平的综合评价）的经济增长方式与经济结构的优化，也取决于受此影响的俄罗斯经济增长动力，更取决于两国政府的经济合作治理模式或者说干预能力的优化调整。

  本书开篇论证了俄罗斯从建立创新型经济到经济现代化到再工业化进口替代的历史发展逻辑，归根结底，俄罗斯要改变的是其依赖能源原料出口，同时机械和设备严重依赖进口的经济增长方式或曰经济结构。这一模式使得俄罗斯在全球产业链中成为了原料的供给者和技术的消费者，而贸易保护、卢布贬值、进口限制等都只能是治标不治本的应急措施。当制裁、疫情这些外部冲击消退后，能源原料的比重是否还会随着能源价格的上涨重新回到高位，俄罗斯经济、出口、财政是否还会延续以往依赖于国际能源市场行情的能源原料型经济模式不得而知，但有一点可以肯定的是，俄罗斯要想真正摆脱能源原料经济，建立创新型经济，那么技术创新的发展导向、技术研发投资的增加，特别是先进技术（信息互联技术、大数据、人工智能等）在传统制造产业的应用和普及等都是其实现的必要条件，而根本的是创新意识应真正成为政府、企业、社会的发展导向和发展动力。

  向创新型经济发展的转型应体现在经济增速上。俄罗斯学者的研究显示，始于1998年的俄罗斯经济恢复性增长很大程度上是由于全要素生产率的提高（见表8-6），而全要素生产率提高的源泉则是市场经济改革和能源价格的上涨。可是到了20世纪末这些因素已经用尽，而生产技术发展理应成为支撑经济增长的主要支柱。

表8-6   1991~2010年俄罗斯GDP的全要素增长   单位：%

类别	项目	1991~1998年	1999~2008年	2009年	2010年	1991~2008年	1991~2010年
年均增长率	国内生产总值	-6.7	6.9	-7.9	4.0	0.6	0.3
	资本	-2.5	2.1	-2.6	3.1	0.0	0.0
	固定资产	0.3	0.7	1.3	1.3	0.5	0.6
	产能利用率	-2.7	1.4	-3.8	1.8	-0.5	-0.5
	劳动	-1.9	0.9	-2.2	1.2	-0.3	-0.3

续表

类别	项目	1991~1998年	1999~2008年	2009年	2010年	1991~2008年	1991~2010年
年均增长率	就业人数	-1.3	0.4	-1.0	0.2	-0.3	-0.3
	劳动资格	0.3	0.3	0.2	0.1	0.3	0.3
	每人劳动时间	-0.8	0.2	-1.4	0.9	-0.2	-0.2
	总要素生产率	-2.5	3.7	-3.3	-0.3	0.9	0.6
GDP增长结构	国内生产总值	-100	100	-100	100	100	100
	资本	-36.4	30.7	-32.4	77.6	2.2	9.1
	固定资产	3.8	9.8	15.3	32.1	76.6	160.1
	产能利用率	-40.2	20.9	-47.7	45.4	-74.3	-151.0
	劳动资源	-27.1	14.2	-26.6	29.2	-49.2	-94.6
	就业人数	-18.9	6.5	-12.2	5.1	-54.5	-99.7
	劳动资格	3.8	4.2	2.8	1.4	44.0	75.2
	每人劳动时间	-12.0	3.4	-17.2	22.7	-38.7	-70.1
	总要素生产率	-36.5	55.2	-41.0	-6.7	147.0	185.5

资料来源：Экономика России. Оксфордский сборник // М. : Изд-во Института Е. Т. Гайдара, 2015. С. 260.

但是，至今为止，俄罗斯在技术创新方面依然未能表现出其竞争优势。表8-7为俄罗斯与欧洲及其他国家的企业创新情况的比较，从中可以看出，俄罗斯在技术创新方面整体水平与世界主要经济体的差距较大，研发企业的比重、进行自主研发的企业的比重明显低于其他国家，也明显落后于中国、中东欧的捷克、匈牙利、波兰，甚至是落后于保加利亚等转型国家。

表8-7　2017年俄罗斯、欧洲及其他国家企业技术创新的国际比较　　单位：%

国家	进行技术创新的企业的比重	技术创新支出结构，在技术创新总支出的比重				
		自主进行的研发	他国企业进行的研发	购买机械、设备及程序材料	掌握新技术	其他技术创新支出
俄罗斯	7.5	27.1	15.3	36.1	1.6	20.5
美国	16.8					
中国	17.2					
德国	52.6	47.8	9.5	24.8	1.6	16.3
英国	40.9					

第八章　进口替代背景下的中俄贸易关系

续表

国家	进行技术创新的企业的比重	技术创新支出结构，在技术创新总支出的比重				
		自主进行的研发	他国企业进行的研发	购买机械、设备及程序材料	掌握新技术	其他技术创新支出
法国	40.9	55.3	19.3	18.5	1.7	5.2
意大利	37.0	42.8	9.2	26.5	4.9	16.6
瑞典	44.3	62.3	17.6	10.4	5.7	4.0
芬兰	48.3	61.4	8.6	23.3	1.1	5.6
保加利亚	17.1	39.4	2.9	51.5	1.3	4.9
波兰	15.8	19.2	5.3	65.7	1.7	8.1
捷克	35.7	29.0	16.3	43.8	5.3	5.6
匈牙利	18.2	29.9	8.5	55.3	3.3	3.1

资料来源：笔者根据俄罗斯联邦统计署数据及高等经济大学统计资料整理而得。转引自：С. Винокуров, П. Гурьянов, Модель модернизации для России: от догоняющей к инновационной, Общество и экономика, 2020（12）, ст. 43.

表 8 – 8 则是俄罗斯技术进出口贸易情况，可以看出，俄罗斯技术进口依赖比较明显也比较严重。

表 8 – 8　　　　　　2018 年俄罗斯技术进出口情况

类别	出口			进口		
	协议数量（个）	协议标的价格（百万美元）	年资金收入（百万美元）	协议数量（个）	协议标的价格（百万美元）	年资金支付（百万美元）
共计	3033	32369	1405	4914	16471	3065
发明专利	6	1.0	0.2	72	99.6	28.4
发明专利许可	130	318	13.4	199	659	239
实用模式	6	4.5	4.5	19	20.7	11.5
秘方	74	25.8	9.3	159	501	274
商标	46	9.1	4.9	366	1024	521
工业样本	6	0.5	0.4	25	3.4	1.7
技术服务	1030	30932	723	2351	12941	1407
科研	1049	758	414	543	234	107
其他	685	320	236	1174	983	472

资料来源：俄罗斯联邦统计署（Торговля в России 2019）。

二、高质量进口替代合作应成为中俄合作的重要方向

2020年全球新冠疫情暴发后，全球供应链被阻断，经济民族主义思潮加剧，激化了西方发达国家对回归制造业和提升本国核心技术的决心，也加速及深化了制造业本土化的全球趋势，进口替代、建立全产业链等工业化策略成为各国应对疫情危机及全球产业链重构的重要选择。

中俄迎来经济合作提质升级的新阶段，两国已提出到2024年将双边贸易额提升至2000亿美元的目标。当然，规模的扩大并不是两国经济合作的战略方向，中俄经济合作的提质升级才是实质性目标。围绕着高端制造业的高质量进口替代的合作应成为中俄经济合作提质升级的重要内涵。

首先，高质量进口替代是中俄面临的共同发展任务。对于中国而言，高质量进口替代是中国实现高质量发展的题中应有之意。新中国经济发展的历史也可以说是进口替代的历史。改革开放以来，中国进口替代速度加快、规模巨大。2015年出台的《中国制造2025》标志着中国开启高端制造业进口替代发展阶段。2017年党的十九大首次提出中国经济由高速增长阶段转向高质量发展阶段。2020年党的十九届五中全会通过的《中共中央关于制定国民经济和社会发展第十四个五年规划和二〇三五年远景目标的建议》明确提出，在"十四五"期间要深入实施制造强国战略，坚持自主可控、安全高效，推进产业基础高级化、产业链现代化，保持制造业比重基本稳定，增强制造业竞争优势，推动制造业高质量发展。该文件及中央经济工作会议都特别强调，发展自主技术是构建"双循环"新格局的重中之重，文件里还出现了"进口替代"这个词。2021年"两会"期间习近平主席接连强调"高质量发展"。客观地看，高质量发展离不开高质量的进口替代，换言之，高质量进口替代是中国高质量发展的重要任务。

俄罗斯在经历了前一阶段进口替代并取得一些成果之后，同样面临向质量型进口替代升级的发展任务，"进口替代取得了数量的而不是质量的成果"几乎成为其社会共识。可见，高质量进口替代是中俄两国共同面临的发展任务。中俄合作对于实现这一共同任务意义重大。

参考文献

中文文献：

1. 程伟等：《后金融危机时代俄罗斯转型战略调整研究》，经济科学出版社 2016 年版。

2. 程伟：《世界金融危机中俄罗斯的经济表现及反危机政策评析》，载《世界经济与政治》2010 年第 9 期。

3. 程伟、殷红：《俄罗斯产业结构演变研究》，载《俄罗斯中亚东欧研究》2009 年第 1 期。

4. 高际香：《俄罗斯数字经济发展与数字化转型》，载《欧亚经济》2020 年第 1 期。

5. 高际香：《制裁背景下的俄罗斯经济：困境与应对》，载《欧亚经济》2015 年第 2 期。

6. 郭晓琼：《俄罗斯再工业化问题探析》，载《俄罗斯东欧中亚研究》2016 年第 1 期。

7. 国玉奇、B. П. 丘德诺夫：《地缘政治学与世界秩序》，重庆出版社 2007 年版。

8. [美] 霍夫鲍尔等：《反思经济制裁（第三版）》，上海人民出版社 2011 年版。

9. [德] 罗兰·贝格、王一鸣等：《弯道超车：从德国工业 4.0 到中国制造 2025》，上海人民出版社 2015 年版。

10. [俄] 普京：《普京文集》，中国社会科学出版社 2008 年版。

11. 尚宇红：《2001~2011 年中国与中东欧国家货物贸易结构分析》，载《俄罗斯中亚东欧市场》2013 年第 2 期。

12. 王志远：《俄罗斯的居民经济：逆市场周期的半商品农业组织》，

载《中国农村经济》2014年第12期。

13. 王志远：《俄罗斯进口替代与欧亚经济联盟发展的协同关系》，载《新疆财经》2020年第4期。

14. 王志远：《"一带一盟"：中俄"非对称倒三角"结构下的对接问题分析》，载《国际经济评论》2016年第3期。

15. ［德］乌尔里希·森德勒：《无边界的新工业革命：德国工业4.0与"中国制造2025"》，中信出版集团2018年版。

16. 徐坡岭：《俄罗斯进口替代的性质、内容与政策逻辑》，载《俄罗斯东欧中亚研究》2016年第3期。

17. 徐坡岭：《进口替代在俄罗斯取得的进展及其问题》，载《欧亚经济》2018年第1期。

18. 徐昱东：《俄罗斯各地区投资环境评价及投资区位选择分析》，载《俄罗斯研究》2015年第1期。

19. 徐昱东、徐坡岭：《俄罗斯投资区位选择及其影响因素分析——基于俄各地区中小企业发展水平的视角》，载《俄罗斯研究》2014年第4期。

20. 续继：《国内外数字经济规模测算方法总结》，载《信息通信技术政策》2019年第9期。

21. 殷红：《俄罗斯建立投资型增长的定位、路径与难点分析》，载《俄罗斯中亚东欧研究》2012年第6期。

22. 殷红、崔铮：《西方制裁下的俄罗斯经济形势与政策》，载《国际经济评论》2017年第3期。

23. 殷红、高祥红、刘菲：《西方经济制裁背景下的俄欧贸易关系》，载《俄罗斯东欧中亚研究》2018年第5期。

24. 殷红、刘苏瑶：《俄罗斯单一型城市现状与发展政策》，载《欧亚经济》2019年第1期。

25. 殷红：《试析俄罗斯能源政策及其经济影响》，载《俄罗斯中亚东欧研究》2007年第5期。

26. ［美］兹比格纽·布热津斯基：《大棋局：美国的首要地位及其地缘战略》，上海世纪出版集团2007年版。

俄文文献:

27. В. Фальцман. Приоритеты структурной политики: импортозависимость, импортозамещение, возможности экспорта инновационной продукции промышленности, ЭКО. Всероссийский экономический журнал, 2014（5）.

28. Импортозамещение: не допустить кампанейщины, ЭКО. Всероссийский экономический журнал, Март, 2015, С. 46 – 58.

29. О. Березинская, А. ВедевПроизводственная зависимость российской промышленности от импорта и механизм стратегического импортозамещения, Вопросы экономики, 2015（1）.

30. В. May. Социально-экономические политики России в 2014: выход на новые рубежи? Вопросы экономики, 2015（2）.

31. В. С. Ефимов, А. В. Ефимов. Промышленная политика и возможности импортозамещение для Сибири и Дальнего Востока, ЭКО. Всероссийский экономический журнал, 2015（2）.

32. В. Фальцман. Импортозамещение в ТЭК и ОПК, Вопросы экономики, 2015（1）.

33. В. Симонов. Антироссийские санкции и системный кризис мировой экономики. Вопросы экономики, 2015（2）.

34. В. Загашвили. Западные санкции и российская экономика, Мировая экономика и международные отношения, 2015（11）.

35. Б. Замараев, А. Киюцевская. Российская экономика в контексте мир-овых трендов, Вопросы экономики, 2015（2）.

36. С. В. Казанцев. Угрозы и защищенность экономики России: опыт оценки, Новосибирск, 2016.

37. К. Бородин. Экономическая доступность продовольствия: факторы и методы оценки, Экономический журнал ВШЭ, 2018（4）.

38. Э. Ш. Веселова. Импортозамещение: не допустить кампанейщины, ЭКО. Всероссийский экономический журнал, 2015（3）.

39. С. Белов. Реализация политики импортозамещения и ее влияние на потенциал агропромышленного комплекса Краснодарского края, Вестник Академий знаний, 2019 г, 5（34）.

40. С. А. Жиронкин, М. А. Гасанов, К. А. Колотов. Возможно ли в Россиии неоиндустриальное импортозамещение, ЭКО, Экономический журнал, 2018（5）.

41. А. К. Корнев, С. И. Максимцова, С. В. Трещина. Реиндустриализация как резерв роста отечественнной экономики, Проблемы прогнозирования, 2018（4）.

42. В. Миронов. Экономический рост и конкурентоспособность промышленности: ценовые инеценовые факторы анализа. Вопросы экономики, 2006（3）, с. 43.

43. В. Путин. Новый интеграционный проект для Евразия-будущее, которое рождается сегодня. Известия, 2011 - 10 - 5.

44. Александр Попов. Новая индустриализация: точки роста. Эксперт № 44, 26 ноября 2007.

45. Евгений Примаков: Нам нужна новая индустриальзация. Российская газета от 9 июня 2012 г..

46. Н. Е. Яценко, реиндустриализация-переход от раннеиндустриальной и индустриальнойбазы производства к его новым технико-технологическим основаниям, переход производства на более прогрессивный путь развития прогрессивные（"высокие"）технологии, информатика, биотехнологии, новые материалы и источники энергии, —Толковый словарь обществоведческих терминов, 1999.

47. Егоров И. Вторая "холодная" // Российская газета. Федеральный выпуск, 2014（235）.

48. А. А. Гнидченко Импортозамещение в российской промышленности: текущая ситуация и перспективы, Журнал новой экономической ассоциации, 2016（4）.

49. Сергей Цухло. Импортозамещение: инвестиционные предпочтения промышлненности. Экономическое развитие России, 2018 г (6).

50. Н. А. Волчкова, Н. А. Турдыева. Микроэкономика российского импортозамещения, Журналновой экономической ассоциации, 2016 (4).

51. Л. Григорьев. Инвестиционный процесс: накопленные проблемы и интересы, Вопросы экономики, 2008 (4).

52. В. Лисин. Инвестиционные процессы в российской экономике. Вопросы экономики, 2004 (6). стр. 4.

53. Путин В. В. О наших экономических задачах, Российская газета, 2012.

54. Д. Сорокин. Воспроизводственный вектор росссийской экономики: 1999 – 2007 годы. Вопросы экономики 2008 (4). ст. 97.

55. В. Миронов. Экономический рост и конкуретоспособность промы-шленности: ценовые и неценовые факторы анализа. Вопросы экономики, 2006 (3). ст. 60.

56. Л. Григорьев. Инвестиционный процесс: накопленные проблемы и интересы. Вопросы экономики, 2008 (4).

57. В. Лисин. Инвестиционные процессы в российской экономике. Вопросы экономики 2004 (6). стр. 11.

58. Лицом к инвестору: Владимир Путин призвал не затягивать с подготовкой к вступлению в ВТО. Российская газета от 13 марта, 2012 г.

59. Кира Латухина и др.: Сто шагов вперед: Владимир Путин поставил первый пакет мер по улучшению инвестиционного климата. Российская газета от 2 февраля 2012 г.

60. Г. Колодняя Цифровая экономики: особенности развития в России//Экономист. Информационные технологии и экономический рост, 2018 (4).

61. Г. И. Абдрахманова, К. О. Вишневский, Л. М. Гохберг и др. Цифровая экономика: краткий статистический сборник 2019. М.: НИУ

ВШЭ. 2019.

62. Национальный даклад о ходе и результатах реализации в 2014, 2016, 2018, 2019 году государственной программы развития сельского хозяйства п регулирования рынков сельскохозяйственной продукции, сырья и продовольствия на 2013 – 2020 годы (Министерство сельского хозяйства Российской Федерации).

63. Д. Медведев, Социально-экономическое развитие России: обретение новой динамики, Вопросы экономики, № 10, 2016, ст. 5 – 30.

64. В. Мау. Социально-экономические политики России в 2014: выход на новые рубежи? Вопросы экономики, 2015 (2).

65. В. С. Ефимов, А. В. Ефимов. Промышленная политика и возможности импортозамещение для Сибири и Дальнего Востока, ЭКО. Всероссийский экономический журнал, 2015 (2).

66. Мантуров Д. В. Планирование импортозамещения в российской промышленности: практика российского государственного управления.

67. З. С. Подоба, А. А. Молдован, А. А. Фаизова, Импортозамещен-ие сельскохозяйственной продукции в России, Всероссийский экономический журнал, 2019 № 7.

68. Ю. Гаврилечко. Вопрос рисков, комплиментарности, совместных возможностей развития внутреннего рынка и согласованных действий на внешних рынках [J]. Международная жизнь. 2012 (2).

69. С. Винокуров, П. Гурьянов, Модель модернизации для России: от догоняющей к инновационной, Общество и экономика, 2020 (12).

70. Доклад о развитии цифровой экономики в России: 《Конкуренция в цифровую эпоху, Стратегические вызовы для Российской Федерации》, Всемирный банк, сентябрь 2018 г. Ст. xxiv.

71. Доклад о развитии цифровой экономики России. Конкуренция в цифровую эпоху, Стратегические вызовы для Российской Федерации, Всемирный банк, сентябрь, 2018.

72. «Мониторинг экономической ситуации в России: Тенденции и вызовы социально-экономического развития», 2020. № 29 (131). Декабрь.

73. Доклад о развитии цифровой экономики в России: «Конкуренция в цифровую эпоху, Стратегические вызовы для Российской Федерации», Всемирный банк, сентябрь 2018 г. Ст. xxiv.

74. Постановление о реализации национальной технической инициативы от 18 апреля 2016 года № 317.

75. Евразиатская экономическая комиссия, "Концепция создания условий для цифровой трансформации промышленного сотрудничества в рамках Евразиатского экономического союза и цифровой трансформации промышленности государств-членов Союза» от 05 декабря 2018 г.

76. Бодрунов С. Д. Четвертая индустриальная революция — пролог Нового индустриального общества второй генерации // Научные труды Вольного экономического общества России, 2017. Т. 205. № 205. С. 262 – 284.

英文文献:

77. Bartlett W. Shut out? South East Europe and the EU's New Industrial Policy, LSE "Europe in Question" Discussion Paper Series, LEQS Paper, 2014.

78. Damiani M. and Uvalić M., Industrial Development in the EU: What Lessons for the Future Member States? Croatian Economic Survey, 2014, 16 (1).

79. Greenaway D., Nam C. H. Industrialisation and Macroeconomic Performance in Developing Countries under Alternative Trade Strategies, Kyklos, 1988, 3 (41): 419 –435.

80. Landesmann M. South East Europe-Signs of Catching-Up', in: J. Christl, K. Liebscher and Doris Ritzberger – Grünwald (eds), European Economic Integration: South East European Challenges and Prospects, Edward Elgar, Cheltenham, 2005.

81. Nebojša Stojčić and Zoran Aralica, Regional Patterns of Deindustrialization and Prospects for Reindustrialization in South and Central East European

Countries, The wiiw Balkan Observatory Working Papers, 2015.

82. Rodrik D. Premature Deindustrialisation, National Bureau of Economic Research-NBER, Working Paper, 2015.

83. Rowthorn R., Ramaswamy R. (1997). Deindustrialization its Causes and Implication, Economic Issue 10, International Monetary Fund, Washington D. C., 1997.

84. Rowthorn R. Wells J. De-industrialization and foreign trade, Cambridge, Cambridge University Press Clavijo et al., 2014, Kaldor N. Further Essays on Economic Theory, London: Duckworth, 1978.